全国一级造价工程师职业资格考试应试指南

Jiaotong Yunshu Gongcheng Zaojia Anli Fenxi
交通运输工程造价案例分析
Gonglu Pian
公路篇

北京中交京纬公路造价技术有限公司　主编
长沙市中交京纬职业培训学校

人民交通出版社股份有限公司
北　京

内 容 提 要

本书根据最新版《全国一级造价工程师职业资格考试大纲》，并结合 2022 年版官方考试用书编写。内容包括交通运输工程建设项目投资估算与经济评价，交通运输工程设计、施工方案技术经济分析，交通运输工程计量与计价，公路工程招投标，交通运输工程合同价款管理，交通运输工程结算与决算等 6 章内容。每章列出了考核要求、备考建议，制作了知识架构和思维导图，梳理了知识点集成表格精编了习题及答案解析，并对例题进行了细致剖析。本书知识架构逻辑清晰，脉络分明，学练结合，便于读者对知识点的掌握和理解。

本书可作为全国一级造价工程师(交通运输工程公路专业)职业资格考试考生复习备考的参考用书，也可作为相关从业人员及相关专业师生在实际工作和教学中的参考用书。

图书在版编目(CIP)数据

交通运输工程造价案例分析.公路篇／北京中交京纬公路造价技术有限公司，长沙市中交京纬职业培训学校主编. — 北京：人民交通出版社股份有限公司，2022.9
ISBN 978-7-114-18188-7

Ⅰ.①交… Ⅱ.①北…②长… Ⅲ.①交通工程—工程造价—案例—资格考试—自学参考资料②道路工程—工程造价—案例—资格考试—自学参考资料 Ⅳ.①U491 ②U415.13

中国版本图书馆 CIP 数据核字(2022)第 159509 号

全国一级造价工程师职业资格考试应试指南

书　　名	交通运输工程造价案例分析　公路篇
著　作　者	北京中交京纬公路造价技术有限公司 长沙市中交京纬职业培训学校
责任编辑	石　遥　朱伟康
责任校对	席少楠　卢　弦
责任印制	张　凯
出版发行	人民交通出版社股份有限公司
地　　址	(100011)北京市朝阳区安定门外外馆斜街 3 号
网　　址	http://www.ccpcl.com.cn
销售电话	(010)59757973
总 经 销	人民交通出版社股份有限公司发行部
经　　销	各地新华书店
印　　刷	北京市密东印刷有限公司
开　　本	787×1092　1/16
印　　张	14.75
字　　数	348 千
版　　次	2022 年 9 月　第 1 版
印　　次	2023 年 7 月　第 2 次印刷
书　　号	ISBN 978-7-114-18188-7
定　　价	75.00 元

(有印刷、装订质量问题的图书，由本公司负责调换)

《交通运输工程造价案例分析 公路篇》

主编单位

北京中交京纬公路造价技术有限公司

长沙市中交京纬职业培训学校

编写人员

丁加明 谢 萍 慕容明海 邵卫峰

审定人员

董再更 刘代全 陈晓东

前　言

公路工程造价管理是公路建设不可或缺的一项重要工作，对于科学、合理确定和使用公路建设资金，发挥其最大效能具有不可替代的重要作用。造价工程师的素质不仅直接关系到工程的成本、质量，也关系到工程成败。因此，造价工程师在整个工程建设中的分量举足轻重。

2018年7月，住房城乡建设部、交通运输部、水利部、人力资源社会保障部联合印发了《造价工程师职业资格制度规定》和《造价工程师职业资格考试实施办法》。据此，交通运输部拟定了交通运输工程类别的"技术与计量"和"造价案例分析"两个专业科目的考试大纲。为帮助考生更高效的备考，按照该考试大纲的要求，紧密围绕交通运输部发布的行业标准、规范和2018年版公路工程定额，结合交通运输工程公路专业科目"技术与计量"和"造价案例分析"的2022年版教材，由北京中交京纬公路造价技术有限公司和长沙市中交京纬职业培训学校组织来自公路工程造价（定额）管理、设计、施工、造价咨询等单位和高校的专家，编写了相应的考试辅导书，包括2022年版《全国一级造价工程师职业资格考试应试指南　交通运输工程技术与计量　公路篇》《全国一级造价工程师职业资格考试应试指南　交通运输工程造价案例分析　公路篇》两册（以下简称《应试指南》），分别与两个专业科目考试相对应。

2022年版《应试指南》除反映教材新的变化之外，还对2021年版《应试指南》中的一些错误之处进行了修正，充分分析历年交通运输工程公路专业造价工程师的考试题型，新增了习题和解析，部分章节相较于2021年版《应试指南》做了新增和删减，力求方便考生在短时间内掌握考试内容，辅助考生顺利通过考试。

本《应试指南》在修编过程中虽几经推敲，再三修正，但由于编者水平有限，疏漏和纰误难以避免，恳请广大读者批评指正，可以将发现的问题发到电子邮箱：1282331156@qq.com。最后，预祝考生取得优异成绩。

北京中交京纬公路造价技术有限公司
长沙市中交京纬职业培训学校
2022年8月

目 录

第一章 交通运输工程建设项目投资估算与经济评价 …………………………… 1
一、考纲要求 ……………………………………………………………………… 1
二、本章知识架构 ………………………………………………………………… 1
三、本章知识点 …………………………………………………………………… 2

第二章 交通运输工程设计、施工方案技术经济分析 ………………………… 32
一、考纲要求 ……………………………………………………………………… 32
二、本章知识架构 ………………………………………………………………… 32
三、本章知识点 …………………………………………………………………… 32

第三章 交通运输工程计量与计价 ……………………………………………… 58
一、考纲要求 ……………………………………………………………………… 58
二、本章知识架构 ………………………………………………………………… 58
三、本章知识点 …………………………………………………………………… 59

第四章 公路工程招投标 ………………………………………………………… 140
一、考纲要求 ……………………………………………………………………… 140
二、本章知识架构 ………………………………………………………………… 140
三、本章知识点 …………………………………………………………………… 141

第五章 交通运输工程合同价款管理 …………………………………………… 179
一、考纲要求 ……………………………………………………………………… 179
二、本章知识架构 ………………………………………………………………… 179
三、本章知识点 …………………………………………………………………… 180

第六章 交通运输工程结算与决算 ……………………………………………… 212
一、考纲要求 ……………………………………………………………………… 212
二、本章知识架构 ………………………………………………………………… 212
三、本章知识点 …………………………………………………………………… 213

第一章　交通运输工程建设项目投资估算与经济评价

一、考纲要求

1. 公路工程建设项目投资估算。
2. 公路工程建设项目财务分析。
3. 公路工程建设项目不确定性分析与风险分析。

二、本章知识架构

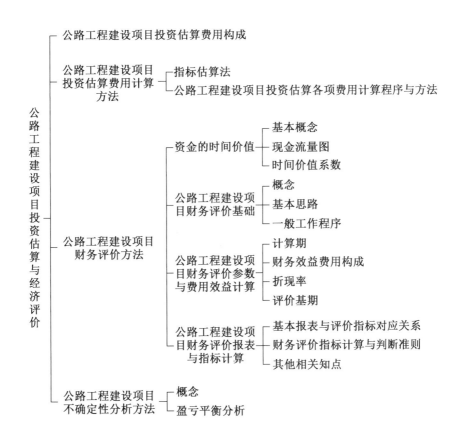

三、本章知识点

考核要求	备考建议
1. 公路工程建设项目投资估算费用的构成。 2. 公路工程建设项目投资估算费用计算方法。 3. 公路工程建设项目财务评价方法。 4. 清偿能力分析与偿债能力分析指标计算与可行性判断准则。 5. 公路工程项目不确定性分析方法。 6. 建设项目增值税知识	此部分内容主要考核公路工程建设项目投资估算方法，包括指标估算法和概略估算法，以指标估算法为主，注意各种方法的灵活运用。 涵盖相关财务评价知识点多，题型组合复杂，熟悉核心内容为： （1）财务费用计算。 （2）财务报表编制。 （3）财务指标计算与可行性判断

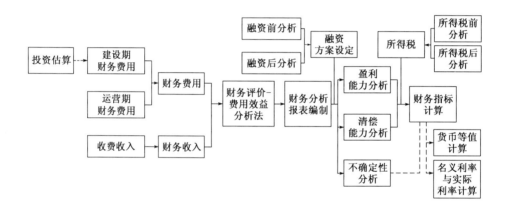

（一）公路工程建设项目投资估算费用构成

知识点集成

知识点1：公路工程建设项目投资估算费用构成

公路工程建设项目投资估算费用构成的主要内容	
概念	1. 公路工程建设项目投资估算是在公路工程建设项目投资决策阶段，按照规定的程序、方法和依据，对拟建项目所需投资，通过编制估算文件预先做出的测算和估计。 2. 根据前期决策阶段的不同，公路工程建设项目投资估算分为项目建议书投资估算和工程可行性研究报告投资估算

续上表

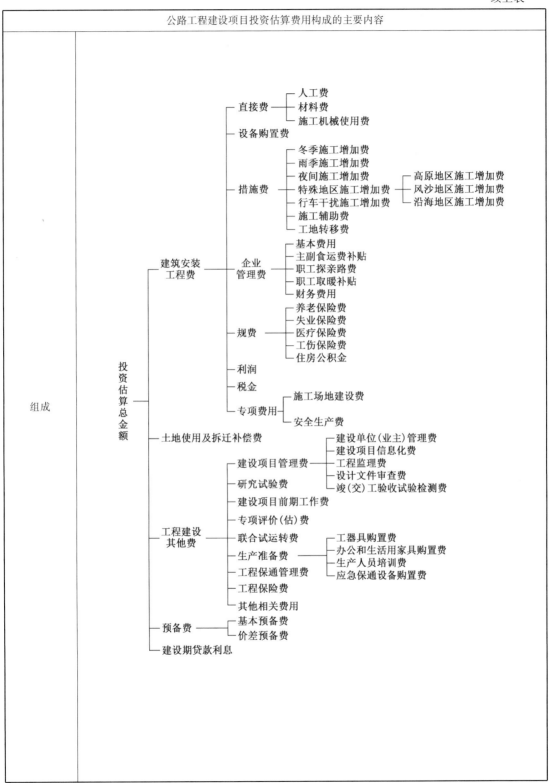

（二）公路工程建设项目投资估算费用计算方法

知识点集成

知识点2：公路工程建设项目投资估算费用计算方法

公路工程建设项目投资估算费用计算的主要内容			
建设工程项目投资估算费用计算方法常用概略估算法和指标估算法两类。目前，公路工程建设项目投资估算主要采用指标估算法			
指标估算法		概念	1.指标估算法：依据公路工程估算指标，对各单位工程或单项工程费用进行估算，进而估算公路工程建设项目总投资的方法。 2.估算指标：以单项工程或单位工程为对象，完成单位合格产品（1km或1000m³、100m²等）所必须消耗的资源（费用）标准。以主要工程的人工、主要材料和以"元"表示的其他材料费、设备摊销费、机械使用费消耗量，以及指标基价为表现形式
	估算指标的组成	总说明	1.使用范围：项目建议书、可行性研究报告投资估算、技术方案比较。 2.组成：包括路基工程、路面工程、隧道工程、桥涵工程、交叉工程、交通工程、临时工程共七章和附录。 3.重要规定： （1）第五条中，编制投资估算时应按本标准的说明及附注正确使用本指标，不得随意抽换指标内容，以免造成重算或漏算。 （2）第八条中，指标中注明"某某数以内"或"某某数以下"者，均包括某某数本身；而注明"某某数以外"或"某某数以上"者，则不包括某某数本身
		章说明	列明了每一章估算指标的具体使用要求及注意事项，是正确使用估算指标的前提
		估算指标表	估算指标表是各类估算指标的最基本的组成部分，是估算指标数额的具体表示，其主要组成有：表号及估算指标表名称、工程内容、计量单位、细目及代号、消耗数量、基价、注释等。 （1）表号及估算指标表名称，表明了一张估算指标表的基本属性或分类。 （2）工程内容，主要说明本估算指标表所包括的操作内容及对应的详细工艺流程。查估算指标时，将实际发生的操作内容与表中的工程内容进行比较，若工作内容不同，不得随意抽换指标内容。 （3）工程细目及代号，表征本估算指标表所包括的工程细目，代号指工程细目编号。 （4）个别估算指标表列有"注"，其是对本表的特别说明。使用估算指标时，必须仔细阅读，以免发生错误。 （5）若估算指标表中缺少项目，可以按规定与程序编制补充指标，若已达到初步设计深度，可采用《公路工程概算定额》（JTG/T 3831—2018）
		附录	设备购置费参考值，是确定设备购置费估算费用的依据
	估算指标运用要点		1.正确选择估算指标，不重不漏。 2.看清工程量计量单位。 3.详细阅读总说明及注释。 4.认真核对工程内容，防止漏列或重列；若无相关工作内容估算指标，可采用《公路工程概算定额》（JTG/T 3831—2018）

续上表

序号	项目		计算式	方法说明
公路工程建设项目投资估算各项费用计算程序与方法	（一） 定额直接费	定额人工费	∑人工消耗量×人工基价	1. 消耗量依据《公路工程估算指标》（JTG/T 3821—2018）人工、材料、施工机械和工程仪器仪表消耗量。 2. 人工基价为《公路工程预算定额》（JTG/T 3832—2018）附录四"定额人工、材料、设备单价表"和《公路工程机械台班费用定额》（JTG/T 3833—2018）规定的人工工日基价。 3. 人工单价为综合工日单价，不区分工种，即公路建设所有用工都采用统一综合工日单价。 4. 材料基价为《公路工程预算定额》（JTG/T 3832—2018）附录四"定额人工、材料、设备单价表"中规定的材料基价。 5. 施工机械台班基价为《公路工程机械台班费用定额》（JTG/T 3833—2018）规定的施工机械台班基价
		定额材料费	∑材料消耗量×材料基价	
		定额施工机械施工费	∑施工机械台班消耗量×施工机械台班基价	
	（二） 定额设备购置费		∑设备购置数量×设备基价	施工机械台班基价采用《公路工程预算定额》（JTG/T 3832—2018）附录四"定额人工、材料、设备单价表"
	（三） 直接费	人工费	∑人工消耗量×人工单价	1. 消耗量依据《公路工程估算指标》（JTG/T 3821—2018）人工、材料、施工机械和工程仪器仪表消耗量。 2. 人工、材料、施工机械台班单价采用时价（由省级交通运输主管部门制定发布，适时动态调整）。 3. 材料预算价格＝（材料原价＋运杂费）×（1＋场外运输损耗率）×（1＋采购及保管费率）－包装品回收价值。 4. 施工机械台班预算价格按《公路工程机械台班费用定额》（JTG/T 3833—2018）计算，台班人工费工日单价同生产工人人工费单价，动力燃料费用按材料费计算规则计算
		材料费	∑材料消耗量×材料预算单价	
		施工机械施工费	∑施工机械台班消耗量×施工机械台班预算单价	
	（四） 设备购置费		1. 项目建议书投资估算中，设备购置费＝（十一）×费率。 2. 工程可行性研究报告投资估算中，设备购置费＝∑设备购置数量×设备预算单价或按规定计算	1. 费率按《公路工程建设项目投资估算编制办法》（JTG 3820—2018）附录C"项目建议书投资估算各项费用取定表"规定取值。 2. 设备购置费包括设备原价、运杂费、运输保险费、采购计划保管费、各种税费（按编制期有关部门规定）。 3. 需要安装的设备，按建筑安装工程费有关规定计算设备安装工程费

续上表

	序号	项目		计算式	方法说明
公路工程建设项目投资估算各项费用计算程序与方法	(五)	措施费		(一)×施工辅助费费率+定额人工费和定额施工机械使用费之和×其余措施费综合费率	1.按工程类别计取。 2.注意费率表下方"注"对不计工程类别的说明
	(六)	企业管理费		(一)×企业管理费综合费率	按工程类别计取
	(七)	规费		各类工程人工费(含施工机械人工费)×规费综合费率	包括流动作业人员的工伤强制险
	(八)	利润		[(一)+(五)+(六)]×利润率	
	(九)	税金		[(三)+(四)+(五)+(六)+(七)+(八)]×10%	
	(十)	专项费用	施工场地建设费	[(一)+(五)+(六)+(七)+(八)+(九)]×累进费率	1.投资估算单独列,分项工程不再计取。 2.山岭重丘区的土石方工程需单独计算。 3.施工场地内场地硬化、各种临时便道已含在费率中,不能单独计算。 4.施工场地的厂房、加工棚等已含在费率中,不能单独计算
			安全生产费	建筑安装工程费(不含安全生产费本身)×安全生产费费率(≥1.5%)	投资估算单独列,分项工程不再计取
	(十一)	定额建筑安装工程费		(一)+(二)×40%+(五)+(六)+(七)+(八)+(九)+(十)	
	(十二)	建筑安装工程费		(三)+(四)+(五)+(六)+(七)+(八)+(九)+(十)	除专项费用外,其他均按"价税分离"计价规则计算,即各项费用均不含增值税可抵扣进项税额的价格(费率)计算,具体要素价格适用增值税税率执行财税部门相关规定
	(十三)	土地使用及拆迁补偿费		根据《中华人民共和国水土保持法》《财政部、国家发展改革委、水利部、中国人民银行关于〈水土保持补偿费征收使用管理办法〉的通知》等相关法律、法规、规章的规定征收水土保持补偿费	
	(十四)	工程建设其他费	建设单位(业主)管理费	(十一)×累进费率	建设单位(业主)管理费不包括应计入材料与设备预算价格的建设单位采购及保管材料与设备所需费用
			建设项目信息化费	(十一)×累进费率	
			工程监理费	(十一)×累进费率	
			设计文件审查费	(十一)×累进费率	
			竣(交)工验收试验检测费	按规定费率以及调整方法计算	

续上表

<table>
<tr><td rowspan="16">公路工程建设项目投资估算各项费用计算程序与方法</td><td>序号</td><td>项目</td><td colspan="2">计算式</td><td>方法说明</td></tr>
<tr><td rowspan="11">(十四)</td><td rowspan="11">工程建设其他费</td><td colspan="2">研究试验费</td><td>按设计提出的研究试验内容和要求进行编制</td></tr>
<tr><td colspan="2">建设项目前期工作费</td><td>(十一)×累进费率</td></tr>
<tr><td colspan="2">专项评价(估)费</td><td>1. 项目建议书投资估算中,专项评价(估)费=(十一)×费率。
2. 工程可行性研究报告投资估算中按委托合同计列。
3. 按国家有关规定编制</td></tr>
<tr><td colspan="2">联合试运转费</td><td>(十一)×费率(0.04%)</td></tr>
<tr><td rowspan="4">生产准备费</td><td>工器具购置费</td><td>由设计单位列出工器具计划购置清单,包括规格、型号、数量,按工器具购置费=Σ工器具购置数量×工器具预算单价计算,或按规定计算</td></tr>
<tr><td>办公和生活用家具购置费</td><td>按规定购置费标准计算</td></tr>
<tr><td>生产人员培训费</td><td>设计定员×3000元/人</td></tr>
<tr><td>应急保通设备购置费</td><td>由设计单位列出应急保通设备计划购置清单,包括规格、型号、数量,按应急保通设备购置费=Σ应急保通设备购置数量×应急保通设备预算单价计算,或按规定计算</td></tr>
<tr><td colspan="2">工程保通管理费</td><td>1. 按设计需要进行列支。
2. 涉水项目施工期通航安全保障费按《公路工程建设项目投资估算编制办法》(JTG 3820—2018)附录G"涉水项目施工期通航安全保障费用计算方法"计取。
3. 工程保通管理费仅为保通管理方面的费用,其他保通措施需要根据保通工程方案另行计算</td></tr>
<tr><td colspan="2">工程保险费</td><td>[(十二)-(四)]×费率(0.4%)</td></tr>
<tr><td colspan="2">其他相关费用</td><td>按相关规定计算</td></tr>
<tr><td rowspan="2">(十五)</td><td rowspan="2">预备费</td><td>基本预备费</td><td>[(十二)+(十三)+(十四)]×费率</td><td>1. 项目建议书投资估算费率按11%计列。
2. 工程可行性研究报告投资估算费率按9%计列</td></tr>
<tr><td>价差预备费</td><td>(十二)×$[(1+i)^{n-1}]$</td><td>i为年工程造价增长率(%);
n为设计文件编制年至建设项目开工年+建设项目建设期限(年)</td></tr>
<tr><td>(十六)</td><td>建设期贷款利息</td><td colspan="3">按实际贷款额度及利率计算:
$建设期每年应计利息=\sum\left(年初借款累计+\frac{本年借款累计}{2}\right)\times 年利率$</td></tr>
<tr><td>(十七)</td><td>公路基本造价</td><td colspan="3">(十二)+(十三)+(十四)+(十五)+(十六)</td></tr>
</table>

代 表 题 型

【案例】 某平原微丘区二级公路,路线全长48.5km,设计路基宽度为10m,其中大中桥长度为2.5km,隧道长度为1.5km,填方路段长度为26km,平均填土高度为3.0m,边坡坡度为1:1.5。为保证路基边缘的压实度须加宽铺筑,宽填宽度为50cm,填前压实沉陷厚度为15cm,该项目路基土石方的工程量(设计断面方)及排水工程量见下表。

挖方(m^3)		利用方填方(m^3)		填方(m^3)	排水工程(m^3)	
土方(普通土)	石方	土方	石方	1150000	混凝土圬工	浆砌片石圬工
470000	550000	380000	560000		3880	52460

注:土石方利用方的平均运距为2km,弃方的平均运距为3km,借方的平均运距为4km。

问题

请根据上述资料,列出该工程项目路基土石方及排水工程编制投资估算所涉及的相关指标的名称、单位、代号、数量等内容,并填入表格中,需要时应列式计算或文字说明。

解题思路

(1)本案例主要考核关于土、石方数量的几个概念性问题以及相互之间的关系,天然密实方与压实方之间的关系等。天然密实方与压实方的调整系数见下表。

公路等级	松土	普通土	硬土	石方
二级及二级以上公路	1.23	1.16	1.09	0.92
三级、四级公路	1.11	1.05	1.00	0.84

注:当填方为借方时,则应在本表的基础上增加0.03的土方运输损耗。

(2)根据估算指标路基工程的规定,由施工组织设计提出的以下工程量,并入路基填方数量内计算:

①清除表土或零填方地段的基底压实、耕地填前夯(压)实后,回填至原地面高程所需的土、石方数量;

②为保证路基边缘的压实度须加宽填筑时,所需的土、石方数量。

(3)根据估算指标的规定,路基土石方工程应计算路基零星工程及其他排水工程。

(4)根据估算指标的规定,路基挖装土方、开炸石方按天然密实体积计算,填土路基、借土方挖装按压实后的体积计算。

参考答案

(1)弃方(土方):$470000 - 380000 \times 1.16 = 29200(m^3)$

(2)弃方(石方):$550000 - 560000 \times 0.92 = 34800(m^3)$

(3)利用土方:$470000 - 29200 = 440800(m^3)$

(4)利用石方:$550000 - 34800 = 515200(m^3)$

(5)路基填前压实沉陷增加数量:$26000 \times (10 + 3 \times 1.5 \times 2) \times 0.15 = 74100(m^3)$

(6)路基宽填增加数量:$26000 \times 0.5 \times 2 \times 3 = 78000(m^3)$

(7) 实际填方数量:$1150000 + 74100 + 78000 = 1302100(m^3)$

(8) 借方数量:$13102100 - 380000 - 560000 = 362100(m^3)$

(9) 路基零星工程:$48.5 - 2.5 - 1.5 = 44.5(km)$

(10) 其他排水工程:$48.5 - 2.5 - 1.5 = 44.5(km)$

序号	工程细目	指标代号	单位	数量	调整或系数
1	挖装土方	1-1-1	1000m³	470	
2	利用土方运输(第一个1km)	1-4-3	1000m³	440.8	
3	利用土方运输(增运1km)	1-4-4	1000m³	440.8	2
4	弃土方运输(第一个1km)	1-4-3	1000m³	29.2	
5	弃土方运输(增运1km)	1-4-4	1000m³	29.2	4
6	开炸石方	1-5-1	1000m³	550	
7	利用石方运输(第一个1km)	1-4-9	1000m³	515.2	
8	利用石方运输(增运1km)	1-4-10	1000m³	515.2	2
9	弃石方运输(第一个1km)	1-4-9	1000m³	34.8	
10	弃石方运输(增运1km)	1-4-10	1000m³	34.8	4
11	填土路基	1-2-2	1000m³	380	
12	填石路基	1-6-2	1000m³	560	
13	借土挖装	1-3-1	1000m³	362.1	
14	借方运输(第一个1km)	1-4-3	1000m³	362.1	1.19
15	借方运输(增运1km)	1-4-4	1000m³	362.1	1.19×6
16	借方压实	1-2-2	1000m³	362.1	
17	路基零星工程	1-7-3	1km	44.5	
18	路基排水(混凝土圬工)	1-8-2	1000m³	3.88	
19	路基排水(砌石圬工)	1-8-1	1000m³	52.46	
20	其他排水工程	1-8-5	1km	44.5	

(三) 公路工程建设项目财务评价方法

知识点集成

知识点3:资金的时间价值

	资金的时间价值
基本概念	资金的时间价值是指资金经合理运用一定时间后,所具有的盈利增值的潜在能力。利率越高,时间越长,所赢得的利润及增值也越多,一般以复利公式加以计算。现在拥有的一定数量的资金,等价于若干年后更大数量的一笔资金。为简便起见,一般都把各年的收支金额当作是集中在年末发生的。现值(Present value)是指将来时点上的资金折算成计息期开始时的数值,常用 P 表示。终值(Future value)是指资金活动结束时与现值等值的金额,常用 F 表示。年值(Annuity)是指在一定时期内每次等额收付的系列款项,常用 A 表示。利率是指资金经过一个计息周期相较于现值而言升值的比率,常用 i 表示。计息周期指计算利息的期数,常用 n 表示,一般单位为年

续上表

现金流量图	在项目寿命期内,一个项目的各种现金流入、流出的数额和发生的时间都不尽相同。现金流量图通过把各种数额的现金流入、流出绘入时间坐标图中,从而全面、形象、直观地表达该项目的资金运动状态。正确绘制现金流量图,必须把握好现金流量的三要素,即:现金流量的大小(现金数额)、方向(现金流入或流出)和时点(现金流量发生的时间)。 1. 以横轴为时间轴,向右延伸表示时间的延续,轴线等分成若干间隔,每一间隔代表一个时间单位,通常是"年"(在特殊情况下也可以是季或半年等)。时间轴上的点 0、1、2…n 称为时点(时间点),通常表示的是该年年末的时点,同时也是下一年的年初。其中时点 0 表示第一年的期初,是项目开始的时点,也是代表项目现值"P"的时点。其他时点同时表示该年末(或下一年初),如时点 2 同时表示第二年末或第三年初。时点 n 表示第 n 年的年末,是项目结束的时点,也是代表项目终值"F"的时点。 2. 与横轴相连的垂直箭线代表不同时点的现金流量情况,垂直箭线的长度根据现金流量的大小按比例画出。箭头向下表示现金流出;箭头向上表示现金流入。在各箭线的上方(或下方)注明现金流量的数值。 以下图为例,某项目第一年初投入 100 万元,第二年末投入 50 万元,第三年初投入 20 万元,第 3 年末收入 40 万元,第 4 年至第 8 年每年收入 50 万元,其现金流量见下图。 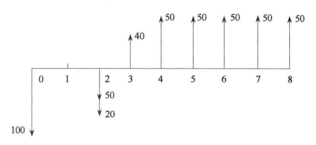 从图上可以很容易看出,第一年的年末就是第二年的年初
时间价值系数	某项目以一年为计息周期。 一年后 $F = P \times (1+i)$; 两年后 $F = P \times (1+i) \times (1+i) = P \times (1+i)^2$; …… n 年后 $F = P \times (1+i)^n$。 反过来,$P = F/(1+i)^n$,也可以用 $P = F \cdot (P/F, i, n)$ 表示。$P = F \cdot (P/F, i, n)$ 是计算资金时间价值的六个公式之一,$(P/F, i, n)$ 是这六个公式中的系数之一。 资金时间价值的六个公式分别为:$F = P \cdot (F/P, i, n)$、$P = F \cdot (P/F, i, n)$、$F = A \cdot (F/A, i, n)$、$A = F \cdot (A/F, i, n)$、$A = P \cdot (A/P, i, n)$、$P = A \cdot (P/A, i, n)$。 公式中$(F/P, i, n)$、$(P/F, i, n)$、$(F/A, i, n)$、$(A/F, i, n)$、$(A/P, i, n)$、$(P/A, i, n)$ 均表示已知系数"/"右边字母所代表的值,可以乘以这个系数得到"/"左边字母所代表的值。 如公式 $A = F \cdot (A/F, i, n)$ 就表示已知某项目的终值 F,乘以系数 $(A/F, i, n)$ 即可得到年值 A。在许多单选题和简单的案例题中,这几个资金时间价值为已知时,可以直接计算出结果

知识点 4:公路工程建设项目财务评价基础

公路工程建设项目财务评价基础的主要内容	
概念	1. 公路建设项目经济评价是项目前期研究工作的重要内容,是项目可行性研究的有机组成部分,分为国民经济评价和财务评价两部分。 2. 财务评价又称财务分析,是在国家现行财税制度和价格体系的条件下,从财务角度分析测算公路工程建设项目的财务盈利能力和清偿能力,对项目的财务可行性进行评价。 3. 收费还贷性公路工程建设项目,主要考查项目的清偿能力;收费经营性公路工程建设项目,在考查项目清偿能力的基础上,注重考查项目的盈利能力

续上表

基本思路	1.公路建设项目财务评价采用费用-效益分析法,在有无项目两种不同条件下,识别项目的财务费用与效益,在国家现行财税制度和价格体系的条件下,量化计算效益、费用值,通过编制财务报表,计算财务评价指标,以分析公路工程建设项目清偿能力与盈利能力。 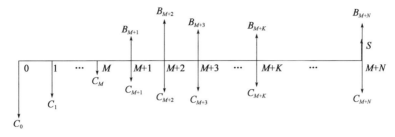 2.费用-效益分析法:通过费用与效益两方面的分别计量与相互比较,对经济活动方案的得失、优劣进行评价、比较,以供合理决策的一种经济数量分析方法,是工程建设的项目评价的常用方法。 3.有无对比:有无对比是工程经济分析的基本原则之一,通过比较有无项目两种情况下项目的投入物和产出物可获量的差异,识别项目的增量费用和效益	
一般工作程序	第一步:相关基础数据搜集、汇总、分析与计算; 第二步:现金流量估算(财务效益、财务费用计算); 第三步:财务报表编制; 第四步:财务评价指标计算与评价; 第五步:不确定性分析(敏感性分析等); 第六步:财务评价结论	1.财务评价计算期 $M+N$ 确定。 2.财务效益 B、费用 C 构成与计算。 3.盈利能力分析与清偿能力分析基本报表编制。 4.财务评价折现率取值与评价基期(0时点)确定。 5.财务评价指标计算与可行性评价准则。 6.不确定分析方法

知识点 5:公路工程建设项目财务评价参数与费用效益计算

公路工程建设项目财务评价参数与费用效益计算的主要内容		
计算期	财务评价项目计算期,包括建设期和运营期。 (1)建设期:项目施工工期。 (2)运营期:财务评价运营期根据项目类别和具体情况确定。 ①政府还贷公路的收费期限,按照用收费偿还贷款、偿还有偿集资款的原则确定,最长不得超过15年。 ②国家确定的中西部省、自治区、直辖市的政府还贷公路收费期限,最长不得超过20年。 ③经营性公路的收费期限,按照收回投资并有合理回报的原则确定,最长不得超过25年。 ④国家确定的中西部省、自治区、直辖市的经营性公路收费期限,最长不得超过30年	
财务效益费用构成	1.财务费用为建设期财务费用和运营期财务费用。 (1)建设期财务费用主要包括固定资产投资、相关税金和建设期贷款利息。 (2)运营期财务费用主要包括经营成本(运营管理费、养护费和大中修费等)、运营期利息支出和税金。 2.财务效益为收费收入,通常分车型按年计算。 $$R = \sum_{v=1}^{n}(T_v \times TR_v \times L) \times 365$$ 式中,R 为年收费收入;T_v 为车型 v 的年平均日交通量;TR_v 为车型 v 的收费标准;L 为拟建项目里程	1.建设期财务费用见"知识点2"。 2.运营期财务费用通常按类比法估算计算,即与已通车运营的类似公路工程比较,类比确定基期费用标准后按年均增长率计算估计。 3.大修当年不计日常养护费。 4.当题干给出运营第一年交通量,再给出以后年份交通量年均增长率时,需注意年均增长率为几何平均增长率,而非算数平均增长率

续上表

折现率	融资前分析 与融资后分析	财务分析可分为融资前分析和融资后分析。 (1)融资前分析排除了融资方案的变化影响,从项目投资总获利能力角度考查项目方案设计的合理性;以收费收入、建设投资、经营成本等估算为基础,考查整个计算期内现金流入和现金流出,编制项目现金流量表,计算项目投资内部收益率和净现值等指标;可选择计算所得税前指标和(或)所得税后指标。 (2)融资后分析以融资前分析和初步融资方案为基础,考查在拟定融资条件下的盈利能力、清偿能力,判断项目方案在融资条件下的可行性	
	融资前分析 折现率	融资前分析的项目财务基准折现率按照发布的行业基准折现率取值	
	融资后分析 折现率	1.融资后分析的项目财务基本折现率采用加权平均资金成本率。 2.加权平均资金成本率: $$K_w = \sum K_j W_j$$ 式中:K_w——加权平均资金成本率; K_j——第j种个别资金的资金成本; W_j——第j种个别资金占全部资金的比重	1.资金成本:为筹措和使用资本而付出的代价。 2.各种资金来源的资金成本计算方法,包括优先股资金成本、普通股资金成本、债券资金成本、银行借款资金成本、租赁资金成本等
	名义利率 与实际利率	当计息周期与利率的时间单位不一致时,产生名义利率与实际利率的问题。在货币等值计算和动态经济分析经济指标计算时,仅可以使用实际利率。 $$i = \left(1 + \frac{r}{m}\right)^m - 1$$ 式中:i——年实际利率; r——名义利率; m——一年中的计息次数	
评价基期		1.评价基期即为动态经济分析时,折现计算现值所对应的时点。 2.通常公路工程建设项目经济评价采用建设期的前一年为评价基期;有时也采用建设期当年为评价基期。 3.须注意,不同评价基期选择,对应的财务评价指标计算折现系数取值不同	

知识点6:公路工程建设项目财务评价报表与指标计算

<table>
<tr><td colspan="5">公路工程建设项目财务评价报表与指标计算的主要内容</td></tr>
<tr><td rowspan="4">基本报表与评价指标对应关系</td><td rowspan="4">评价内容</td><td rowspan="2">基本报表</td><td colspan="2">财务评价指标</td></tr>
<tr><td>静态指标</td><td>动态指标</td></tr>
<tr><td rowspan="3">盈利能力分析</td><td>项目投资现金流量表</td><td>投资回收期</td><td>财务内部收益率
财务净现值
财务效益费用比
动态投资回收期</td></tr>
<tr><td>项目资本金现金流量表</td><td>投资回收期</td><td>财务内部收益率
财务净现值
财务效益费用比
动态投资回收期</td></tr>
<tr><td></td><td></td><td>利润与利润分配表</td><td>息税前利润
息税折旧摊销前利润</td><td>—</td></tr>
</table>

续上表

	评价内容	基本报表	财务评价指标	
			静态指标	动态指标
基本报表与评价指标对应关系	清偿能力分析	借款还本付息表	借款偿还期 利息备付率 偿债备付率	—
	盈亏平衡分析		平衡点生产能力利用率 盈亏平衡交通量 盈亏平衡收费标准	—
	不确定性分析	敏感性分析	—	财务内部收益率 财务净现值 财务投资回收期 财务效益费用比
		风险分析	—	净现值期望值 净现值大于零的累计概率
	指标名		计算公式	判断准则 (以建设前一年为评价年)
财务评价指标计算与判断准则	盈利能力分析指标	财务净现值 FNPV	$FNPV = \sum_{t=1}^{n}(CI_t - CO_t) \times (1+i_c)^{-t}$	分所得税前、所得税后 $FNPV \geq 0$ 方案可行
		财务内部收益率 FIRR	$\sum_{t=0}^{n}(CI_t - CO_t)(1+FIRR)^{-t} = 0$	1. $FIRR \geq i_c$，方案可行。 2. FIRR 采用试算内插法计算
		财务动态投资回收期 FN	FN = 累计财务净现值(收益)开始出现正值年份 – 项目建设起始年份 + $\dfrac{\text{上年累计净现值的绝对值}}{\text{当年净收益现值}}$	$FN \leq N_0$，方案可行，N_0 为基准投资回收期
		财务效益费用比 FBCR	$FBCR = \dfrac{\sum_{t=1}^{n} CI_t \times (1+i_c)^{-t}}{\sum_{t=1}^{n} CO_t \times (1+i_c)^{-t}}$	$FBCR \geq 1$，方案可行
		财务静态投资回收期 FN'	$\sum_{t=0}^{FN'}(CI - CO)_t = 0$ FN' = 累计净现金流量为正年份 – 1 + $\dfrac{\|\text{上年累计净现金流量}\|}{\text{当年净现金流量}}$	$FN' \leq N_0'$，方案可行，N_0' 为基准静态投资回收期

续上表

		指标名	计算公式	判断准则（以建设前一年为评价年）
财务评价指标计算与判断准则	偿债能力分析指标	借款偿还期	借款偿还期 = 借款偿还后开始出现盈余年份 − 开始借款年份 + $\dfrac{当年应偿还借款额}{当年可用于还款的资金额}$	借款偿还期满足贷款机构的要求期限时，方案可行
		利息备付率	利息备付率 = $\dfrac{息税前利润}{当期应付利息费用}$	一般利息备付率应大于1
		偿债备付率	偿债备付率 = $\dfrac{可用于还本付息的资金}{当期应还本付息金额}$	正常情况，偿债备付率应大于1，不宜低于1.3
其他相关知识点	折旧计算		1.折旧指的是实物资产随着时间流逝和使用消耗在价值上的减少。 2.折旧方法有直线折旧、年数和法折旧和双倍余额递减折旧。 (1) 直线折旧： $$年折旧额 = \dfrac{固定资产原值 - 残值}{折旧年限} = 固定资产原值 \times 年折旧率 = \dfrac{1 - 预计净残值率}{折旧年限} \times 100\%$$ (2) 年数和法折旧： $$年折旧率 = \dfrac{固定资产尚可使用年限}{逐年可使用年限和} \times 100\% = \dfrac{折旧年限 - 已使用的年数}{\dfrac{折旧年限 \times (折旧年限 + 1)}{2}} \times 100\%$$ $$年折旧额 = (固定资产原值 - 预计净残值) \times 年折旧率$$ (3) 双倍余额递减折旧： $$年折旧率 = \dfrac{2}{折旧年限} \times 100\%$$ $$年折旧额 = 固定资产账面净值 \times 年折旧率$$	
	IRR 求解		试算内插法 1. 基本思路： 试算 ➡ 精度条件 ➡ 插值 • 得到 i_1, i_2，满足其所对应的 NPV_1, NPV_2 异号 • $\Delta i = |i_2 - i_1| \leq 5\%$ • 线性插值法 $IRR = i_1 + \dfrac{NPV_1}{NPV_1 - NPV_2}(i_2 - i_1)$	

| 其他相关知识点 | IRR 求解 | 2.求解流程：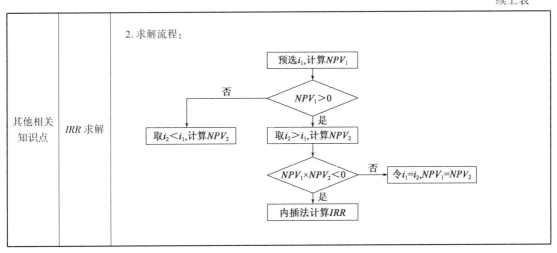 |

代 表 题 型

【案例一】 某项目从第1年末至第6年末，每年产生10万元的效益，年利率为10%。

问题

1.将其折算成第1年初的现值为多少？

2.将其折算成第6年末的终值为多少？

解题思路

(1)这个题目没有将时间价值系数列为已知条件，需要推导。

(2)根据资金情况绘制现金流量图。

(3)将逐年的年金折现到现值，然后加起来即可。

参考答案

问题1：

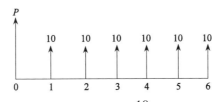

第1年末第一个年金10万元折算成现值为 $\dfrac{10}{1+10\%}$

第2年末第一个年金10万元折算成现值为 $\dfrac{10}{(1+10\%)^2}$

第3年末第一个年金10万元折算成现值为 $\dfrac{10}{(1+10\%)^3}$

第4年末第一个年金10万元折算成现值为 $\dfrac{10}{(1+10\%)^4}$

第5年末第一个年金10万元折算成现值为 $\dfrac{10}{(1+10\%)^5}$

第6年末第一个年金10万元折算成现值为 $\dfrac{10}{(1+10\%)^6}$

则现值 $P = \dfrac{10}{1+10\%} + \dfrac{10}{(1+10\%)^2} + \dfrac{10}{(1+10\%)^3} + \dfrac{10}{(1+10\%)^4} + \dfrac{10}{(1+10\%)^5} + \dfrac{10}{(1+10\%)^6}$

公式两边同时乘以 $(1+10\%)$ 可得：

$(1+10\%)P = 10 + \dfrac{10}{1+10\%} + \dfrac{10}{(1+10\%)^2} + \dfrac{10}{(1+10\%)^3} + \dfrac{10}{(1+10\%)^4} + \dfrac{10}{(1+10\%)^5}$

下式减上式得：

$(1+10\%)P - P = 10 - \dfrac{10}{(1+10\%)^6}$

$10\%P = 10 - \dfrac{10}{(1+10\%)^6} = \dfrac{10(1+10\%)^6}{(1+10\%)^6} - \dfrac{10}{(1+10\%)^6} = 10 \times \dfrac{(1+10\%)^6 - 1}{(1+10\%)^6}$

$P = 10 \times \dfrac{(1+10\%)^6 - 1}{10\%(1+10\%)^6} = 10 \times 4.3554 = 43.554($万元$)$

分析：式中10万元为年值 A，10%为利率 i，6为项目的计息周期 n。

则 $P = A\dfrac{(1+i)^n - 1}{i(1+i)^n}$，$\dfrac{(1+i)^n - 1}{i(1+i)^n}$ 即为系数 $(P/A, i, n)$，其倒数 $\dfrac{i(1+i)^n}{(1+i)^n - 1}$ 即为系数 $(A/P, i, n)$。

问题2：

请读者自行作答。提示：现金流量如下图所示。

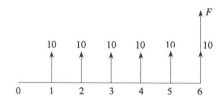

将第6年末折现到终值，即其本身10万元；第5年末折现到终值有1个计息周期，折现到终值为 $10(1+10\%)$，……，第1年末折现到终值有5个计息周期，折现到终值为 $10(1+10\%)^5$，将所有年末的折现到终值的数值加起来就是（等于）终值 F。等式两边同时乘以 $(1+10\%)$，两等式相减，错位项被减掉，化简即可得到结果。

【案例二】 某公路工程建设项目建设投资（不含建设期贷款利息）1253150万元，建设期4年。各年的投资比例为：第1年15%，第2年35%，第3年30%，第4年20%。该项目资金来源由三部分构成：资本金30%；国内贷款50%，贷款利率5.87%，按季度计息；国外金融机构贷款20%，汇率为1美元兑换6.8元人民币，贷款年利率8%。已知各类资金投资比例与全部投资比例相同。

问题

1. 估算建设期贷款利息。(计算结果均取两位小数)
2. 估算拟建项目总投资。(计算结果均取两位小数)

解题思路

(1) 国内贷款实际利率计算,已知名义利率求一年期实际利率。
(2) 建设期贷款利息计算。
(3) 拟建项目总投资为建设投资 + 建设期贷款利息。

参考答案

问题1:

(1) 国内贷款实际利率 = $(1 + 5.87\% \div 4)^4 - 1 = 6.00\%$

(2) 人民币贷款总额 = 1253150 万元 × 50% = 626575.00(万元)

年度	年初借款累计 (万元)	本年借款支用 (万元)	本年应计利息 (万元)	年末借款累计 (万元)
第1年	0	93986.25 = 626575 × 15%	2819.59 = 93986.25/2 × 6%	96805.84 = 93986.25 + 2819.59
第2年	96805.84	219301.25 = 626575 × 35%	12387.39 = (96805.84 + 219301.25÷2) × 6%	328494.48 = 96805.84 + 219301.25 + 12387.39
第3年	328494.48	187972.50 = 626575 × 30%	25348.84	541815.82
第4年	541815.82	125315.00 = 626575 × 20%	36268.40	703399.22

人民币贷款利息总额 = 703399.22 - 626575 = 76824.22(万元)

(3) 美元贷款总额折合人民币 = 1253150 万元 × 20% = 250630.00(万元)

年度	年初借款累计 (万元)	本年借款支用 (万元)	本年应计利息 (万元)	年末借款累计 (万元)
第1年	0	37594.50 = 250630 × 15%	1503.78	39098.28
第2年	39098.28	87720.50 = 250630 × 35%	6636.68	133455.46
第3年	133455.46	75189.00 = 250630 × 30%	13684.00	222328.46
第4年	222328.46	50126.00 = 250630 × 20%	19791.32	292245.78

国外金融机构贷款利息总额(人民币) = 292245.78 - 250630 = 41615.78(万元)

(4) 建设期贷款利息 = 人民币贷款利息总额 + 国外金融机构贷款利息总额
$$= 76824.22 + 41615.78 = 118440.00(万元)$$

问题2:

总投资(人民币) = 建设投资 + 建设期贷款利息
$$= 1253150 + 118440$$
$$= 1371590.00(万元)$$

【案例三】 某固定资产原值 15000 元,使用寿命为 5 年,残值约 1000 元。

问题

用直线法、双倍余额递减法、年数和法计算每年折旧费和各年末的账面价值。

解题思路

(1) 三类折旧方法的计算;

(2) 双倍余额递减法账面余值最后不等于残值,应当在其固定资产折旧年限到期前两年内,将固定资产账面净值扣除预计残值后的净额平均摊销。

参考答案

(1) 直线法折旧率 $= 1/n = 1/5 = 0.2$

年折旧额 $= (15000 - 1000) \times 0.2 = 2800(元)$

(2) 双倍余额递减法折旧率 $= 2/n = 2/5 = 0.4$

年折旧额 = 账面值净值 $\times 0.4$

第 1 年:$15000 \times 0.4 = 6000(元)$;$15000 - 6000 = 9000(元)$

第 2 年:$9000 \times 0.4 = 3600(元)$;$9000 - 3600 = 5400(元)$

……

第 4 年:$(3240 - 1000)/2 = 1120(元)$

账面余值最后不等于残值 1000 元,应当在其固定资产折旧年限到期前两年内,将固定资产账面净值扣除预计残值后的净额平均摊销 $(3240 - 1000)/2 = 1120(元)$。

(3) 年数和法 $= (5 - 已使用年限)/\{[5 \times (5 + 1)]/2\} = (5 - 已使用年限)/15$

第 1 年折旧额及账面净值:$(15000 - 1000) \times (5/15) = 4667(元)$;$15000 - 4667 = 10333(元)$

第 2 年折旧额及账面净值:$(15000 - 1000) \times (4/15) = 3733(元)$;$10333 - 3733 = 6600(元)$

第 3 年折旧额及账面净值:$(15000 - 1000) \times (3/15) = 2800(元)$;$6600 - 2800 = 3800(元)$

第 4 年折旧额及账面净值:$(15000 - 1000) \times (2/15) = 1867(元)$;$3800 - 1867 = 1933(元)$

第 5 年折旧额及账面净值:$(15000 - 1000) \times (1/15) = 933(元)$;$1933 - 933 = 1000(元)$

(4) 列表计算每年折旧费和各年末的账面价值

年份	直 线 法		双倍余额递减法		年 数 和 法	
	折旧额(元)	账面值(元)	折旧额(元)	账面值(元)	折旧额(元)	账面值(元)
0	—	15000	—	15000	—	15000
1	2800	12200	6000	9000	4667	10333
2	2800	9400	3600	5400	3773	6600
3	2800	6600	2160	3240	2800	3800
4	2800	3800	1296(1120)	1944(2120)	1867	1933
5	2800	1000	777.6(1120)	1166.4(1000)	933	1000

【案例四】 某建设项目建设期 1 年,运营期 6 年。项目投产第一年可获得当地政府补贴收入 100 万元。项目建设的其他基本数据如下:

1. 项目建设投资估算 1000 万元,预计全部形成固定资产(包含可抵扣固定资产进项税额

100万元),固定资产使用10年,按直线法折旧,期末净残值率4%,固定资产余值在项目运营期末收回。投产当年需要投入运营期流动资金200万元。

2. 正常年份营业收入为702万元(其中销项税额为102万元),经营成本为308万元(其中进项税额为50万元);税金附加按应纳增值税的10%计算,所得税税率为25%;行业所得税后基准收益率为10%,基准投资回收期为6年,企业投资者期望的最低可接受所得税后收益率为15%。

3. 投产第一年仅达到设计生产能力的80%,预计这一年的营业收入及其所含销项税额、经营成本及其所含进项税额均为正常年份的80%;以后各年均达到设计生产能力。

4. 运营第4年,需要花费50万元(无可抵扣进项税额)更新设备配件,维持以后的正常运营需要,该维持运营投资按当期费用计入年度总成本。

问题

1. 编制拟建项目投资现金流量表。
2. 计算项目的静态投资回收期、财务净现值和财务内部收益率。
3. 评价项目的财务可行性。
4. 若该项目的初步融资方案为:贷款400万元用于建设投资,贷款年利率为10%,还款方式为运营期前3年等额还本,利息照付。剩余建设投资及流动资金来源于项目资本金。试编制拟建项目的资本金现金流量表,并根据该表计算项目的资本金财务内部收益率,评价项目资本金盈利能力和融资方案下的财务可行性。

解题思路

本案例较为全面地考核了财务评价知识。

(1)编制项目投资现金流量表。

(2)财务评价指标计算与财务可行性判断。

(3)融资后评价,资本金财务内部收益率计算与盈利能力判断。

(4)融资后评价融资方案下的财务可行性判断。

参考答案

问题1:

(1)编制拟建项目投资现金流量表

由于工程项目投资构成中的建筑安装工程费、设备及工器具购置费、工程建设其他费用中含增值税进项税额,可以根据国家增值税相关规定实施抵扣,该可抵扣固定资产进项税额不得计入固定资产原值。

因此,固定资产折旧费(融资前,固定资产原值不含建设期贷款利息):

固定资产原值 = 形成固定资产的费用 − 可抵扣固定资产进项税额

固定资产折旧费 = (1000 − 100) × (1 − 4%)/10 = 86.4(万元)

(2)计算固定资产余值

固定资产使用年限10年,运营期末只用了6年,还有4年未折旧,所以,运营期末固定资产余值为:

固定资产余值 = 固定资产原值 − 已折旧年限 × 年折旧费 = 900 − 6 × 86.4

= 381.6(万元)

(3) 计算调整所得税

增值税应纳税额 = 当期销项税额 - 当期进项税额 - 可抵扣固定资产进项税额

第2年的当期销项税额 - 当期进项税额 - 可抵扣固定资产进项税额 = $102 \times 0.8 - 50 \times 0.8 - 100 = -58.4$(万元)≤0，故第2年应纳增值税额为0。

第3年的当期销项税额 - 当期进项税额 - 可抵扣固定资产进项税额 = $102 - 50 - 58.4 = -6.4$(万元)≤0，故第3年应纳增值税额为0。

第4年的应纳增值税 = $102 - 50 - 6.4 = 45.6$(万元)

第5年、第6年、第7年的应纳增值税 = $102 - 50 = 52$(万元)

调整所得税 = [营业收入 - 当期销项税额 - (经营成本 - 当期进项税额) - 折旧费 - 维持运营投资 + 补贴收入 - 增值税附加] × 25%

第2年调整所得税 = $[(702 - 102) \times 80\% - (380 - 50) \times 80\% - 86.4 - 0 + 100 - 0] \times 25\%$
$= 57.40$(万元)

第3年调整所得税 = $(600 - 330 - 86.4 - 0 + 0 - 0) \times 25\% = 45.9$(万元)

第4年调整所得税 = $(600 - 330 - 86.4 - 0 + 0 - 45.6 \times 10\%) \times 25\% = 44.76$(万元)

第5年调整所得税 = $(600 - 330 - 86.4 - 50 + 0 - 52 \times 10\%) \times 25\% = 32.10$(万元)

第6年、第7年调整所得税 = $(600 - 330 - 86.4 - 0 + 0 - 52 \times 10\%) \times 25\% = 44.60$(万元)

将上述计算结果，列入项目投资现金流量表相应项，见下表。

项目投资现金流量表　　　　　　　　　　　　　单位：万元

序号	项　目	建设期	运　营　期					
		1	2	3	4	5	6	7
1	现金流入		661.60	702.00	702.00	702.00	702.00	1283.60
1.1	营业收入(不含销项税额)		480.00	600.00	600.00	600.00	600.00	600.00
1.2	销项税额		81.60	102.00	102.00	102.00	102.00	102.00
1.3	补贴收入		100.00					
1.4	回收固定资产余值							381.60
1.5	回收流动资金							200.00
2	现金流出	1000.00	561.40	425.90	474.92	519.30	481.80	481.80
2.1	建设投资	1000.00						
2.2	流动资金投资		200.00					
2.3	经营成本(不含进项税额)		264.00	330.00	330.00	330.00	330.00	330.00
2.4	进项税额		40.00	50.00	50.00	50.00	50.00	50.00
2.5	应纳增值税		0.00	0.00	45.60	52.00	52.00	52.00
2.6	增值税附加				4.56	5.20	5.20	5.20
2.7	维持运营投资					50.00		

续上表

序号	项 目	建设期	运 营 期					
		1	2	3	4	5	6	7
2.8	所得税		57.40	45.90	44.76	32.10	44.60	44.60
3	所得税后净现金流量	-1000.00	100.20	276.10	227.08	182.70	220.20	801.80
4	累计税后净现金流量	-1000.00	-899.80	-623.70	-396.62	-213.92	6.28	808.08
5	折现率(基准收益率10%)	0.9091	0.8264	0.7513	0.6830	0.6209	0.5645	0.5132
6	净现金流量现值	-909.10	82.81	207.43	155.10	113.44	124.30	411.48
7	累计净现金流量现值	-909.10	-826.29	-618.86	-463.77	-350.33	-226.02	185.46

问题2：

(1) 计算项目的静态投资回收期

静态投资回收期 = (6-1) + 213.92/(213.92 + 6.28) = 5.97(年)

项目静态投资回收期为5.97年。

(2) 计算项目财务净现值

$FNPV$ 为185.46万元。

(3) 计算项目的财务内部收益率

财务内部收益率试算表　　　　　　　　　　　单位:万元

序号	项 目	建设期	运 营 期					
		1	2	3	4	5	6	7
1	所得税后净现金流量	-1000.00	100.20	276.10	227.08	182.70	220.20	801.80
2	折现系数(i_1=15%)	0.8696	0.7561	0.6575	0.5718	0.4972	0.4323	0.3759
3	净现金流量现值	-869.60	75.76	181.54	129.84	90.84	95.19	301.40
4	累计现金流量现值	-869.60	-793.84	-612.30	-482.46	-391.62	-296.42	4.97
5	折现系数(i_2=17%)	0.8547	0.7305	0.6244	0.5337	0.4561	0.3898	0.3332
6	净现金流量现值	-854.70	73.20	172.40	121.19	83.33	85.83	267.16
7	累计净现金流量现值	-854.70	-781.50	-609.11	-487.91	-404.58	-318.75	-51.59

采用试算内插法，$i_1=15\%$，$FNPV_1=4.97$(万元)，$i_2=17\%$，$FNPV_2=-51.59$(万元)，$\Delta i \leq 5\%$，满足精度要求，用直线插值法。

$$FIRR = i_1 + (i_2 - i_1) \times \frac{FNPV_1}{|FNPV_1| + |FNPV_2|} = 15\% + (17\% - 15\%) \times \frac{4.97}{4.97 + |-51.59|}$$

$$= 15.18\%$$

问题3：

评价项目的财务可行性。

本项目的静态投资回收期为5.97年，小于基准投资回收期6年；累计财务净现值为185.46万元≥0；财务内部收益率$FIRR=15.18\% \geq$行业基准收益率10%。所以，从财务角度分析，该项目可行。

问题4：
(1)编制拟建项目资本金现金流量表
项目建设期贷款利息为：$400 \times 0.5 \times 10\% = 20$(万元)
固定资产年折旧费 $= (1000 - 100 + 20) \times (1 - 4\%) \div 10 = 88.32$(万元)
固定资产余值 = 固定资产原值 – 已折旧年限 × 年折旧费 = $920 - 6 \times 88.32 = 390.08$(万元)
各年应偿还的本金和利息：

项目第2年期初累计借款为420万元，运营期前3年等额还本，利息照付，则运营期第2~4年等额偿还的本金 = 第2年年初累计借款 ÷ 还款期 = $420 \div 3 = 140$(万元)；运营期第2~4年应偿还的利息为：

第2年：$420 \times 10\% = 42.00$(万元)

第3年：$(420 - 140) \times 10\% = 28.00$(万元)

第4年：$(420 - 140 - 140) \times 10\% = 14.00$(万元)

计算所得税：

第2年的所得税 = $[(702 - 102) \times 80\% - (380 - 50) \times 80\% - 88.32 - 42 + 100] \times 25\%$
          $= 46.42$(万元)

第3年的所得税 = $(600 - 330 - 88.32 - 28) \times 25\% = 38.42$(万元)

第4年的所得税 = $(600 - 330 - 88.32 - 14 - 4.56) \times 25\% = 40.78$(万元)

第5年的所得税 = $(600 - 330 - 88.32 - 50 - 5.2) \times 25\% = 31.62$(万元)

第6年、第7年的所得税 = $(600 - 330 - 88.32 - 5.2) \times 25\% = 44.12$(万元)

将上述数据，填入下表。

项目资本金现金流量表　　　　　　　　　　　　　单位：万元

序号	项　目	建设期	运　营　期					
		1	2	3	4	5	6	7
1	现金流入	0.00	661.60	702.00	702.00	702.00	702.00	1283.60
1.1	营业收入(不含销项税额)		480.00	600.00	600.00	600.00	600.00	600.00
1.2	销项税额		81.60	102.00	102.00	102.00	102.00	102.00
1.3	补贴收入		100.00					
1.4	回收固定资产余值							390.08
1.5	回收流动资金							200.00
2	现金流出	600.00	732.42	586.42	624.94	518.82	481.80	481.80
2.1	项目资本金	600.00						
2.2	借款本金偿还		140.00	140.00	140.00			
2.3	借款利息支付		42.00	28.00	14.00			
2.4	流动资金投资		200.00					
2.5	经营成本(不含进项税额)		264.00	330.00	330.00	330.00	330.00	330.00
2.6	进项税额		40.00	50.00	50.00	50.00	50.00	50.00
2.7	应纳增值税		0.00	0.00	45.60	52.00	52.00	52.00

续上表

序号	项目	建设期	运营期					
		1	2	3	4	5	6	7
2.8	增值税附加		0.00	0.00	4.56	5.20	5.20	5.20
2.9	维持运营投资					50.00		
3	所得税后净现金流量	-600.00	-70.82	115.58	77.06	183.18	220.68	810.76
4	累计税后净现金流量	-600.00	-670.82	-555.24	-478.18	-295.00	-74.32	736.44
5	折现系数(基准收益率10%)	0.9091	0.8264	0.7513	0.6830	0.6209	0.5645	0.5132
6	净现金流量现值	-545.46	-58.53	86.84	52.63	113.74	12457.00	416.08
7	累计净现金流量现值	-545.46	-603.99	-517.15	-464.52	-350.78	-226.21	189.87

(2)计算项目的资本金财务内部收益率

$i_1 = 15\%$ 时,$FNPV_1 = 35.99$;

$i_2 = 17\%$ 时,$FNPV_2 = -11.54$

用插值法计算拟建项目的内部收益率 $FIRR$,即

$$FIRR = i_1 + (i_2 - i_1) \times \frac{FNPV_1}{|FNPV_1| + |FNPV_2|}$$

$$= 15\% + (17\% - 15\%) \times \frac{35.99}{35.99 + |-11.54|}$$

$$= 15\% + 1.51\% = 16.51\%$$

(3)评价项目资本金的盈利能力和融资方案下财务可行性

该项目的资本金财务内部收益率为16.51%,大于企业投资者期望的最低可接受收益率15%,说明项目资本金的获利水平超过了要求,从项目权益投资者整体角度看,在该融资方案下项目的财务效益是可以接受的。

(四)公路工程建设项目不确定性分析方法

知识点集成

知识点7:公路工程建设项目不确定性分析方法

	公路工程建设项目不确定性分析方法的主要内容
概念	1.不确定性分析方法是研究各种经济参数发生变化时,经济分析结果的变化情况和变化范围。估计经济分析结果所面临的风险,为投资决策提供风险分析的资料和结果,以避免投资决策的失误。 2.习惯上,当不确定性的结果可以用发生的概率来加以表述和分析时,称为风险分析;反之,不能用概率表述的,称为不确定性分析。 3.在经济评价中,常用的不确定性分析方法包括:盈亏平衡分析、敏感性分析、概率分析

续上表

盈亏平衡分析	1. 通过分析产品产量、成本与方案盈利能力之间的关系，找出投资方案盈利与亏损在产量、产品价格、单位产品成本等方面的临界值，判断投资方案对不确定因素变化的承受能力，为决策提供依据。 2. 盈亏平衡等式： $$PQ - M = C_f + C_x Q$$ 式中：P——销售单价； 　　　Q——销售量； 　　　M——增值税附加； 　　　C_f——固定成本； 　　　C_x——可变成本。 3. 盈亏平衡点有4种表示形式。 （1）产量： $$Q^* = \frac{C_f}{P - r_1 t_1 - C_x}$$ 式中：r_1——单位产品增值税； 　　　t_1——增值税附加税率。 （2）生产能力利用率： $$E = \frac{Q^*}{Q_C} \times 100\%$$ $E \leqslant 70\%$ 说明项目抗风险能力强。 （3）销售额： $$S = PQ^* - M$$ （4）销售单价： $$P = \frac{C_f + Q_0 C_x r_2 t_1}{Q_0(1 - t_1 t_2)}$$ 式中：r_2——单位产品进项税； 　　　t_2——增值税税率	1. 一般采用线性盈亏平衡分析法，盈亏平衡点实质利润为0，即收入等于支出时的产量、生产能力利用率、销售额或销售单价。 2. 通过盈亏平衡等式，可推出各盈亏平衡点计算式。 3. 盈亏平衡点反映了项目对市场变化的适应能力和抗风险能力，盈亏平衡点越低，说明适应市场变化能力越强，抗风险能力越强。 4. 盈亏平衡分析不能揭示产生风险的根源，只适用于项目财务评价

代 表 题 型

【案例一】 某干粉砂浆自动生产线，设计年生产能力40万t，占地600 m²，选用轻型钢结构厂房。土地及厂房使用费年成本29.26万元，干粉砂浆自动生产线、散装物流设备等生产设备购置与使用年成本118.8万元，开办费、福利费、广告宣传费等年成本70.6万元。每吨干粉砂浆需原材料成本195.3元/t，销售成本15.5元/t，运输成本30元/t，设备维修4元/t。目前市场普通干粉砂浆售价为260元/t。

问题

试确定盈亏平衡点，分析项目抗风险能力。

解题思路

盈亏平衡计算。

参考答案

本题不考虑增值税。

固定成本：$C_f = 29.26 + 118.8 + 70.6 = 218.66$（万元）

可变成本：$C_x = 195.3 + 15.5 + 30 + 4 = 244.8$（元/t）

盈亏平衡等式：

$$PQ = C_f + C_x Q$$

$$Q^* = \frac{C_f}{P - C_x} = \frac{218.66}{260 - 244.8} = 14.39(万 t)$$

在销售量达到 14.39 万 t 时,可保证盈亏平衡。

$$E = \frac{Q^*}{Q_C} \times 100\% = \frac{14.39}{40} \times 100\% = 35.96\% < 70\%$$

因此,项目抗风险能力强。

【案例二】 某工厂生产某种型号的专用小型施工机械,年总销售收入 $B = (300Q - 0.03Q^2)$ 元,总固定成本 $C_f = 180000$ 元,总可变成本 $C_V = (100Q - 0.01Q^2)$ 元,其总成本 $C = (180000 + 100Q - 0.01Q^2)$ 元。

问题

试进行盈亏平衡点分析。

解题思路

(1) 盈亏平衡函数模型;
(2) 非线性盈亏平衡点计算。

参考答案

其盈利函数为 $M = B - C = (300Q - 0.03Q^2) - (180000 + 100Q - 0.01Q^2)$
$\qquad\qquad\qquad = 200Q - 0.02Q^2 - 180000$

因为达到平衡点时,$M = 0$,所以 $200Q - 0.02Q^2 - 180000 = 0$

解得 $Q_1^* = 1000(台)$,$Q_2^* = 9000(台)$

说明可使该厂盈利的透平机产量范围在 1000～9000 台之间,若产量 $Q \leq 1000$ 台或 $Q > 9000$ 台之间,都会发生亏损。

对盈利函数求导,并令其等于零,便可求出最大盈利时的产量:

$Q_{\max} = 5000(台)$

$M_{\max} = 200 \times 5000 - 0.02 \times 5000^2 - 180000 = 320000(元)$

【案例三】 某建筑工地需抽除积水以保证施工顺利进行,现有以下两个方案可供选择。

方案 A:新建一条动力线,需购置一台 2.5kW 电动机并线运行,其投资为 1400 元,第 4 年末残值为 200 元。电动机每小时运行成本为 0.84 元,每年预计维修费为 120 元,因设备完全自动化不需专人管理。

方案 B:购置一台 3.68kW 柴油机,其购置费为 550 元,使用寿命为 4 年,设备无残值。柴油机运行每小时燃料费为 0.42 元,平均每小时维护费为 0.15 元,每小时的人工成本为 0.8 元。

问题

若寿命均为 4 年,基准折现率为 10%,试比较两个方案的优劣。

解题思路

应用盈亏平衡分析进行方案选择。

参考答案

两个方案的总费用均与年开机时间 t 有关,故两方案的年成本均可表示为 t 的函数。

$C_A = 1400 \times (A/P, 10\%, 4) - 200 \times (A/F, 10\%, 4) + 120 + 0.84t$

$$= 518.56 + 0.84t$$
$$C_B = 550 \times (A/P, 10\%, 4) + (0.42 + 0.15 + 0.8)t$$
$$= 173.51 + 1.37t$$

令 $C_A = C_B$，即：$518.56 + 0.84t = 173.51 + 1.37t$

可得出：$t = 651(h)$

A、B 两个方案的年成本函数曲线如下图所示。

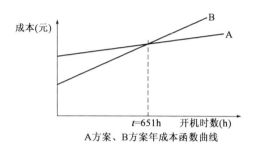

A方案、B方案年成本函数曲线

从上图中可以看出，当年开机小时数低于 651h 时，选 B 方案有利；当年开机小时数高于 651h 时，选 A 方案有利。

章节练习及解析

【练习一】 某平原微丘区高速公路分离式隧道工程，双向四车道，隧道长度为 1400m（含明洞 120m），单洞隧道宽度为 13m，管棚设计工程量为 80m，隧道围岩为 V 级围岩，隧道路面不计。

问题

1. 请根据上述资料列出该隧道工程编制投资估算所涉及的相关指标名称、单位、代号、数量等内容，并填入表格中，需要时应列式计算或文字说明。
2. 计算隧道工程的设备费用。

解题思路

(1) 本案例主要考核关于隧道工程量的计算及隧道工程指标的应用。
(2) 根据估算指标的规定，当设计能提出隧道围岩等级时，V 级围岩指标应乘以 1.35。
(3) 根据估算指标的规定，隧道正洞面积为隧道长度乘以隧道宽度。
(4) 根据估算指标的规定，隧道明洞工程量为明洞长度与宽度的乘积。
(5) 根据估算指标的规定，隧道工程应计算隧道工程机电设施。

参考答案

问题1：

隧道工程量计算及指标套用。

(1) 隧道正洞工程量：$1280 \times 2 \times 13 = 33280(m^2)$

(2) 明洞工程量：$120 \times 2 \times 13 = 3120(m^2)$

(3) 洞门：2 端。

(4)隧道机电工程:1.4km。

序号	工程细目	指标代号	单位	数量	调整或系数
1	正洞洞身	3-1-4	100m²	332.8	1.35
2	明洞	3-2-1	100m²	31.2	
3	隧道洞门	3-3-1	每端洞门	2	
4	管棚	3-6-1	10m	8	
5	隧道监控系统	6-5-1	1km	1.4	
6	隧道通风系统	6-5-2	1km	1.4	
7	隧道消防系统	6-5-4	1km	1.4	
8	隧道供配电及照明	6-5-5	1km	1.4	
9	隧道预埋管件	6-5-6	1km	1.4	

问题2:

隧道设备费计算。

根据《公路工程估算指标》(JTG/T 3821—2018)附录一的规定,计算如下:

隧道监控设备费:1.4×1819369=2547117(元)

隧道通风设备费:1.4×1625384=2275538(元)

隧道消防设备费:1.4×281722=394411(元)

隧道供配电及照明设备费:1.4×2441966=3418752(元)

本项目隧道机电设备费:2547117+2275538+394411+3418752=8635818(元)

【练习二】 某建设项目的工程费用与工程建设其他费用的估算额为52180万元,预备费为5000万元,建设期3年。各年的投资比例是:第一年20%,第二年55%,第三年25%。

该项目固定资产投资来源为自有资金和贷款。贷款本金为40000万元(其中外汇贷款为2300万美元),贷款按年度投资比例发放。贷款的人民币部分年利率为6%(按季计息);贷款的外汇部分年利率为8%(按年计息),外汇牌价为1美元兑换6.6元人民币。

问题

1. 估算建设期贷款利息。
2. 估算拟建项目的总投资。

解题思路

问题1:

由于本案例人民币贷款按季计息,计息期与利率和支付期的时间单位不一致,故所给年利率为名义利率。计算建设期贷款利息前,应先将名义利率换算为实际利率。名义利率换算为实际利率的公式如下:

$$实际利率 = (1 + 名义利率/年计息次数)^{年计息次数} - 1$$

问题2:

要求根据建设项目总投资的构成内容,计算建设项目总投资。建设项目经济评价中的总投资包括建设投资、建设期贷款利息和全部流动资金之和。

参考答案

问题1：

计算建设期贷款利息。

(1) 人民币贷款实际利率计算：

人民币实际利率 $= (1 + 6\% \div 4)^4 - 1 = 6.14\%$

(2) 每年投资的贷款部分本金数额计算：

人民币部分贷款本金总额：$40000 - 2300 \times 6.6 = 24820$（万元）

第1年：$24820 \times 20\% = 4964$（万元）

第2年：$24820 \times 55\% = 13651$（万元）

第3年：$24820 \times 25\% = 6205$（万元）

美元部分贷款本金总额为2300万美元。

第1年：$2300 \times 20\% = 460$（万美元）

第2年：$2300 \times 55\% = 1265$（万美元）

第3年：$2300 \times 25\% = 575$（万美元）

(3) 计算每年应计利息：

① 人民币建设期贷款利息计算。

第1年贷款利息 $= (0 + 4964 \div 2) \times 6.14\% = 152.39$（万元）

第2年贷款利息 $= [(4964 + 152.39) + 13651 \div 2] \times 6.14\% = 733.23$（万元）

第3年贷款利息 $= [(4964 + 152.39 + 13651 + 733.23) + 6205 \div 2] \times 6.14\%$
$= 1387.83$（万元）

人民币贷款利息合计 $= 152.39 + 733.23 + 1387.83 = 2273.45$（万元）

② 外币贷款利息计算。

第1年外币贷款利息 $= (0 + 460 \div 2) \times 8\% = 18.4$（万美元）

第2年外币贷款利息 $= [(460 + 18.4) + 1265 \div 2] \times 8\% = 88.87$（万美元）

第3年外币贷款利息 $= [(460 + 18.4 + 1265 + 88.87) + 575 \div 2] \times 8\% = 169.58$（万美元）

外币贷款利息合计 $= 18.4 + 88.87 + 169.58 = 276.85$（万美元）

合计贷款利息金额为 $= 2273.45 + 276.85 \times 6.6 = 4100.66$（万元）

问题2：

根据建设项目总投资的构成内容，计算拟建项目的总投资：

总投资 = 建设投资 + 贷款利息

$= (52180 + 5000) + 2273.45 + 276.85 \times 6.6$

$= 61280.66$（万元）

【**练习三**】某企业拟投资兴建一水泥加工厂。预计该项目的生命周期为12年，其中：建设期为2年，生产期为10年。项目投资的现金流量数据如下表所示。根据国家规定，全部数据均按发生在各年年末计算。项目的折现率按照银行贷款年利率9%计算，按季计息。项目的基准投资回收期 $P_c = 9$ 年。

第一章 交通运输工程建设项目投资估算与经济评价

单位:万元

序号	年份项目	建设期		生 产 期									
		1	2	3	4	5	6	7	8	9	10	11	12
1	现金流入												
1.1	收入			2600	4000	4000	4000	4000	4000	4000	4000	4000	2600
1.2	固定资产余值回收												500
1.3	流动资金回收												900
2	现金流出												
2.1	建设投资	1800	1800										
2.2	流动资金			500	400								
2.3	经营成本			1560	2400	2400	2400	2400	2400	2400	2400	2400	1560
2.4	销售税金及附加												
2.5	所得税												
3	净现金流量												
4	累计净现金流量												
5	折现系数												
6	折现净现金流量												
7	累计折现净现金流量												

问题

1.分别按6%、33%的税率计算运营期内每年的销售税金及附加和所得税(生产期第一年和最后一年的年总成本为2400万元,其余各年总成本均为300万元)。

2.计算现金流入量、现金流出量和净现金流量、累计净现金流量。

3.计算年实际利率、每年折现系数、折现净现金流量、累计折现净现金流量。

4.计算该项目的静态、动态投资回收期。

5.根据计算结果,评价该项目的可行性。

说明:仅要求对年实际利率和静态、动态投资回收期列式计算,其余均直接在表中计算。

解题思路

本案例属于财务可行性分析与评价的典型案例,主要考核建设项目财务评价动态指标的计算与分析评价的主要内容。在答题时,需要注意经营成本、税金及附加计算,现金流量表编制、经济评价指标计算与判断。

参考答案

销售税金及附加、所得税、现金流入量、现金流出量、净现金流量、累计净现金流量的计算结果见下表中相应栏目。

某项目全部投资现金流量表　　　　　　　　　　单位:万元

序号	年份项目	建设期		生 产 期									
		1	2	3	4	5	6	7	8	9	10	11	12
1	现金流入量			2600	4000	4000	4000	4000	4000	4000	4000	4000	4000
1.1	收入			2600	4000	4000	4000	4000	4000	4000	4000	4000	2600
1.2	固定资产余值回收												500
1.3	流动资金回收												900
2	现金流出量	1800	1800	2231	3093	2693	2693	2693	2693	2693	2693	2693	1731
2.1	建设投资	1800	1800										
2.2	流动资金			500	400								
2.3	经营成本			1560	2400	2400	2400	2400	2400	2400	2400	2400	1560
2.4	销售税金及附加			156	240	240	240	240	240	240	240	240	156
2.5	所得税			15	53	53	53	53	53	53	53	53	15
3	净现金流量	−1800	−1800	369	907	1307	1307	1307	1307	1307	1307	1307	2269
4	累计净现金流量	−1800	−3600	−3231	−2324	−1017	290	1597	2904	4211	5518	6825	9094
5	折现系数	0.9148	0.8369	0.7656	0.7004	0.6408	0.5862	0.5363	0.4906	0.4488	0.4106	0.3756	0.3436
6	折现净现金流量	−1647	−1506	283	635	837	766	701	641	587	537	491	780
7	累计折现净现金流量	−1647	−3153	−2871	−2235	−1398	−632	69	710	1297	1834	2325	3104

问题1:

(1)销售税金及附加:

销售税金及附加 = 销售收入 × 销售税金及附加税率

第1年、第2年销售税金及附加:0(因为项目还在建设期,没有销售收入)。

第3年、第12年销售税金及附加:$2600 \times 6\% = 156$(万元)

第4~11年销售税金及附加:$4000 \times 6\% = 240$(万元)

(2)所得税:

所得税 = 利润总额 × 所得税率 = (销售收入 − 总成本 − 销售税金及附加) × 所得税率

第1年、第2年所得税:0(因为项目还在建设期,没有盈利)。

第3年、第12年所得税:$(2600 − 2400 − 156) \times 33\% = 14.52 \approx 15$(万元)

第4~11年所得税:$(4000 − 3600 − 240) \times 33\% = 52.80 \approx 53$(万元)

问题2:

现金流入量、现金流出量和净现金流量、累计净现金流量见前表中相应栏目。

问题3:

(1)实际年利率计算。

实际年利率 = $(1 + 名义年利率 \div 年计息次数)^{年计息次数} − 1 = (1 + 9\% \div 4)^4 − 1 = 9.31\%$

(2)每年折现系数、折现净现金流量、累计折现净现金流量见前表中相应栏目。

问题4：

项目投资回收期。

(1) 项目静态投资回收期：

(累计净现金流量出现正值的年份-1)+(出现正值年份上年累计净现金流量绝对值÷出现正值年份当年净现金流量)=(6-1)+(|-1017|÷1307)=5.78(年)

(2) 项目动态投资回收期：

(累计折现净现金流量出现正值的年份-1)+(出现正值年份上年累计折现净现金流量绝对值÷出现正值年份当年折现净现金流量)=(7-1)+(|-632|÷701)=6.90(年)

问题5：

项目评价。

从财务评价的角度，全面分析和评价该项目的可行性。

项目的净现值(NPV)为2008万元大于0，所以，该项目是可投资的。因为该项目在全生命周期中可获得净盈利2008万元。

项目的静态投资回收期为5.78年小于$P_c=9$年，所以，该项目是可投资的。因为如果不计资金的时间价值，该项目在收回投资后还有6年多的净收益期。

项目的动态投资回收期为6.90年小于$P_c=9$年，所以，该项目是可投资的。因为即使计算了资金的时间价值，该项目在收回投资后还有4年多的净收益期。

综上所述，可以认定该项目是可行的。

第二章 交通运输工程设计、施工方案技术经济分析

一、考纲要求

1. 公路工程设计、施工方案综合评价。
2. 公路工程设计、施工方案比选与优化。
3. 公路工程网络计划的调整与优化。

二、本章知识架构

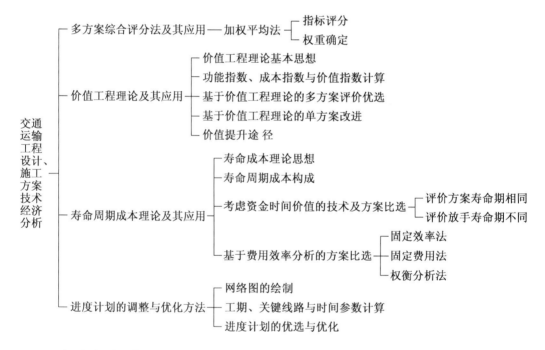

三、本章知识点

（一）多方案综合评分法及其应用

考核要求	备考建议
以综合评分法为基础的多方案评价	主要考核各类评价方法的灵活应用。可以作为考核点的单独出题，也可考查考核点的综合运用，灵活性大

第二章 交通运输工程设计、施工方案技术经济分析

知识点集成

知识点1:多方案综合评分法及其应用

<table>
<tr><td colspan="3">多方案综合评分法的主要内容</td></tr>
<tr><td>实质</td><td colspan="2">是加权平均法,是一种定性与定量相结合的分析方法</td></tr>
<tr><td>方法描述</td><td colspan="2">通过确定综合评价指标及其评分方法、指标的重要程度(权重),采用加权平均的方法得出综合得分,综合得分最高的方案即为最优方案</td></tr>
<tr><td>解题步骤</td><td colspan="2">第一步:根据方案评价的目标与需求,确定评价指标;
第二步:根据评价指标的重要程度,分配指标权重;
第三步:根据评价标准,分别对备选方案的各评价指标打分;
第四步:采用加权平均法,计算各备选方案的综合得分;
第五步:选择综合得分最高的方案为最优方案</td><td>1. 评价指标间尽可能相互独立。
2. 采用规范化权重,即用 w_i 表示第 i 个指标权重,满足 $\sum w_i = 1$;掌握多种权重确定和计算方法。
3. 指标得分可以是专家打分结果,也可能与其他知识点相结合,由被试人自行评分。
4. 方案综合得分
$$S = \sum_{i=1}^{n} w_i s_i$$
式中:n——评价指标数量;
s_i——某方案第 i 个指标得分</td></tr>
<tr><td rowspan="3">权重确定方法</td><td>0-1 评分法</td><td>第一步:列出评分表,对角线计0分(自身对比不得分);
第二步:将评价指标两两相比,重要一方计1分,次要一方计0分;
第三步:按行求和得每个指标的重要性得分,为防止得分为0,通常将和加1得到每个指标重要性的修正得分;
第四步:每个指标重要性修正得分除以所有指标重要性修正得分之和,得该指标权重</td></tr>
<tr><td>0-4 评分法</td><td>第一步:列出评分表,对角线计0分(自身对比不得分);
第二步:将评价指标两两相比,按下述规则计分:绝对重要一方计4分,对应一方计0分;较重要一方计3分,对应一方计1分;同等重要双方均计2分;
第三步:按行求和得每个指标的重要性得分;
第四步:每个指标重要性得分除以所有指标重要性得分之和,得该指标权重</td></tr>
<tr><td>环比法</td><td>各指标重要性程度为 $N_1 : N_2 : \cdots : N_k$,则指标权重 $w_j = N_j / \sum N_i$</td></tr>
</table>

代 表 题 型

【案例】 某公路工程公开招标,有 A、B、C、D 四家施工企业参加投标。招标文件确定了技术标评定要素:关键工程施工技术方案(F1)、工期保证体系与措施(F2)、质量保证体系与措施(F3)、安全保证体系与措施(F4)、项目经理素质与工作方案(F5)。评标专家一致认为五项指标的相对重要程度为 F1 > F2 = F3 > F4 = F5,三位技术专家对投标人分别进行评标指标打分,具体情况如下:

投标人专家评分表

专家	一				二				三			
投标方案	A	B	C	D	A	B	C	D	A	B	C	D
评标指标 F1	8.8	9.3	9.0	9.2	9.2	9.1	9.3	9.0	8.7	9.5	9.2	8.9
评标指标 F2	9.3	9.1	9.2	9.0	8.8	9.2	9.1	8.9	8.7	8.9	9.1	9.0
评标指标 F3	9.1	8.8	8.5	8.7	9.0	9.0	8.9	9.1	9.4	9.2	8.9	9.2
评标指标 F4	8.8	9.0	9.1	9.2	9.2	9.1	9.0	9.0	9.0	9.0	9.1	9.1
评标指标 F5	8.6	9.0	8.8	8.9	9.0	9.0	8.8	8.9	8.8	8.9	9.0	9.1

问题

1. 请用0-4评分法确定各项评标指标权重。
2. 采用综合评分法将前两名拟定为中标人。

解题思路

(1) 0-4评分法。
(2) 加权综合得分计算。

参考答案

问题1：

根据评标专家对五项指标的相对重要程度排序 F1 > F2 = F3 > F4 = F5，以及0-4评分原则，列出评分表。（绝对重要一方计4分,对应一方0分;较重要一方计3分,对应一方计1分;同等重要双方均计2分）

指标	F1	F2	F3	F4	F5	得分	权重
F1	×	3	3	4	4	14	0.350
F2	1	×	2	3	3	9	0.225
F3	1	2	×	3	3	9	0.225
F4	0	1	1	×	2	4	0.100
F5	0	1	1	2	×	4	0.100
合计						40	1.000

问题2：

各方案加权综合得分。

各投标方案的各指标得分为三位评标专家打分的算数平均值。

A方案F1指标得分：(8.8 + 9.2 + 8.7)/3 = 8.900

A方案加权综合得分：$8.900 \times 0.350 + 8.933 \times 0.225 + 9.167 \times 0.225 + 9.000 \times 0.100 + 8.800 \times 0.100 = 8.968$

评标指标	权重	投标方案			
		A	B	C	D
F1	0.350	8.900	9.300	9.167	9.033
F2	0.225	8.933	9.067	9.133	8.967

续上表

评标指标	权 重	投标方案			
		A	B	C	D
F3	0.225	9.167	9.000	8.767	9.000
F4	0.100	9.000	9.033	9.067	9.100
F5	0.100	8.800	8.967	8.867	8.967
加权综合得分		8.968	9.120	9.029	9.011

结论：按评标规定应选择 B、C 为拟定中标人。

（二）价值工程理论及其应用

考 核 要 求	备 考 建 议
以功能指数、价值指数为主要内容的价值工程评价方法	主要考核各类评价方法的灵活应用。可以作为考核点的单独出题，也可考查考核点的综合运用，灵活性大

知识点集成

知识点 2：价值工程理论及其应用

价值工程理论及其应用的主要内容			
基本思想	是以最低的寿命周期成本，可靠地实现用户功能需求，即以最小的寿命周期成本达到所需功能。 $V=\dfrac{F}{C}$ 价值分析，从功能和成本两方面考虑，寻求最佳综合效益 — 功能分析，是价值工程理论的核心，功能量化是重点，涉及的应用包括0-1、0-4评分法计算功能权重、综合评价法，以及功能指数计算等；成本分析，强调全寿命周期成本，包括设置费与维持费。涉及成本指数计算，及按功能评价系数确定的目标成本等		
指数计算	功能指数	第 i 个评价对象的功能指数 $F_i = \dfrac{第 i 个评价对象的功能得分 S_i}{全部功能的得分值 \sum S_i}$	以功能指数作为方案评价依据时，$\max\{F_i\}$ 对应方案最优
	成本指数	第 i 个评价对象的成本指数 $C_i' = \dfrac{第 i 个评价对象的现实成本 C_i}{全部成本值 \sum C_i}$	实现成本为全寿命周期成本，等于设置费 + 维持费
	价值指数	第 i 个评价对象的价值指数 $V_i = \dfrac{第 i 个评价对象的功能指数 F_i}{第 i 个评价对象的成本指数 C_i'}$	1. 当 $V_i<1$，成本过高，与功能不协调；$V_i=1$，功能与成本合理；$V_i>1$，成本偏低。 2. 以价值指数作为方案评价依据时，$\max\{V_i\}$ 对应方案最优

续上表

多方案评价优选解题步骤	第一步：利用0-1或0-4法对功能重要性评分，计算功能重要性系数。 第二步：根据专家对功能的评分表和功能重要性系数，分别计算各方案的功能加权得分。 第三步：分别计算各方案的功能指数＝该方案的功能加权得分/∑各方案功能加权得分。 第四步：分别计算各方案的成本指数＝该方案的成本或造价/∑各方案成本或造价。 第五步：分别计算各方案的成本指数＝该方案的功能指数/该方案的成本指数。 第六步：比较各方案的价值指数，价值指数最大的方案为最优方案	1. 该方法的实质是以价值指数为优选标准的综合评分法。 2. 掌握功能评分标准和计算方法
单方案改进解题步骤	第一步：确定功能评分表；分别计算各功能项目的功能指数＝该功能得分/∑各功能得分。 第二步：根据改进前的成本，计算各功能项目的成本指数＝该功能的成本或造价/∑各功能的成本或造价。 第三步：分别计算各功能项目的价值指数＝该功能项目的功能指数/该功能项目的成本指数。 第四步：根据功能指数和总目标成本，确定各功能项目的目标成本＝该功能项目的功能指数×总目标成本。 第五步：确定各功能项目的成本降低期望值＝改进前的成本－目标成本	1. 此处功能指数表示各项功能对总功能的贡献，因此直接根据各功能项目的评分结果计算功能指数，不需计算权重。 2. 根据改进前的成本计算得价值指数，由于改进前成本分配不合理，因此有些功能项目的价值指数不为1，即未达到理想状态。 3. 核心：按照功能与成本匹配的原则，按功能指数分配各目标成本，从而达到理想状态。经过第四步，各功能项目的价值指数均应为1。 4. 根据成本降低期望值由大到小排序，即为各功能项目改进的顺序
价值提升途径	1. 双向型：提高产品或方案功能的同时，降低产品或方案成本，这是最理想的途径，也是对资源最有效的利用。 2. 改进型：在保持产品或方案成本不变的条件下，改进设计，提高产品或方案的功能，提高利用资源的成果和效用。 3. 节约型：在保持产品或方案功能不变的前提下，通过降低产品或方案成本，达到提高价值的目的。 4. 投资型：产品或方案的功能有大幅提高，而产品或方案成本有较少提高。 5. 牺牲型：在产品或方案的功能略有下降情况下，而产品或方案成本大幅降低，达到提高价值的目的	1. $\uparrow V = \dfrac{F \uparrow}{C \downarrow}$ 2. $\uparrow V = \dfrac{F \uparrow}{C \rightarrow}$ 3. $\uparrow V = \dfrac{F \rightarrow}{C \downarrow}$ 4. $\uparrow V = \dfrac{F \uparrow\uparrow}{C \uparrow}$ 5. $\uparrow V = \dfrac{F \downarrow}{C \downarrow\downarrow}$

代表题型

【案例】 对某工程钢木组合模板体系和小型钢模板体系两套模板方案进行技术经济论证。经有关专家讨论，决定从模板摊销费用F1，浇筑质量F2，模板人工费F3，模板周转时间F4，模板装拆便利性F5等五个指标对两方案进行评价。采用0-1评分法对各指标的重要性进行评分，具体评分如下。

指　　标	F1	F2	F3	F4	F5
F1	×	0	1	1	1
F2		×	1	1	1
F3			×	0	1
F4				×	1
F5					×

两方案技术经济指标得分如下。

指　　标	F1	F2	F3	F4	F5
钢木组合	10	8	8	10	10
小型钢模板	8	10	10	7	9

经估算,钢木组合模板总摊销费为15万元,每平方米模板人工费为7.5元,小型钢模板总摊销费为20万元,每平方米模板人工费为6.3元。该工程模板工程量为9000m^2。

问题

1. 确定各指标权重。(计算结果均取三位小数)
2. 以单方模板费用作为成本比较对象,用价值指数法选择较为经济的模板体系。
3. 模板工程量至少达到多少平方米才应采用钢模体系？(计算结果取两位小数)

解题思路

(1) 0-1评分法(修正得分);
(2) 功能系数、成本系数、价值系数的计算;
(3) 价值工程对象选择原则;
(4) 模板费用函数建立,均衡问题。

参考答案

问题1:

根据各指标的重要性进行评分,计算权重。

指标	F1	F2	F3	F4	F5	得分	修正得分	指标权重
F1	×	0	1	1	1	3	4	0.267
F2	1	×	1	1	1	4	5	0.333
F3	0	0	×	0	1	1	2	0.133
F4	0	0	1	×	1	2	3	0.200
F5	0	0	0	0	×	0	1	0.067
合计						10	15	1.000

问题2:

(1) 计算功能指数。

指　标	权　重	钢木组合模板	小型钢模板
F1	0.267	10×0.267=2.67	8×0.267=2.14
F2	0.333	8×0.333=2.66	10×0.333=3.33
F3	0.133	8×0.133=1.06	10×0.133=1.33
F4	0.200	10×0.200=2.00	7×0.200=1.40
F5	0.067	10×0.067=0.67	9×0.067=0.60
合计		9.06	8.80
功能指数		9.06/(9.06+8.80)=0.51	8.80/(9.06+8.80)=0.49

（2）计算成本指数。
钢木组合模板单方费用：15万元/0.9万m^2+7.5元/m^2=24.17(元/m^2)
小型钢模板单方费用：20万元/0.9万m^2+6.3元/m^2=28.52(元/m^2)
钢木组合模板成本指数：24.17/(24.17+28.52)=0.46
小型钢模板成本指数：28.52/(24.17+28.52)=0.54
（3）计算价值指数。
钢木组合模板价值指数：0.51/0.46=1.11
小型钢模板成本指数：0.49/0.54=0.91
结论：根据价值指数，应选择钢木组合模板。

问题3：
建立模板单方费用模型。
钢木组合单方费用：$C_1=15/Q+7.5$
小型钢模板单方费用：$C_2=20/Q+6.3$
令$C_1=C_2$，解得$Q=4.17$(万m^2)
因此，模板工程量至少应达到4.17万m^2才应采用小型钢模体系。

（三）寿命周期成本理论及其应用

考核要求	备考建议
以寿命周期成本、年度费用计算、费用效率分析为主要内容的考虑资金时间价值的方案择优	主要考核各类评价方法的灵活应用。可以作为考核点单独出题，也可考查考核点的综合运用，灵活性大

知识点集成

知识点3：寿命周期成本理论及其应用

寿命周期成本理论及其应用的主要内容	
基本思想	以寿命周期成本最低为评价目标，进行方案选择。 关键是确定寿命周期和成本分类

续上表

寿命期成本构成	1.投资方案的寿命周期成本包括设置费(生产成本)和维持费(使用成本)。设置费包括研发费、设计费、制造费、安装费和试运转费等;维持费包括运行费、维修费、后勤支援费和报废费用等。 2.公路项目寿命周期财务成本包括建设期财务支出和运营期财务支出。建设期财务支出主要包括固定资产投资、相关税金和建设期借款利息;运营期财务支出主要包括经营成本(运营管理费、养护费和大中修费)、运营期利息支出和税金。 3.公路项目寿命周期经济费用包括建设期经济费用和运营期经济费用。建设期经济费用是按影子价格计算,并剔除转移支付的固定资产投资、相关税金和建设期借款利息;运营期经济费用是按影子价格计算的日常养护费用、管理费用、大修费用、国外贷款利息和残值(负值计入)		
考虑资金时间价值的技术及方案比选解题步骤	第一步:计算确定各方案寿命期内各时点发生的现金流入、现金流出。 第二步:判断各方案寿命期是否相同,并采取不同方法与比选准则。 (1)寿命期相同,比选准则有净现值、净年值、净终值(将来值)、最小费用、增量内部收益率、增量净现值等; (2)寿命期不同,采用年值法或最小公倍数法、研究期法将其转化为寿命期相同问题进行比选。 第三步:根据比选准则判断项目优劣,选择最优方案	1.方案寿命期确定(见第一章)。 2.现金流入流出计算可能与费用效益构成与计价等知识点结合综合考核。 3.折现率计算方法(见第一章)。 4.核心:各类经济评价指标的计算与判断准则	
寿命期相同评价方法	净现值	将不同时点上发生的净现金流量(现金流入 CI – 现金流出 CO)通过规定的折现率 i(基准折现率)统一折算现值的代数和。 $$NPV = \sum_{t=0}^{n}(CI-CO)_t(1+i)^{-t} = \sum_{t=0}^{n}(CI-CO)_t(P/F,t,i)$$	净现值越大,方案越优
	净年值	将不同时点上发生的净现金流量(现金流入 – 现金流出)通过规定的折现率(基准折现率)统一折算为等额年值。 $$NAV = NPV \cdot (A/P,n,i) = NFV \cdot (A/F,n,i)$$	净年值越大,方案越优
	净终值(将来值)	将不同时点上发生的净现金流量(现金流入 – 现金流出)通过规定的折现率(基准折现率)统一折算为等额年值。 $$NFV = \sum_{t=0}^{n}(CI-CO)_t(1+i)^t = \sum_{t=0}^{n}(CI-CO)_t(F/P,t,i)$$	净终值(将来值)越大,方案越优
	最小费用	1.当方案产出相同时,可仅比较费用以进行方案选择。 2.费用现值法:将方案各年费用按规定的折现率统一折算现值的代数和。 3.费用年值法:将方案各年费用按规定的折现率统一折算为等额年值	1.费用现值越小,方案越优。 2.费用年值越小,方案越优
	差额内部收益率	在计算出两个原始投资额不相等投资项目的差量现金净流量的基础上,计算出差额内部收益率,并据以判断这两个投资项目孰优孰劣的方法。 $$\sum_{t=0}^{n}[(CI-CO)_2 - (CI-CO)_1]_t(1+\Delta IRR)^{-t} = 0$$ 式中:$(CI-CO)_2$——投资大的方案的年净现金流量; $(CI-CO)_1$——投资小的方案的年净现金流量; ΔIRR——差额内部收益率	1.内部收益率可用于单个方案的可行性判断,但不能用于方案比选。 2.ΔIRR 大于或等于基准收益率时,投资额大的项目较优;反之,则投资少的项目为优

续上表

寿命期相同评价方法	差额净现值	在计算出两个原始投资额不相等的投资项目的差量现金净流量的基础上,计算出差额净现值,并据以判断这两个投资项目孰优孰劣的方法。$$\Delta NPV = \sum_{t=0}^{n} \left[(CI-CO)_2 - (CI-CO)_1 \right]_t (1+i)^{-t}$$	ΔIRR 大于或等于0时,投资额大的项目较优;反之,则投资少的项目为优
寿命期不等评价方法	年值法	分别计算寿命期不同的方案的等额年值,即把不同时点上发生的净现金流量(现金流入－现金流出)通过规定的折现率(基准折现率)统一折算为等额年值,通过年值比较确定较优方案	年值越大,方案越优
	最小公倍数法	1. 取各方案寿命的最小公倍数作为各方案的共同寿命,在此期间各个方案的投资、收入支出等额实施,直到最小公倍数的寿命期末为止。 2. 按此方法将寿命期不等方案转换成寿命期相等方案,方案比选原则同寿命期相同情况	当最小公倍数很大时,由于技术进步,这种重置的假设就不符合实际了
	研究期法	1. 以寿命最短方案的寿命为各方案共同的服务年限,令寿命较长方案在共同服务年限末保留一定的残值。 2. 以寿命最长方案的寿命为各方案共同的服务年限,令寿命最短方案在寿命终止时,以同种固定资产或其他新型固定资产进行更替,直至达到共同服务年限为止,期末可能尚存一定的残值。 3. 统一规定方案的计划服务年限,计划服务年限不一定同于各方案的寿命。在达到计划服务年限前,有的方案或许需要进行固定资产更替;服务期满时,有的方案可能存在残值。 4. 按此方法将寿命期不等方案转换成寿命期相等方案,方案比选原则同寿命期相同情况	残值合理确定有一定难度
寿命期无限评价方法	年值法	$$A = \lim_{n \to \infty} P \cdot \frac{i(1+i)^n}{(1+i)^n - 1} = P \cdot i$$	1. 寿命期大于或等于50年的方案,均可以认为是寿命期无限长的方案。 2. 年值越大,方案越优。 3. 现值越大,方案越优
	现值法	$$P = A \cdot \lim_{n \to \infty} \frac{(1+i)^n - 1}{i(1+i)^n} = \frac{A}{i}$$	
基于费用效率分析的方案比选解题步骤		费用效率$(CE) = \dfrac{系统效率(SE)}{寿命周期成本(LCC)} = \dfrac{系统效率(SE)}{设置费(IC) + 维持费(SC)}$ 第一步:对方案的投资"成果"进行分析,列出系统效率(SE)所包含的主要项目,计算 SE; 第二步:分别列出设置费(IC)和维持费(SC)所包含的项目,计算投资方案的寿命周期成本 LCC; 第三步:分别计算各方案的费用效率 $CE = SE/LCC = SE/(IC+SC)$; 第四步:比较各方案的费用效率 CE,费用效率值最大的为最优方案	1. 寿命周期成本分析中必须考虑资金的时间价值。 2. 寿命周期成本可能与第一章投资估算方法结合考查

代表题型

【案例一】 某公路项目的沥青路面工程,路线长24km,行车道宽度22m,沥青混凝土厚度18cm。在距路线两端1/3处各有一处适宜设置拌和场的场址,上路距离为300m。预计每设置一处拌和站费用为80万元。施工组织提出设1处和2处的拌和站方案。

问题

考虑采用20t以内自卸汽车运输,试以定额计价分析运输费用,选择拌和站建设方案。

解题思路

(1)综合平均运距、运量、运价计算;

(2)基于最低费用的方案比选。

参考答案

(1)综合平均运距即以运量占比为权重的运距加权平均。

设置1处拌和站:在线路1/3处,距线路终点分别为8km和16km(见下图),平均运距为4km和8km,其混合料综合平均运距为:(4×8+8×16)/24+0.3=6.96(km)

平均运距按7km计算。

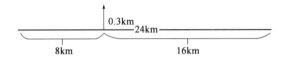

设置2处拌和站:在线路1/3处,两个拌和场供料范围分别为8km和4km(见下图),平均运距为4km和2km,其混合料综合平均运距为:(4×8+2×4)/12+0.3=3.63(km)

0.13不足增运定额单位(0.5km)的半数,平均运距按3.5km计算。

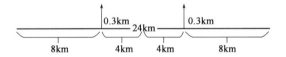

(2)混合料运输费用。

混合料工程量:0.18×22×24000=95040(m³)

按《公路工程预算定额》(JTG/T 3832—2018)[2-2-13]沥青混合料运输20t以内自卸汽车运输,计算运输费用:

设置1处拌和站运输费用:(5759+12×459)×95040/1000=1070816(元)

设置2处拌和站运输费用:(5759+5×459)×95040/1000=765452(元)

(3)经济性比较。

设置1处拌和站综合费用:1070816+800000=1870816(元)

设置2处拌和站综合费用:765452+800000×2=2365452(元)

结论:设置1处拌和站综合费用小于设置2处拌和站综合费用,因此,从经济角度出发推荐设置1处拌和站建设方案。

【案例二】 某公路项目的沥青路面工程,有两个备选线路方案。两方案平均车速都由 50km/h 提高到了 80km/h,日平均流量为 35000 辆,寿命期 20 年,无残值,基准收益率为 8%,其他数据见下表。

备选线路方案的效益费用

方案	线路方案一	线路方案二
线路全长(km)	20	15
初期投资(万元)	70000	63000
年维护及运行费[万元/(km·年)]	3.2	4.15
每10年大修一次金额(万元)	1050	950
降低运输成本[元/(km·辆)]	0.074	0.098
旅客在途时间节约[元/(h·辆)]	8.5	8.5

问题

试用寿命周期成本 CE 法比较两条备选线路方案的优劣,并做出方案选择(保留两位小数)。已知 $(A/P,8\%,20)=0.1019$,$(P/F,8\%,10)=0.4632$,$(P/F,8\%,20)=0.2145$。

解题思路

(1)寿命周期成本理论,理解系统项目 SE 中 C 项目和 Y 项目构成,以及寿命周期成本 LCC 中设置费 IC 与维持费 SC 构成;

(2)计算 SE 和 LCC 时必须考虑资金的时间价值;

(3)若寿命期 20 年,每 10 年大修一次,寿命期内仅第 10 年大修,第 20 年寿命期终,无须大修。

参考答案

(1)系统效率 SE。

方案一 SE_1:

降低运输成本 $= 0.074 \times 35000 \times 365 \times 20/10000 = 1890.70$(万元)

旅客在途时间费用节约 $= 8.5 \times 35000 \times 365 \times (20/50 - 20/80)/10000 = 1628.81$(万元)

$SE_1 = 1890.70 + 1628.81 = 3519.51$(万元)

方案二 SE_2:

降低运输成本 $= 0.098 \times 35000 \times 365 \times 15/10000 = 1877.93$(万元)

旅客在途时间费用节约 $= 8.5 \times 35000 \times 365 \times (15/50 - 15/80)/10000 = 1221.61$(万元)

$SE_2 = 1877.93 + 1221.61 = 3099.54$(万元)

(2)寿命周期成本 LCC。

方案一 LCC_1:

设置费 $IC_1 = 70000 \times (A/P,8\%,20) = 70000 \times 0.1019 = 7133$(万元)

维持费 $SC_2 = 3.2 \times 20 + 1050 \times (P/F,8\%,10) \times (A/P,8\%,20)$

$= 3.2 \times 20 + 1050 \times 0.4632 \times 0.1019 = 113.56$(万元)

$LCC_1 = IC_1 + SC_1 = 7133 + 113.56 = 7246.56$(万元)

方案二 LCC_2：

设置费 $IC_2 = 63000 \times (A/P, 8\%, 20) = 63000 \times 0.1019 = 6419.70(万元)$

维持费 $SC_1 = 4.15 \times 15 + 950 \times (P/F, 8\%, 10) \times (A/P, 8\%, 20)$
$= 4.15 \times 15 + 950 \times 0.4632 \times 0.1019 = 107.09(万元)$

$LCC_2 = IC_2 + SC_2 = 6419.70 + 107.09 = 6526.79(万元)$

(3) 计算费用效率 CE。

$CE_1 = SE_1/LCC_1 = 3519.51/7246.56 = 0.49$

$CE_2 = SE_2/LCC_2 = 3099.54/6526.79 = 0.47$

结论：费用效率大者优，因此选择线路方案一。

【案例三】 某公路工程项目四年前购置一台机电设备甲，原始购置费用为11万元，年度使用费为2万元，预计可使用10年，使用期满后预计净残值为0.5万元。目前市场上出现了与设备甲具有同等功能的设备乙，其原始费用为12万元，年度使用费为1万元，使用期限为10年，到期后预计净残值为0.4万元。现在有两个方案：

方案A：不作更新，继续使用设备甲；

方案B：卖掉设备甲，购置设备乙。

已知目前市场上设备甲的折卖价为3.5万元，基准折现率为12%。

问题

试对A、B两个方案进行选择。

解题思路

(1) 研究期内现金流入流出识别，特别注意研究时点的正确选择；

(2) 寿命期不等的方案比选方法；

(3) 货币等值计算。

参考答案

(1) 绘制两方案的现金流量图，见下表。

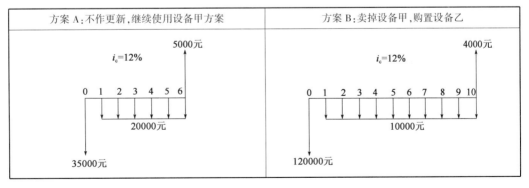

(2) 寿命期不等方案比选，采用年值法比选指标。

$AC_A = 35000(A/P, 12\%, 6) - 5000(A/F, 12\%, 6) + 20000$
$= 35000 \times 0.2432 - 5000 \times 0.1232 + 20000$

$$= 27896(元)$$

$$AC_B = 120000(A/P,12\%,10) - 4000(A/F,12\%,10) + 10000$$

$$= 120000 \times 0.1770 - 4000 \times 0.0570 + 10000$$

$$= 31012(元)$$

结论：$AC_A < AC_B$，因此推荐方案为不作更新，继续使用设备甲方案。

（四）进度计划的调整与优化方法

考核要求	备考建议
1. 双代号网络图绘制、调整。 2. 双代号网络时间参数计算、关键线路与工期确定。 3. 工期调整优化	主要考核施工进度计划编制、调整与优化。尤其是网络计划技术的灵活应用，可以作为网络计划独立分析考核，也可通过案例材料变化，融合变更、索赔等考核点综合考核

知识点集成

知识点4：进度计划的调整与优化方法

	进度计划的调整与优化方法的主要内容
双代号网络图概述	由工作、节点、线路三个要素组成。 1. 工作：又称工序、过程等，指根据计划需要划分而成的一个消耗实践或者也消耗资源的子任务或子项目。 （1）实工作与虚工作。 　　实工作，用"→"表示：$\begin{cases}既消耗时间又消耗资源的工作 \\ 仅消耗时间的工作\end{cases}$ 　　虚工作：仅表示各工作之间存在的逻辑关系。 （2）紧前工作、紧后工作与平行工作：就某一工作而言，紧靠其前的工作称为该工作的紧前工作；紧靠其后的工作称为该工作的紧后工作；与其平行的工作称为该工作的平行工作。 2. 节点：又称结点、事件；在网络图中，箭线出发、到达和交会处画上的圆圈，称为节点；节点具有瞬时性、衔接性、易检性。 （1）内向箭线与外向箭线：对于某一节点而言，指向该节点的箭线称为该节点的内向箭线，由该节点引出的箭线称为该节点的外向箭线。 （2）起点节点、终点节点、中间节点：起点节点，只有外向箭线的节点；终点节点，只有内向箭线的节点；中间节点，既有内向箭线又有外向箭线的节点。 3. 线路：又称径路，在网络图中，从起点节点到终点节点沿箭线方向连通的路。 每条线路都包含若干工作，这些工作持续时间之和就是线路的长度，即线路的持续时间
双代号网络图的绘制	1. 基本原则：必须正确表达工作之间的先后顺序和逻辑关系；只允许有一个起点节点和一个终点节点（多目标网络计划除外）；不允许出现循环回路；不允许出现代号相同的箭线；不允许出现双向箭头、无箭头、倒向箭头。 2. 注意事项：布局要调理清楚，重点突出——尽量将关键线路放在中心位置；尽量避免交叉，若无法避免，要注意画法。尽量避免多余箭线和节点。 3. 编号规则：箭头节点编号应大于箭尾节点编号；在同一网络图中，不允许出现编号相同的节点

双代号网络图时间参数计算	1. 时间参数分为节点时间参数和工作时间参数。 (1) 节点时间参数：最早时间 ET、最迟时间 LT。 $ET_j = \max\{ET_i + t_{i,j}\}$，$i$ 为 j 的紧前工作 $ET_1 = 0$，$ET_n = T$ $LT_i = \min\{LT_j - t_{i,j}\}$，$j$ 为 i 的紧后工作 $LT_n = ET_n = T_j$ (2) 工作时间参数：最早开始时间 ES、最早结束时间 EF、最迟开始时间 LS、最迟结束时间 LF、总时差 TF、自由时差 FF。 $ES_{(i,j)}$：一项工作在其紧前工作都结束之后，可以最早开始的时间，$ES_{(i,j)} = ET_i$。 $LF_{(i,j)}$：一项工作在不影响工程按工期结束的条件下，最迟必须结束的时间，$LF_{(i,j)} = LT_j$。 $EF_{(i,j)} = ES_{(i,j)} + t_{(i,j)}$；$LS_{(i,j)} = LF_{(i,j)} - t_{(i,j)}$；$t_{(i,j)}$ 为工作 (i,j) 持续时间。 $TF_{(i,j)}$：在不影响紧后工作最迟开始时间的条件下，工作 (i,j) 拥有的最大机动时间。 $TF_{(i,j)} = LS_{(i,j)} - ES_{(i,j)}$。 当 $TF_{(i,j)} > 0$，说明工作 (i,j) 存在 $TF_{(i,j)}$ 的机动时间； 当 $TF_{(i,j)} = 0$，说明工作 (i,j) 不存在机动时间； 当 $TF_{(i,j)} < 0$，说明工作 (i,j) 存在负时差，计划工期长于规定工期，需采取技术组织措施予以缩短，确保在规定工期内完成。 $FF_{(i,j)}$：在不影响紧后工作最早可能开始时间的条件下，工作 (i,j) 拥有的最大机动时间。 $FF_{(i,j)} = ET_j - ET_i - t_{(i,j)}$。 2. 时间参数关系图。 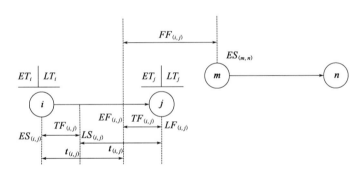 3. 时间参数计算方法：分析计算法、图上计算法、表上计算法、矩阵法等。 4. 图上作业法：便捷快速，是最常用方法之一。 (1) 节点时间参数计算： ①节点最早时间（左→右）。 起点节点最早时间默认为"0"，其余节点"沿线相加，逢圈取大"。 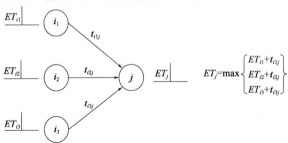

续上表

双代号网络图时间参数计算	②节点最迟时间(右→左)。 终点节点最迟时间 = $\begin{cases} \text{有规定工期时，等于规定工期} \\ \text{无规定工期时，等于} ET_n(\text{其最早时间}) \end{cases}$ 其余节点"逆线相减，逢圈取小"。 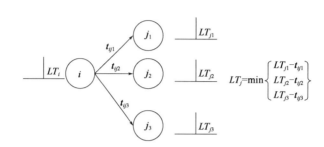 (2) 工作时间参数计算： ![工作时间参数图] ① | ② ③=①+③ ⑤-⑥ $ES_{(i,j)}$ $EF_{(i,j)}$ $TF_{(i,j)}$ $LS_{(i,j)}$ $LF_{(i,j)}$ $FF_{(i,j)}$ ① | ② ⑦=⑤-③ ⑤ ④-⑥ ④ | ⑤ ET_i | LT_i i ——————→ j ET_j | LT_j $t_{(i,j)}$ ③
关键线路的确定	1. 持续时间最长的线路称为关键线路，关键线路可能不唯一。 2. 关键线路上的工作称为关键工作。 3. 关键线路确定可以采用标号法、穷举法、参数计算法等。 4. 节点最早时间与节点最迟时间相等的点称为关键节点。由起点至终点顺箭线方向递推，由关键节点组成的线路，即为关键线路
双代号时标网络图绘制	1. 以时间坐标为尺度表示工作时间的网络计划。 2. 时标网络图绘制：按照每道工作的 ES、EF 绘制的时标网络图；箭线长短和所在位置表示工作的持续时间和进程；以实箭线表示实工作，以虚箭线表示虚工作，以波形线表示工作的自由时差。波形线应紧接在箭线之后，不允许出现在箭线之前；时标网络计划中所有符号在时间坐标上的水平投影位置都必须与其时间参数相对应。绘制步骤如下： 第一步：计算网络图的时间参数； 第二步：绘制时间坐标，确定节点位置； 第三步：从节点依次向外绘出箭线； 第四步：标明关键线路(自始至终不出现波形线的线路)

续上表

	1. 施工作业方式：就其本质来说，主要分为顺序作业、平行作业、流水作业三类。 （1）顺序作业：各工程或施工过程依次开工、依次完成； （2）平行作业：同时组织几个相同的作业班组，在同一时间、不同空间对象上作业； （3）流水作业：按工程特点和结构部位划分为若干个施工段，根据规定的施工顺序，组织各施工队（组），依次连续地在各施工段上完成各自的工序，使施工有节奏进行的施工方法。 2. 流水施工工艺参数： （1）施工过程：根据施工组织及计划安排需要，将任务划分成的子项；一般用 n 表示。 （2）流水强度：流水施工中，某施工过程（专业工作队）在单位时间内所完成的工程量，也称为流水能力或生产能力。 $$V = \sum_{i=1}^{x} R_i S_i$$ 式中：R_i——投入某施工过程的第 i 种资源数量（人工数或机械台数）； S_i——某施工过程的第 i 种资源的产量定额	1. 流水节拍定额计算法： $$t_{j,i} = \frac{Q_{j,i}}{S_{j,i} R_{j,i} N_{j,i}} = \frac{P_{j,i}}{R_{j,i} N_{j,i}}$$ 2. 经验估算法： $$t_{j,i} = \frac{a_{j,i} + 4c_{j,i} + b_{j,i}}{6}$$ 式中：$a_{j,i}$——最短估计时间； $b_{j,i}$——最长估计时间； $c_{j,i}$——最可能时间。 3. 工期计算法： $$t_{j,i} = \frac{T}{m}$$
施工作业方式与流水施工相关内容	1. 流水施工空间参数： （1）工作面：供某专业工种的工人或某种机械设备进行施工的活动空间；工作面大小表明能安排施工人数和机械设备台数的多少。 （2）施工段：施工对象在平面或空间上划分成若干个劳动量大致相等的施工段落，一般用 m 表示。 2. 流水施工时间参数： （1）流水节拍：流水施工中，某个专业工作队在一个施工段上的施工时间；第 j 个专业工作段在第 i 个施工段上的流水节拍用 $t_{j,i}$ 来表示（$j=1,2,\cdots,n; i=1,2,\cdots,m$）。 （2）流水步距：流水施工中，相邻两个施工过程（或专业工作队）相继投入同一个施工段开始施工的最小间隔时间，一般用 $K_{i,j+1}$ 表示；流水步距的数目取决于参加流水的施工过程数。如果施工过程为 n，则流水步距的总数为 $(n-1)$ 个。 （3）工艺与组织间歇：流水施工中，有些施工过程完成后，后续施工过程不能立即投入施工，必须有足够的间歇时间；由于建筑材料或现浇构件工艺性质决定的间歇时间称为工艺间歇 $G_{j,j+1}$，由施工组织原因造成的间歇时间为组织间歇，用 $Z_{j,j+1}$ 表示。 （4）平行搭接时间：流水施工中，有时为了缩短工期，在工作面允许的条件下，如果前一个专业工作队完成部分施工任务后，能够提前为后一个专业工作队提供工作面，使后者提前进入一个施工段，两者在同一施工段上平行搭接施工，这个搭接时间为平行搭接时间，用 $C_{i,j+1}$ 表示。 （5）流水施工工期：从第一个专业工作队投入流水施工开始，到最后一个专业工作队完成流水施工为止的整个持续时间	

流水施工组织方式、特点与工期计算

组织方式	特点	工期计算
固定节拍流水	1. 所有施工过程在各施工段上的流水节拍均相等。 2. 相邻施工过程的流水步距相等，且等于流水节拍。 3. 专业工作队数等于施工过程数，在各施工段上能够连续作业，施工段之间没有空闲时间	1. 有间歇时间： $T = (n-1)t + \sum G + \sum Z + mt$ $= (m+n-1)t + \sum G + \sum Z$ 2. 有搭接： $T = (n-1)t + \sum G + \sum Z - \sum C + mt$ $= (m+n-1)t + \sum G + \sum Z - \sum C$

续上表

施工作业方式与流水施工相关内容	成倍节拍流水	1. 同一施工过程在各施工段上的流水节拍均相等；不同施工过程的流水节拍不等，但呈倍数关系。 2. 相邻施工过程的流水步距相等，且等于流水节拍的最大公约数(K)。 3. 专业工作队数大于施工过程数，即有的施工过程只成立一个专业工作队，而对于流水节拍大的施工过程，可按其倍数增加相应专业工作队数目。 4. 各专业工作队在施工段上能够连续作业，施工段之间没有空闲时间	$T = (n'-1)K + \sum G + \sum Z - \sum C + mK$ $= (m+n'-1)K + \sum G + \sum Z - \sum C$ 式中：n'——施工班数之和
	无节拍流水（分别流水）	1. 各施工过程在各施工段上的流水节拍不全相等。 2. 相邻施工过程的流水步距不尽相等。 3. 专业工作队数等于施工过程数。 4. 各专业工作队在施工段上能够连续作业，但有的施工段之间可能有空闲时间	1. 流水步距计算：潘特考夫斯基法，即累加数列错位相减取大差法。 (1) 对每个施工过程在各施工段上的流水节拍依次累加，求得各施工过程流水节拍的累加数列。 (2) 将相邻施工过程流水节拍累加数列中的后者错后一位，相减后求得一个差数列。 (3) 在差数列中取大值，即为这两个相邻施工过程的流水步距。 2. 工期：$T = \sum K + \sum t_n + \sum Z - \sum C$
进度计划分析、调整与优化		前锋线：在原时标网络计划上，从检查时刻的时标点出发，用点划线依此将各项工作实际进展位置点连接而成的折线。 基于前锋线的进度计划分析：通过实际前锋线与原进度计划中各工作箭线交点的位置，来判断工作实际进度与计划进度的偏差，进而判定该偏差对后续工作及总工期影响程度的一种方法	1. 工作实际进展位置点落在检查日期的左侧，表明该工作实际进度拖后，拖后的时间为两者之差。 2. 工作实际进展位置点与检查日期重合，表明该工作实际进度与计划进度一致。 3. 工作实际进展位置点落在检查日期的右侧，表明该工作实际进度超前，超前的时间为两者之差

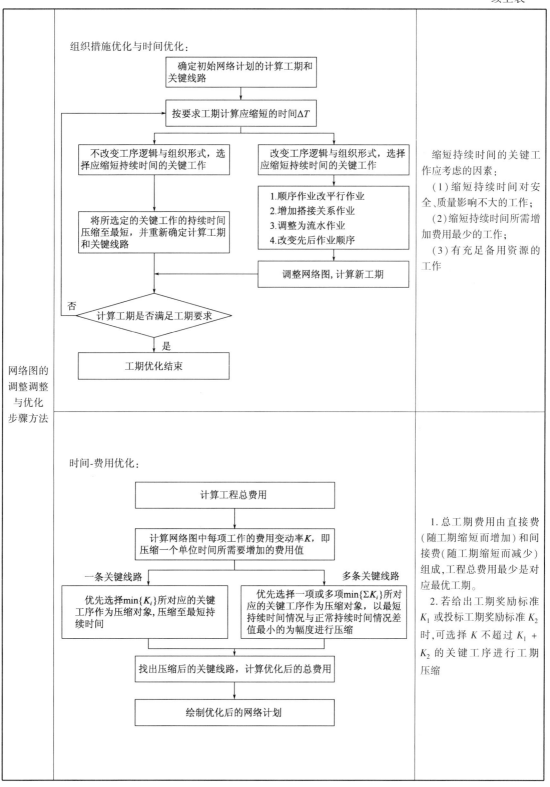

代 表 题 型

【案例一】 某公路工程网络图如下图,网络进度计划原始方案各工作的持续时间和估计费用见下表。

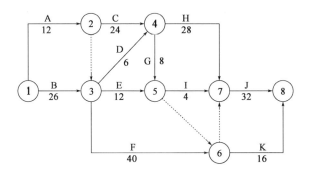

各工作持续时间和估计费用

工 作	持续时间(d)	费用(万元)	工 作	持续时间(d)	费用(万元)
A	12	18	G	8	16
B	26	40	H	28	37
C	24	25	I	4	10
D	6	15	J	32	64
E	12	40	K	16	16
F	40	120			

问题

1. 计算网络进度计划原始方案各工作的时间参数,确定原始方案的关键线路和计算工期。
2. 若施工合同规定:工期93d,工期每提前1d奖励施工企业3万元,每延期1d罚款5万元。计算按原始网络进度计划方案实施的综合费用。
3. 若该网络进度计划各工作的可压缩时间及压缩单位时间增加的费用见下表,试确定该网络进度计划的最低综合费用和相应的关键线路,并计算调整优化后的总工期(要求写明调整优化过程)。

各工作可压缩时间和压缩单位时间增加的费用表

工 作	可压缩时间(d)	压缩单位时间增加的费用(万元/d)	工 作	可压缩时间(d)	压缩单位时间增加的费用(万元/d)
A	2	2	G	1	2
B	2	4	H	2	1.5
C	2	3.5	I	0	—
D	0	—	J	2	6
E	1	2	K	2	2
F	5	2			

解题思路

(1) 双代号网络图时间参数计算；
(2) 综合费用计算；
(3) 网络计划技术的调整与优化。

参考答案

问题1：

采用图上作业法，计算原始方案的节点时间，以及各工作时间参数，确定关键线路和计算工期。

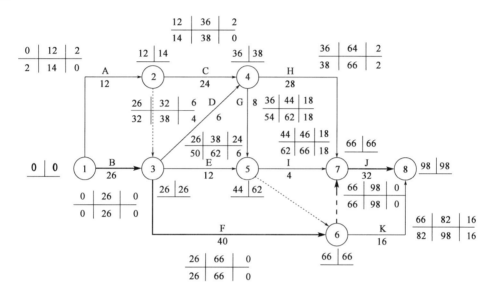

关键线路为 B→F→J。计算工期为98d。

问题2：

原始方案综合费用计算：$18+40+25+15+40+120+16+37+10+64+16=401$（万元）

合同工期93d，工期每延期1d罚款5万元，延期罚款$(98-93)\times 5=25$（万元），因此综合费用为$401+25=426$（万元）。

问题3：

进度计划优化：

第一步：在关键线路上选择缩短单位时间增加费用最少的F工作压缩工期2d，增加费用$2\times 2=4$（万元）。

第二步：A、C、H、J与B、F、J同时成为关键工作，选择H工作和F工作作为调整对象，各压缩2d，增加费用$2\times(1.5+2)=7$（万元）。

第三步：A、C、H、J与B、F、J仍同时为关键工作，选择A工作和F工作作为调整对象，各压缩1d，增加费用$1\times(2+2)=4$（万元）。

优化后的关键线路为 B→F→J 和 A→C→H→J。总工期93d，最低综合费用$401+4+7+4=416$（万元）。

【案例二】 某施工单位承接的二级公路施工项目中有4道1-2.0m×2.0m钢筋混凝土盖板涵,施工工序及其持续时间如下表。

工　　序	1号涵	2号涵	3号涵	4号涵
基础开挖及软基换填 A(d)	6	7	4	5
基础混凝土浇筑 B(d)	2	2	4	4
涵台混凝土浇筑 C(d)	4	3	4	5
盖板现浇 D(d)	5	4	3	4

施工单位最初采用顺序作业施工,报监理审批时,监理人员认为不满足工期要求,要求改为流水作业施工。

根据现场施工便道情况,施工单位决定分别针对 A、B、C、D 4 道工序组织4个专业队伍,按照4号、3号、2号、1号的顺序开展流水作业施工,并确保每个专业作业队的连续作业。在每道盖板涵"基础开挖及软基换填"工序后须进行基坑检查和验收,时间为2d。

问题
1.计算按顺序作业法组织4道盖板涵施工的工期。
2.计算按流水作业组织施工的流水步距和总工期。
3.绘制按流水作业组织施工的横道图(要求横向为工期,纵向为工序)。

解题思路
(1)施工作业方式;
(2)流水施工参数计算;
(3)横道图绘制。

参考答案
问题1:
按顺序作业法组织4道盖板涵施工的工期:(6+2+4+5)+(7+2+3+4)+(4+4+4+3)+(5+4+5+4)+2×4=74(d)

问题2:
采用"累计数列错位相减取大值法"计算流水施工工期:

$$\begin{array}{rrrrr} & 5 & 9 & 16 & 22 \\ -) & & 4 & 8 & 10 & 12 \\ \hline & 5 & 5 & 8 & 12 & -12 \end{array}$$

$K_{AB}=12$,同理 $K_{BC}=4$,$K_{CD}=5$,$T=(12+4+5)+2+(4+3+4+5)=39(d)$。

问题3:
绘制流水作业施工横道图。

第二章 交通运输工程设计、施工方案技术经济分析

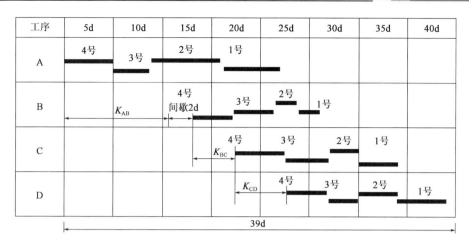

近 年 真 题

【2013年真题】 某建筑工地需抽除积水以保证施工顺利进行,现有两个方案可供选择。

方案 A:新建一条动力线,需购置一台 2.5kW 电动机并线运行,其投资为1500元,第5年末残值为150元。电动机每小时运行成本为0.84元,每年预计维修费用为120元,因设备完全自动化不需要专人管理。

方案 B:购置一台 3.68kW 柴油机,其购置费为550元,使用寿命为5年,设备无残值。柴油机运行每小时燃料费为0.45元,平均每小时维护费用为0.18元,每小时的人工成本为0.9元。

问题

若寿命均为5年,基准折现率为10%,试比较两个方案的优劣,并画出成本函数曲线。已知:$(A/P,10\%,5)=0.2639$,$(A/F,10\%,5)=0.1638$。

解题思路

(1)成本函数;
(2)货币等值计算;
(3)寿命期相等的方案最小费用比选法。

参考答案

(1)方案费用包括一次性投资、残值、运行成本、维修费用,其中运行成本是年开机时间 t 的函数,现金流量示意图如下。

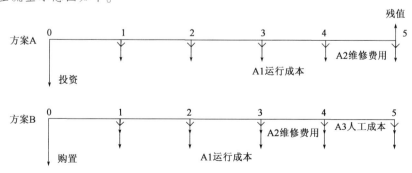

(2)根据货币等值计算公式,将所有成本折算为等额年值:
$AC_A = 1500 \times (A/P, 10\%, 5) - 150(A/F, 10\%, 5) + 120 + 0.84t = 491.28 + 0.84t$
$AC_B = 550 \times (A/P, 10\%, 5) + (0.45 + 0.18 + 0.9)t = 145.15 + 1.53t$

(3)寿命期相等的方案最小费用比选:
令 $AC_A = AC_B$,即 $491.28 + 0.84t = 145.15 + 1.53t$
$t = 502(h)$

(4)成本函数绘制见下图。

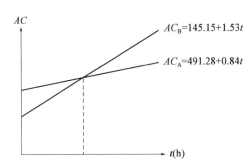

结论:当开机小时数低于502h时,选B方案有利;当开机小时数高于502h时,选A方案有利。

【2014年真题】 某地计划新建一座大桥连接通航河流两岸,建成后评价期为20年,预测大桥建成后年平均日交通量为20000辆,车辆平均运输时间及费用节约效益为20元/辆,基准折现率 i 取8%,设计单位提出了斜拉桥方案(方案一)与连续梁桥方案(方案二)两个方案,具体情况如下。

方案一与方案二费用效益比较表

项 目	方 案 一	方 案 二
初期建设投资(亿元)	12	9
养护维修费用(万元/年)	500	200
管理费用(万元/年)	150	150
碍航及泄洪费(万元/年)	0	1000
景观效益(万元/年)	500	80

问题

1.分别计算两方案的系统效率(SE)、全寿命周期成本(LCC)。

2.试用全寿命周期费用效率(CE)法比较两方案的优劣,并作出方案选择(计算结果均取两位小数)。

已知:$(A/P, 8\%, 20) = 0.1019$,$(P/A, 8\%, 20) = 9.814$。

解题思路

(1)系统效率与全寿命周期成本构成;
(2)货币等值计算;
(3)费用效率比选法。

参考答案

问题1：

（1）系统效率（SE）。

方案一：

时间及费用节约效益：2（万辆/d）×20（元/辆）×365（d）=14600（万元/年）

景观效益：500（万元/年）

$SE = 14600 + 500 = 15100$（万元/年）

方案二：

时间及费用节约效益：2（万辆/d）×20（元/辆）×365（d）=14600（万元/年）

景观效益：80（万元/年）

$SE = 14600 + 80 = 14680$（万元/年）

（2）全寿命周期成本（LCC）=设置费（IC）+维持费（SC）。

需考虑资金时间价值，采用等额年值进行计算。

方案一：

设置费（IC）=120000×(A/P,8%,20)=12228（万元/年）

维持费（SC）=500+150=650（万元/年）

全寿命周期成本（LCC）=12228+650=12878（万元/年）

方案二：

设置费（IC）=90000×(A/P,8%,20)=9171（万元/年）

维持费（SC）=200+150+1000=1350（万元/年）

全寿命周期成本（LCC）=9171+1350=10521（万元/年）

问题2：

费用效率（CE）。

方案一（CE_1）=15100/12878=1.17

方案二（CE_2）=14680/10521=1.40

结论：CE_1 小于 CE_2，因此选择方案二。

【2015年真题】 现有A、B、C三个互斥方案，寿命期均为13年，各方案的净现金流量如下表所示，假定 $i_c=10\%$，净现金流均发生在年末。

各方案的净现金流量表   单位：万元

方 案	建 设 期		生 产 期	
	第1年	第2年	第3~12年	第13年
A	-1010	-1300	400	550
B	-1400	-1600	500	650
C	-800	-1000	300	400

问题

试用净现值法分析A、B、C三个方案是否可行，并选择出最佳方案（计算结果均取一位小数）。已知：(P/F,10%,1)=0.909，(P/F,10%,2)=0.826，(P/A,10%,10)=6.145，(P/F,

$10\%, 13) = 0.290$。

解题思路

寿命期相等的方案净现值法比选。

参考答案

$NPVA = (-1010) \times (P/F, 10\%, 1) + (-1300) \times (P/F, 10\%, 2) + 400 \times (P/A, 10\%, 10) \times (P/F, 10\%, 2) + 550 \times (P/F, 10\%, 13) = 197.9（万元）> 0$

$NPVB = (-1400) \times (P/F, 10\%, 1) + (-1600) \times (P/F, 10\%, 2) + 500 \times (P/A, 10\%, 10) \times (P/F, 10\%, 2) + 650 \times (P/F, 10\%, 13) = 132.2（万元）> 0$

$NPVC = (-800) \times (P/F, 10\%, 1) + (-1000) \times (P/F, 10\%, 2) + 300 \times (P/A, 10\%, 10) \times (P/F, 10\%, 2) + 400 \times (P/F, 10\%, 13) = 85.5（万元）> 0$

结论：A、B、C方案均大于0，三个方案均可行；方案A的净现值最大，因此A方案最佳。

【2019年真题】 某施工单位与建设单位签订了固定总价施工承包合同，合同工期为390d，合同总价5000万元，施工前施工单位向工程师提交了施工组织设计和施工进度计划见下图。

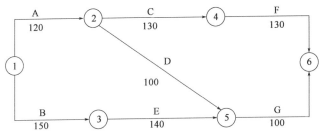

施工进度计划(单位:d)

该工程在施工过程中出现了如下事件：

(1)因地质勘探报告不详，出现图纸中未标明的地下障碍物，处理该障碍物导致工作A持续时间延长10d，增加人工费2万元、材料费4万元、机械费3万元。

(2)基坑开挖时因边坡支撑失稳坍塌，造成工作B持续时间延长15d，增加人工费1万元、材料费1万元、机械费2万元。

(3)因不可抗力而引起施工单位的供电设施发生火灾，使工作C持续时间延长10d，增加人工费1.5万元、其他损失费5万元。

(4)结构施工阶段因建设单位提出工程变更，导致施工单位增加人工费4万元、材料费6万元、机械费5万元，工作E持续时间延长30d。

(5)因施工期间钢材涨价而增加材料费7万元。

针对上述事件，施工单位按程序提出了工期索赔和费用索赔。

问题

1. 按照上图的施工进度计划，确定该工程的关键线路计算工期，并说明按此计划该工程是否能按合同工期要求完工。

2. 对于施工过程中发生的事件，施工单位是否可以获得工期和费用补偿，分别说明理由。

3. 施工单位可以获得多少天的工期补偿？说明理由。

4. 施工单位租赁土方施工机械用于 A、B,日租金为 1500 元/天,则施工单位可以得到的土方租赁机械的租金补偿费用是多少？为什么？

解题思路

(1) 关键线路确定；

(2) 工期计算；

(3) 结合索赔问题的进度计划调整与费用计算。

参考答案

问题 1：

采用图上作业法,计算节点时间,确定关键线路与工期。

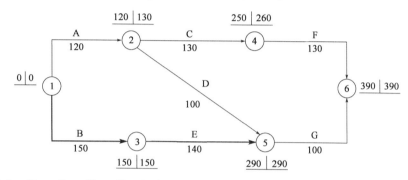

关键路线:①→③→⑤→⑥,计算工期为 390d,按此计划该工程可以按合同工期要求完工。

问题 2：

索赔事件分析：

事件 1：不能获得工期补偿,因为工作 A 的延期没有超过其总时差;可以获得费用补偿,因为图纸未标明的地下障碍物属于建设单位风险范畴。

事件 2：不能获得工期和费用补偿,因为基坑边坡支撑失稳坍塌属于施工单位的施工方案有误,应由承包人承担该风险。

事件 3：不能获得工期和费用补偿,因为工作 C 的延期没有超过其总时差;不能获得费用补偿,依据"通用合同条款"第 21.3.1 款不可抗力造成伤害的责任,承包人设备的损坏由承包人承担。

事件 4：能获得工期和费用补偿,因为建设单位工程变更属于建设单位的责任。

事件 5：不能获得费用补偿,因该工程师固定总价合同,物价上涨风险应由施工单位承担。

问题 3：

工期计算：

工作 E 延长 30d,新的计算工期为 420d,则有:420 - 390 = 30(d)

问题 4：

费用计算：

施工单位应得到 10d 的租金补偿,补偿费用为 10(d) × 1500(元/d) = 1.5(万元),因为工作 A 的延长导致该租赁机械在现场的滞留时间增加 10d,工作 B 不予补偿。

第三章 交通运输工程计量与计价

一、考纲要求

1. 公路工程工程量计算。
2. 公路工程定额编制。
3. 公路工程设计概算、施工图预算编制。
4. 公路工程工程量清单计价。

二、本章知识架构

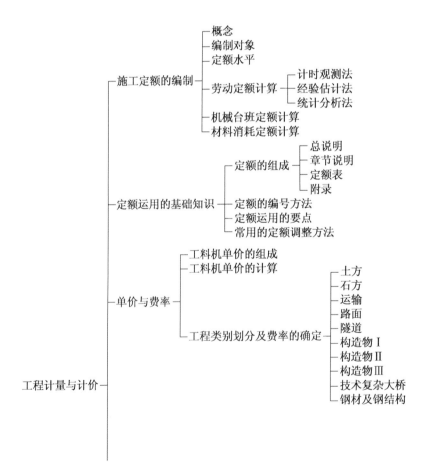

第三章 交通运输工程计量与计价

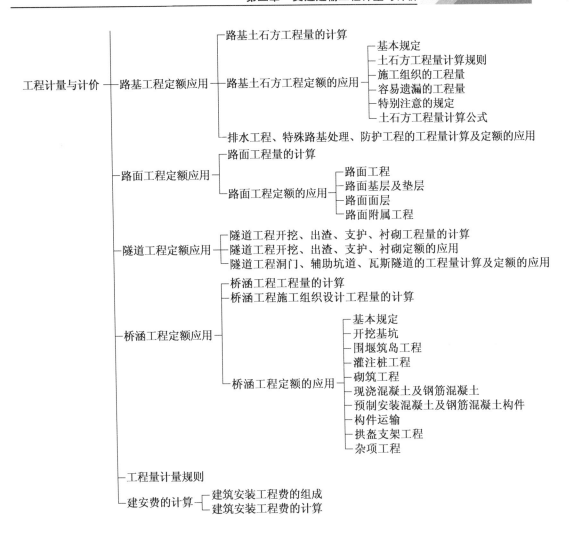

三、本章知识点

(一) 施工定额的编制

考核要求	备考建议
1. 施工定额的概念及表现形式; 2. 劳动消耗定额的编制方法; 3. 材料消耗定额的编制方法; 4. 机具消耗定额的编制方法	此部分内容主要考核劳动消耗定额的编制方法,包括计时观测法、经验估计法、统计分析法的计算,材料定额的编制方法,机械台班消耗定额的编制方法,并注意各种方法的综合运用

知识点集成

知识点1:施工定额相关知识

施工定额的主要内容		
概念	完成一定计量单位的某一施工过程或基本工序所需消耗的人工、材料和机械台班数量标准	
编制对象	某一施工过程或基本工序	
定额水平	平均先进水平	
劳动定额计算	计时观测法（实测法）	定额时间 = 基本工作时间 + 辅助工作时间 + 准备与结束工作时间 + 不可避免的中断时间 + 休息时间 定额时间的单位一般为分钟,需换算为时间定额,时间定额 = $\dfrac{\text{定额时间}}{60 \times 8}$。 时间定额 × 产量定额 = 1
	经验估计法	$$M = \dfrac{a + 4c + b}{6}$$ 式中:M——平均时间; 　　　a——乐观时间; 　　　b——悲观时间; 　　　c——正常时间。 $$T = M + \delta \times \lambda$$ 式中:T——调整后的定额时间; 　　　λ——标准离差系数,题目中给出; 　　　δ——标准偏差 $\delta = \dfrac{b - a}{6}$
	统计分析法	平均实耗工时:统计资料所提供的完成单位合格产品的实耗时间的平均值。 先进工时:比平均实耗工时用时少的工时。 先进平均工时:先进工时的平均值。 平均先进工时 = $\dfrac{\text{平均实耗工时} + \text{先进平均工时}}{2}$
机械台班定额计算	机械一次循环的正常延续时间 = Σ循环各组成部分正常延续时间 − 交叠时间 机械纯工作1h循环次数 = 60×60(s)/一次循环的正常延续时间 机械纯工作1h正常生产率 = 机械纯工作1h正常循环次数 × 一次循环生产的产品数量 连续动作机械纯工作1h正常生产率 = 工作时间内生产的产品数量/工作时间 机械台班产量定额 = 机械1h纯工作正常生产率 × 工作班纯工作时间 　　　　　　　　= 机械1h纯工作正常生产率 × 工作班延续时间 × 机械正常利用系数 机械台班时间定额 = 1/机械台班产量定额	
材料消耗定额计算	材料消耗定额 = 材料净用量定额 + 材料损耗量定额 = 净用量定额 × (1 + 材料损耗率) 材料损耗量定额包括不可避免废料和不可避免材料损耗	

第三章 交通运输工程计量与计价

代 表 题 型

【案例一】 人工挖台阶,土质确定,条件一定,测时资料表明,挖 $1m^3$ 需消耗基本工作时间 $85min$。辅助工作时间占基本工作时间的 2%,准备结束时间占工作班定额时间的 3%,不可避免中断时间测时为 $12min$,休息时间占基本工作时间的 25%。

问题

计算时间定额和产量定额。

解题思路

本题主要考核劳动定额的编制及计算方法,按以下思路解答:

(1)确定挖 $1m^3$ 土质台阶的定额时间:

定额时间 = 基本工作时间 + 辅助工作时间 + 准备与结束工作时间 +
不可避免中断时间 + 休息时间

(2)根据定额时间计算时间定额;

(3)根据时间定额,按照时间和产量定额互为倒数,计算产量定额。

参考答案

(1)设定额时间为 x,则有:

$x = 85 + 85 \times 2\% + x \times 3\% + 12 + 85 \times 25\%$

$x = 123.66(min)$

(2)时间定额: $\dfrac{123.66}{60 \times 8} = 0.258$(工日$/m^3$)

(3)产量定额: $\dfrac{1}{0.258} = 3.882$(m^3/工日)

【案例二】 用工作日写实法测算某项工作的测时数据如下。

项 目	测 时 编 号									
	1	2	3	4	5	6	7	8	9	10
工程量(件)	15	24	30	20	10	15	20	40	20	25
耗时(h)	20.4	25.2	26.4	39.8	17.7	18.6	18.8	28.8	21.4	21.5

问题

计算该工作完成一件产品的平均实耗工时和平均先进实耗工时(计算时均取三位小数)。

假定该工作的非工作耗时(指准备工作时间、合理中断、休息时间及结束整理时间)占定额时间的 15%,请确定施工定额(计算时均取三位小数)。

解题思路

本案例主要考核劳动定额的编制及计算方法。掌握几种测定定额的方法,并掌握各种测定定额的方法所得到的原始数据,对原始数据的处理分析。

参考答案

(1)完成每件产品的耗时:

项　目	测时编号									
完成每件产品	1	2	3	4	5	6	7	8	9	10
耗时(h)	1.36	1.05	0.88	1.99	1.77	1.24	0.94	0.72	1.07	0.86

(2)完成每件产品的平均耗时：
$(1.36+1.05+0.88+1.99+1.77+1.24+0.94+0.72+1.07+0.86) \div 10 = 1.188$(h/件)

(3)完成每件产品的先进平均耗时：
$(1.05+0.88+0.94+0.72+1.07+0.86) \div 6 = 0.92$(h/件)

(4)完成每件产品的平均先进耗时：
$(1.188+0.92) \div 2 = 1.054$(h/件)

(5)完成每件产品的施工定额：
$1.054 \div (1-15\%) \div 8 = 0.155$(工日/件)

【案例三】 用工作量写实法,确定自卸汽车运输路基土方(装载机装车)的机械定额。已知各项基础参数如下表所示。

项目	装车时间	卸车时间	调位时间	等待时间	运行时间	
					重载	空车
时间消耗(min)	3.305	1.325	1.250	1.000	11.952	10.676

问题

1.假定时间利用系数为0.9,请问其循环工作时间和台班循环次数是多少?

2.假定自卸汽车的车厢容积为$8m^3$,每天施工12h,每天准备机具和保养等消耗的时间为10min,试计算其每$1000m^3$时间定额。

解题思路

本案例主要考核机械定额的编制及计算方法。机械定额的编制步骤如下：

(1)确定机械1h纯正常生产率：

机械纯工作的工作时间就是定额时间,即满载和有根据地降低负荷的工作时间、不可避免的无负荷工作时间、必要的中断时间。

(2)计算循环工作时间：

　　　循环工作时间 = 装车时间 + 卸车时间 + 调位时间 + 等待时间 + 运行时间

(3)确定机械的正常利用系数；

(4)计算施工机械定额：

　　　施工机械台班产量定额 = 机械1h纯工作正常生产率 × 工作班纯工作时间

或：

施工机械台班产量定额 = 机械1h纯工作正常生产率 × 工作班延续时间 × 机械正常利用系数

参考答案

问题1：

(1)计算循环工作时间：

循环工作时间 = 装车、卸车、调位、等待、运行所消耗的时间之和,即：

$3.305+1.325+1.250+1.000+11.952+10.676 = 29.508$(min)

(2)计算台班循环次数:

台班循环次数 = 台班工作时间 × 时间利用系数 ÷ 循环工作时间,即:

$8 \times 60 \times 0.9 \div 29.508 = 14.64$(次)

问题2:

计算时间定额:

每天施工12h,自卸汽车的循环次数:

$(12 \times 60 - 10) \times 0.9 \div 29.508 = 21.655$(次)

每天完成的土方数量:

$21.655 \times 8 = 173.241(m^3)$

时间定额:

$12 \div 8 \div 173.241 \times 1000 = 8.658$(台班/1000$m^3$)

【案例四】 某工作用经验估计法测定定额,聘请了10名有各种经验的专家对每完成1件产品进行背对背调查,调查结果经初步分析如下。

专家	时间消耗较少的组			时间消耗中等的组				时间消耗较多的组		
	1	2	3	4	5	6	7	8	9	10
时间(h)	8.4	8.6	8.8	10.4	10.6	10.8	10.2	15.4	15.6	15.8

问题

根据上述资料,用经验估计法编制施工定额的劳动消耗定额,定额水平为平均先进水平(有70%的工人达不到的水平)。已知,完成工作的概率与标准离差系数见下表。

λ	$P(\lambda)$	λ	$P(\lambda)$	λ	$P(\lambda)$	λ	$P(\lambda)$
0.0	0.50	-1.3	0.10	0.0	0.50	1.3	0.90
-0.1	0.46	-1.4	0.08	0.1	0.54	1.4	0.92
-0.2	0.42	-1.5	0.07	0.2	0.58	1.5	0.93
-0.3	0.38	-1.6	0.05	0.3	0.62	1.6	0.95
-0.4	0.34	-1.7	0.04	0.4	0.66	1.7	0.96
-0.5	0.31	-1.8	0.04	0.5	0.69	1.8	0.96
-0.6	0.27	-1.9	0.03	0.6	0.73	1.9	0.97
-0.7	0.24	-2.0	0.02	0.7	0.76	2.0	0.98
-0.8	0.21	-2.1	0.02	0.8	0.79	2.1	0.98
-0.9	0.18	-2.2	0.01	0.9	0.82	2.2	0.99
-1.0	0.16	-2.3	0.01	1.0	0.84	2.3	0.99
-1.1	0.14	-2.4	0.01	1.1	0.86	2.4	0.99
-1.2	0.12	-2.5	0.01	1.2	0.88	2.5	0.99

解题思路

本案例主要考核用经验估计法编制劳动定额的计算方法。计算分析步骤如下:

(1)先计算乐观时间(a)、悲观时间(b)和正常时间(c),根据已知数据用算术平均法计算;

(2)计算平均时间 $M = (a + 4c + b)/6$;

(3)计算标准偏差 $\delta = (b - a)/6$;

(4)根据概率计算定额时间 $T=M+\delta\times\lambda$；
(5)根据定额时间确定劳动定额。

参考答案

(1)计算乐观时间(a)、悲观时间(b)和正常时间(c)。
$a=(8.4+8.6+8.8)/3=8.6(\mathrm{h})$
$b=(15.4+15.6+15.8)/3=15.6(\mathrm{h})$
$c=(10.4+10.6+10.8+10.2)/4=10.5(\mathrm{h})$
(2)计算平均时间 $M=(8.6+4\times10.5+15.6)/6=11.03(\mathrm{h})$
(3)计算标准偏差 $\delta=(15.6-8.6)/6=1.17$
(4)根据题目要求,有70%的工人达不到的水平,即有30%的工人能够达到的水平,查表并用内插法计算得 $\lambda=-0.525$,则:
$T=11.03+1.17\times(-0.525)=10.42(\mathrm{h})$
(5)时间定额 $=10.42\div8=1.303($工日/件$)$
产量定额 $=1\div1.303=0.768($件/工日$)$

【案例五】 某路基土方工程,设计计算有天然密实方 $6000\mathrm{m}^3$,采用 $0.5\mathrm{m}^3$ 的反铲挖掘机挖土,载量5t的自卸汽车运土,经现场测试的有关数据如下:

(1)假设土的松散系数为1.2,松散状态密度为 $1.65\mathrm{t/m}^3$;
(2)假设挖掘机的铲斗充盈系数为1.0,每循环1次为2min,机械时间利用系数为0.85;
(3)自卸汽车每次装卸往返需24min,时间利用系数为0.80(注:"时间利用系数"仅限于计算机械定额时使用)。

问题

1. 所选挖掘机、自卸汽车的台班产量是多少?
2. 所需挖掘机、自卸汽车各多少个台班?
3. 完成 $1000\mathrm{m}^3$ 天然密实土,挖掘机、自卸汽车的时间定额为多少?
4. 如果要求在20d内完成土方工程,至少需用多少台挖掘机和自卸汽车?

解题思路

本例主要考查机械台班定额消耗量的确定,其基本步骤及计算方法如下。
(1)确定机械纯工作1h的正常生产率。对于循环动作的机械,计算公式为:
机械纯工作1h的正常生产率 = 机械纯工作1h正常循环次数×一次循环产量
(2)确定机械的正常利用系数,即确定机械在工作班内对工作时间的利用率。
(3)计算机械台班定额。计算公式为:
施工机械台班产量定额 = 机械纯工作1h正常生产率×工作班纯工作时间
= 机械纯工作1h正常生产率×工作班延续时间×机械正常利用系数
施工机械时间定额 = 1/施工机械产量定额

参考答案

问题1:
(1)计算挖掘机台班产量:
每小时正常循环次数 $=60\div2=30($次$)$

纯工作1h正常生产率 = 30 × 0.5 × 1.0 = 15(m³/h)

时间利用系数 = 0.85

台班产量 = 8 × 0.85 × 15 = 102(m³/台班)

(2)计算自卸汽车台班产量：

每小时正常循环次数 = 60 ÷ 24 = 2.5(次)

纯工作1h正常生产率 = 2.5 × 5 ÷ 1.65 = 7.58(m³/h)

注：此处注意土壤的质量与体积的换算，即1m³ = 1.65t。

时间利用系数 = 0.80

台班产量 = 8 × 0.80 × 7.58 = 48.51(m³/台班)

问题2：

(1)计算所需挖掘机台班数：

6000 ÷ 102 = 58.82(台班)

(2)计算所需自卸汽车台班数：

6000 × 1.20 ÷ 48.51 = 148.42(台班)

注：此处注意开挖是天然密实方，而运输是按松散状态计算。

问题3：

(1)计算每1000m³天然密实土挖掘机的时间定额：

1000 ÷ 102 = 9.804(台班/1000m³)

(2)计算每1000m³天然密实土自卸汽车的时间定额：

1000 × 1.20 ÷ 48.51 = 24.737(台班/1000m³)

问题4：

要求在20d内完成土方工程，则：

(1)需用挖掘机台数：58.82 ÷ 20 = 2.94(台)，向上取整取3台。

(2)需用自卸汽车台数：148.42 ÷ 20 = 7.42(台)，向上取整取8台。

【案例六】 用测时法进行人工挖基坑土方定额的测定，现场测定情况如下表。

观察项目	工 种	时间产量	观察资料			
			第一次	第二次	第三次	第四次
挖土出坑	普通工	工人数量	7	11	6	8
		耗时(min)	446	258	262	368
		产量(m³)	27	24.1	13.5	25.2
清理整修坑底、坑壁	普通工	工人数量	7	5	6	4
		耗时(min)	25	26	28	20
		产量(m²)	35	25	30	15
手推车运20m	普通工	工人数量	7	8	6	4
		耗时(min)	110	120	121	128
		产量(m³)	19.8	25.9	18.7	13.4

假定基坑体积为75m³,清理整修坑底、坑壁面积为36m²,运土体积为回填后多的土体,体积为32m³,不考虑运土便道。据经验,估计非工作耗时(指准备工作时间、合理中断和休息及结束整理时间)占定额时间的15%。

问题

请用上述资料计算人工挖基坑土方的劳动定额,定额单位取10m³。工作内容为:人工挖土、装基坑土方并运出坑外,20m内弃土,清理基底、坑壁。

解题思路

本案例主要考核劳动定额的编制及计算方法。对测时法得到的测时资料进行整理,一般有平均法和图形整理法,平均法又有加权平均法和算术平均法。一般与工程量有关的测时资料整理,应采用加权平均法;与工程规格有关的应采用图形整理法。

参考答案

(1)计算挖土出坑的定额时间。

挖土出坑基本时间消耗:$(7×446+11×258+6×262+8×368)÷(27+24.1+13.5+25.2)=116.659(min/m³)$

挖土出坑定额时间耗时:$116.659÷(1-15\%)=137.246(min/m³)$

(2)计算清理整修坑底、坑壁的定额时间。

清理整修坑底、坑壁基本时间消耗:$(7×25+5×26+6×28+4×20)÷(35+25+30+15)=5.267(min/m²)$

清理整修坑底、坑壁定额时间耗时:$5.267÷(1-15\%)=6.196(min/m²)$

(3)计算手推车运土的定额时间。

手推车运土基本时间消耗:$(7×110+8×120+6×121+4×128)÷(19.8+25.9+18.7+13.4)=38.149(min/m³)$

手推车运土定额时间耗时:$38.149÷(1-15\%)=44.881(min/m³)$

(4)计算挖基坑土方的劳动定额。

挖方75m³消耗的总时间:$137.246×75+6.196×36+44.881×32=11952.698(min)$

挖基坑的劳动定额:$11952.698÷60÷8÷75×10=3.320(工日/10m³)$

(二)定额运用的基础知识

考核要求	备考建议
1.定额的组成。 2.定额的编号方法。 3.定额运用的要点。 4.定额调整方法	此部分内容主要考核公路工程定额的运用方法,掌握定额的组成结构,定额代号的编写方法,定额使用中的注意事项及定额调整方法

知识点集成

知识点2：定额运用的基础知识

定额的组成	总说明	总说明规定使用范围、使用条件、定额使用中的一般规定(如特殊符号、文字)等,对正确运用定额具有重要作用,在使用定额时应特别注意概算定额和预算定额在总说明中规定。比较重要的规定如下： 总说明第4条：本定额是按照合理的施工组织和一般正常的施工条件编制的。定额中所采用的施工方法和工程质量标准是根据国家现行的公路工程施工技术及验收规范、质量评定标准及安全操作规程取定的,除定额中规定允许换算之外,均不得因具体工程的施工组织、操作方法和材料消耗与定额的规定不同而调整定额。 总说明第7条：本定额中的材料消耗量是按现行材料标准的合格料和标准规格料计算的。定额内材料、成品、半成品均已包括场内运输及操作损耗,编制预算时,不得另行增加。其场外运输损耗、仓库保管损耗应在材料预算价格内考虑。 总说明第9条：定额中列有的混凝土、砂浆的强度等级和用量,其材料用量已按附录二中配合比表规定的数量列入定额,不得重算。如设计采用的混凝土、砂浆强度等级或水泥强度等级与定额所列强度等级不同时,可按配合比表进行换算。但实际施工配合比材料用量与定额配合比表用量不同时,除配合比表说明中允许换算外,均不得调整。 总说明第17条：定额表中注明"某某数以内"或"某某数以下"者,均包括某某数本身；而注明"某某数以外"或"某某数以上"者,则不包括某某数本身。定额内数量带"()"者,则表示基价中未包括其价值
	章节说明	对每一章节的具体使用要求及注意事项作出了说明,特别是工程量计算规则。章节说明对于正确运用定额具有重要作用。要想准确而又熟练地运用定额,必须透彻地理解这些说明,而且争取记住章节的常用规定。章节说明中的常用内容在后面的知识点中作详细说明
	定额表	定额表是各类定额最基本的组成部分,是定额指标数额的具体表示,其主要组成有：表号及定额表名称、工程内容、计量单位、细目及栏号、小注等。 表号及定额表名称特别重要,表达了一张定额表的基本属性或分类,也是编写定额代号的主要依据,不能错误。 工程内容主要说明本定额表所包括的操作内容及对应详细工艺流程。查定额时,将实际发生的操作内容与表中的工程内容进行比较,若不一致时,应进行补充或采取其他措施。 工程细目及栏号,表征本定额表所包括的工程细目,栏号指工程细目编号。 小注,有些定额表列有"注",是对本表的特别说明。使用定额时,必须仔细阅读,以免发生错误
	附录	预算定额中列有附录,如"路面材料计算基础数据表""基本定额""材料周转及摊销"和"定额人工、材料、设备单价表"。附录是编制定额的基本数据,也是编制补充定额的依据,同时还是定额抽换的依据
定额编号		定额编号一般采用[表号-栏号]的编写方法,如预算定额中浆砌片石基础的定额号为[4-5-2-1],在造价考试中一般会有两个以上的题目要书写定额代号,熟练书写定额代号非常重要
定额运用要点		1. 正确选择子目,不重不漏； 2. 子目名称简练直观,尤其在修改子目名称时； 3. 看清工程量计量单位,特别在抽换、增量计算时更应注意； 4. 详细阅读总说明、章节说明及小注,熟能生巧； 5. 设计图纸要求和定额子目或序号一致,否则可能要抽换； 6. 施工方法要根据施工组织设计及现场条件来确定； 7. 认真核对工程内容,防止漏列或重列,根据施工经验及对定额的了解确定； 8. 特别强调对附属工程定额的查找、补充

续上表

常用的定额调整方法	土石方运距、基层面层混合料运距、构件运输运距的调整;混凝土、砂浆的强度等级及基层混合料配合比的调整;钢筋种类的调整;水泥混凝土拌和与运输的系数调整;钻孔桩孔径不同的调整;工期不是4个月的设备摊销费调整;沥青玛䟦脂路面稳定剂的调整;沥青混合料中沥青材料的调整;小型预制构件损耗系数的调整;支架拱盔宽度不同时的系数调整;隧道工程用隧道外项目系数调整;工程量增量计算的调整。以上是常用的定额调整方法,必须特别注意,只要涉及以上内容通常都需要对定额进行调整,具体调整方法具体见后面知识点的阐述及代表题型中的调整方法

代 表 题 型

【案例一】 某预应力混凝土空心板中桥的桥台扩大基础工程,开挖基坑土方360m³(采用斗容量1m³挖掘机开挖),开挖基坑石方120m³,现浇片石混凝土180m³,混凝土拌和采用350L搅拌机拌和,混凝土采用机动翻斗车运输,运距为300m。基坑开挖施工组织设计需要编织袋围堰60m,装编织袋土的运距为120m,围堰高2.2m。

问题

列出编制本工程施工图预算所需的全部工程细目名称、单位、定额代号及数量等,并填入表格中。

解题思路

本题主要考查预算定额代号的确定,定额表中工程内容与施工过程内容不同需要补充,增量工程量的换算,以及对施工过程分析等。

(1)根据题目要求分析,施工过程包括编织袋围堰,基坑开挖土方、石方,片石混凝土施工等。

(2)确定定额号,编织袋围堰工程的定额代号[4-2-2-6];基坑开挖土方的定额代号[4-1-3-3];基坑开挖石方的定额代号[4-1-3-5];现浇片石混凝土基础的定额代号[4-6-1-3]。

(3)桥梁工程定额中的第二节围堰、筑岛及沉井工程的节说明第2条规定,定额中已包括50m以内人工挖运土方的工日数量,定额括号内所列土的数量不计价,仅限于取土超过50m时,按人工挖运土方的增运定额,增加运输用工,具体规定见《公路工程预算定额》(JTG/T 3832—2018)第426页节说明;按此规定需增加人工挖运土方的增运定额,定额代号[1-1-6-4]。

(4)现浇片石混凝土定额[4-6-1-3]中的工程内容包括混凝土的模板工程,混凝土浇筑、捣固、养护,但不包括混凝土的拌和、运输。需要补充混凝土拌和和运输的定额,混凝土拌和的定额代号[4-11-11-2],混凝土运输的定额代号[4-11-11-20]。

参考答案

根据以上分析,本案例的参考答案如下表。

序号	工程细目	定额代号	定额单位	定额数量	定额调整或系数
1	编织袋围堰高2.2m	4-2-2-6	10m	6	
2	人工挖运土方增运70m	1-1-6-4	1000m³	68.41×60/10/1000	×7
3	机械挖基坑土方	4-1-3-3	1000m³	0.36	
4	机械挖基坑石方	4-1-3-5	1000m³	0.12	

第三章　交通运输工程计量与计价

续上表

序号	工程细目	定额代号	定额单位	定额数量	定额调整或系数
5	现浇片石混凝土基础	4-6-1-3	10m³	18	
6	混凝土拌和	4-11-11-2	10m³	18×0.867	
7	混凝土运输第1个100m	4-11-11-20	100m³	1.8×0.867	
8	混凝土增运200m	4-11-11-21	100m³	1.8×0.867	×2

上表中人工挖运土方增运定额的工程数量计算,依据编织袋围堰工程定额中给出的每10m 围堰需要用土 68.41m³,本工程 60m 围堰,总共需要用土 $68.41 \times 60/10 = 410.46 m^3$。根据预算定额第四章第六节说明第 2 条"定额中片石混凝土中片石含量均按 15% 计算",故需要拌和和运输混凝土的量为 $180 \times 0.85 \times (1 + 2\%) = 156.06 m^3$。在使用定额时,应特别注意工程量的计量单位,当出现增量计算时更应该注意。

【案例二】 某高速公路有一直径为 $\phi 150 cm$ 的钢筋混凝土圆管涵,涵管壁厚为 15cm,涵长为 32.5m($13 \times 2.5 = 32.5 m$)。涵管外壁全部涂抹沥青防水层,管节接头沉降缝处外包 15cm 宽沥青油毡 2 层。其施工图设计的工程量见下表。混凝土采用 250L 搅拌机拌和、机动翻斗车运输,拌和场和预制场在一起,距本涵洞 1km,拌和场和预制场费用不考虑。弃方运输和台背回填不计。

涵身		涵身基础		洞口					挖土方
钢筋	C30 混凝土	C15 混凝土	砂砾石	预制C25 混凝土 帽石	浆砌片 石端墙 与基础	浆砌片 石锥坡 与基础	浆砌片石 隔水墙 与铺砌	砂浆勾缝	挖土方
kg	m³							m²	m³
2751	25	109	66	0.5	29	27	13	45	274

问题

请列出该涵洞工程造价所涉及的相关定额的名称、单位、定额代号、数量等内容,并填入表格中,需要时应列式计算。

解题思路

本题主要考查预算定额代号的确定、定额表中工程内容与施工过程内容不同时需要补充、混凝土拌和与运输的补充、施工过程分析等。

(1) 根据题目所给出工程量分析,钢筋混凝土圆管涵施工过程还应包括涵管接头沥青麻絮填塞及涵管涂防水沥青,应根据题目补充计算。

(2) 确定定额号,根据施工过程及工程量依次确定定额,并写出定额编号及调整方法,见下表。

(3) 需要注意小型预制构件的损耗调整。

参考答案

(1) 每节涵管的质量:

$25 \times 2.5 \div 13 = 4.81(t)$

因此,管节运输应选用载重 6t 以内的载重汽车。

（2）涵管接头沥青麻絮填塞：

沥青麻絮：$[(1.5+0.15\times2)^2-1.5^2]\div4\times\pi\times12=9.33(m^2)$

沥青油毡：$(1.5+0.15\times2)\times\pi\times(13-1)\times0.15=10.19(m^2)$

（3）涵管涂防水沥青：

$(1.5+0.15\times2)\times\pi\times32.5=183.78(m^2)$

序号	工程细目	定额代号	单 位	数 量	定额调整或系数
1	挖掘机挖基坑土方	4-1-3-3	1000m³	0.274	
2	涵管砂砾基础垫层	4-11-5-1	10m³	6.6	
3	涵管基础混凝土	4-7-5-5	10m³	10.9	
4	混凝土拌和	4-11-11-1	10m³	10.9	×1.02
5	混凝土运输	4-11-11-20	100m³	1.09	×1.02
6	混凝土运输增运	4-11-11-21	100m³	1.09	×1.02，×9
7	预制圆管管节	4-7-4-2	10m³	2.5	
8	混凝土拌和	4-11-11-1	10m³	2.5	×1.01
9	预制管节钢筋	4-7-4-3	t	2.751	
10	安装圆管涵	4-7-5-4	10m³	2.5	
11	载重汽车运输管节	4-8-3-8	100m³	0.25	
12	涵管接头沥青麻絮填塞	4-11-1-1	10m²	0.933	
13	沥青油毡	4-11-4-4	10m²	1.019	
14	涵管防水层沥青	4-11-4-5	10m²	18.378	
15	浆砌片石端墙与基础	4-5-2-4	10m³	2.9	
16	浆砌片石锥坡与基础	4-5-2-7	10m³	2.7	
17	浆砌片石隔水墙与铺砌	4-5-2-1	10m³	1.3	
18	预制桥涵缘（帽）石	4-7-25-1	10m³	0.05	×1.01
19	载重汽车运输帽石	4-8-3-8	100m³	0.005	×1.01
20	安装桥涵缘（帽）石	4-7-26-1	10m³	0.05	
21	混凝土拌和	4-11-11-1	10m³	0.05	×1.01，×1.01

（三）单价与费率

考核要求	备考建议
1．工料机单价的组成。 2．工料机单价的计算。 3．工程类别划分及费率的确定	此部分内容主要考核工料机单价的组成与计算，特别是自采材料单价及自办运输运费的计算。公路工程工程类别划分及各类工程适用的工程类别，各类工程类别的费率确定

知识点集成

知识点3：单价与费率的基础知识

单价组成	人工	计时工资或计件工资；津贴、补贴；特殊情况下支付的工资
	材料	材料原价，包括外购材料及自采材料；材料运杂费；场外运输损耗；采购及保管费
	机械	机械台班单价由不变费用和可变费用组成。不变费用包括折旧费、检修费、维护费、安拆辅助费等；可变费用包括机上人员人工费、动力燃料费、车船税
单价计算	人工	人工工日单价由省级交通运输主管部门制定发布，并适时进行动态调整。人工工日单价仅作为编制概预算的依据，不能作为施工企业实发工资的依据
	材料	材料预算价格 = (材料原价 + 运杂费) × (1 + 场外运输损耗率) × (1 + 采购及保管费率) − 包装品回收价值 施工单位自采的砂、石、黏土等，按定额中开采单价并加辅助生产间接费和矿产资源税(如有)计算。辅助生产间接费按定额人工费的3%计
	机械	不变费用按《公路工程机械台班费用定额》(JTG/T 3833—2018)计算，可变费用中的人工工日数及动力物资消耗量，应以机械台班费用定额中的数值为准。台班人工费工日单价同生产工人人工费单价。动力燃料费则按材料费的计算规定计算。如需交纳车船税时，应根据各省、自治区、直辖市及国务院有关部门的规定计算。 当工程用电为自行发电时，电动机械每 kW·h(度)电的单价按下式计算： $$A = 0.15 \times K \div N$$ 式中：A——每 kW·h 电单价(元)； 　　　K——发电机组的台班单价(元)； 　　　N——发电机组的总功率(kW)
工程类别划分		1. 土方：指人工及机械施工的土方工程、路基掺灰、路基换填及台背回填。 2. 石方：指人工及机械施工的石方工程。 3. 运输：指汽车、拖拉机、机动翻斗车、船舶等运送土石方、路面基层和面层混合料、水泥混凝土及预制构件、绿化苗木等工程。 4. 路面：指路面所有结构层、路面附属工程、便道以及特殊路基处理工程(不含特殊路基处理中的圬工构造物)。 5. 隧道：指隧道土建工程(不含隧道的钢材及钢结构)。 6. 构造物Ⅰ：指砍树挖根、拆除工程、排水、防护、特殊路基处理中的圬工构造物、涵洞、交通工程、拌和站(楼)安拆工程、便桥、便涵、临时电力和电信设施、临时轨道、临时码头、绿化工程及水泥混凝土拌和等工程。 7. 构造物Ⅱ：指小桥、中桥、大桥、特大桥工程。 8. 构造物Ⅲ：指商品水泥混凝土的浇筑、商品沥青混凝土及各类商品稳定土混合料的铺筑、外购混凝土构件、设备安装工程等。 9. 技术复杂大桥：指钢管拱桥、斜拉桥、悬索桥、单孔跨径在120m以上(含120m)和基础水深在10m以上(含10m)的大桥主桥部分的基础、下部和上部工程(不含桥梁的钢材及钢结构)。 10. 钢材及钢结构：指所有工程的钢材及钢结构等工程。 购买的路基填料、绿化苗木、商品水泥混凝土、商品沥青混凝土及各类稳定土混合料、外购混凝土构件不作为措施费及企业管理费的计算基数

代 表 题 型

【案例一】 某地方三级公路中桥工程混凝土用4cm碎石(已筛分)由施工单位自行生产加工。若人工单价为110元/工日,开采片石的预算单价为55元/m^3,400mm×250mm电动颚式碎石机的台班单价为178.50元/台班,滚筒式筛分机的台班单价为150.80元/台班。

问题

编制施工图预算时,确定4cm碎石的料场单价。

解题思路

本题主要考核自采材料料场单价的计算,自采材料的料场单价按定额中开采单价并加辅助生产间接费和矿产资源税(如有)计算。

参考答案

查《公路工程预算定额》(JTG/T 3832—2018)(以下简称《预算定额》)1153页[8-1-7-14],可知生产加工100m^3堆方的碎石需要消耗人工30.2工日,开采片石114.9m^3,400mm×250mm电动颚式碎石机3.42台班,滚筒式筛分机3.48台班。查《预算定额》附录四可知定额人工单价为106.28元/工日,所以加工生产100m^3的碎石料场单价为:

人工费:30.2×110=3322(元)

辅助生产间接费:30.2×106.28×3%=96.29(元)

材料费:开采片石114.9×55=6319.5(元)

机械费:碎石机3.42×178.50=610.47(元)

　　　　筛分机3.48×150.80=524.78(元)

碎石的料场单价:(3322+96.29+6319.50+610.47+524.79)÷100=108.73(元/m^3)

【案例二】 某二级公路的隧道工程,隧道围岩是石灰岩,隧道弃渣堆放在隧道洞口附近,隧道弃渣经加工后能满足隧道混凝土工程的需要。由于地形条件限制,施工单位的混凝土拌和站设置在一个地势较平坦的位置,距隧道洞口约1km,机动翻斗车运碎石至拌和站,隧道弃渣经加工后能满足隧道混凝土工程的需要。若人工单价为110元/工日,150mm×250mm电动颚式碎石机的台班单价为180元/台班,滚筒式筛分机的台班单价为200元/台班,1t以内机动翻斗车的台班单价为220元/台班。

问题

确定2cm碎石的预算单价。

解题思路

本题主要考核自采材料料场单价与自办运输运杂费的计算,自采材料的料场单价,按定额中开采单价并加辅助生产间接费和矿产资源税(如有)计算。平均运距在15km以内(超过15km按市场运价计算运输费用)的由施工单位自行组织装卸、运输,按定额计算运杂费,其中人力运输、装卸还应加辅助生产间接费。

(1)计算2cm碎石的料场单价,加工碎石的原材料为片石,利用隧道弃渣加工碎石,需套用捡清片石的定额,先确定片石的料场单价,再计算碎石的料场单价。

(2)加工好的碎石需要运至拌和站生产混凝土,碎石需要计算运杂费、场外运输损耗及采购及保管费。

参考答案

(1)查《预算定额》1149 页[8-1-5-3],可知捡清 100m³ 码方的片石需要消耗人工 18.6 工日,查《预算定额》附录四可知定额人工单价为 106.28 元/工日,所以片石料场单价为:

$(18.6×110+18.6×106.28×3\%)÷100=21.05(元/m³)$

(2)查《预算定额》1152 页[8-1-7-11],可知生产加工 100m³ 堆方的碎石需要消耗人工 33.3 工日,开采片石 117.6m³,150mm×250mm 电动颚式碎石机 7.01 台班,滚筒式筛分机 7.13 台班。查《预算定额》附录四可知定额人工单价为 106.28 元/工日,所以加工生产 100m³ 的碎石料场单价为:

人工费:33.3×110=3663(元)

辅助生产间接费:33.3×106.28×3%=106.17(元)

材料费:片石 117.6×21.05=2475.48(元)

机械费:碎石机 7.01×180=1261.80(元)

　　　　筛分机 7.13×200=1426.00(元)

碎石的料场单价:(3663+106.17+2475.48+1261.80+1426.00)÷100=89.32(元/m³)

(3)查《预算定额》1203 页[9-1-7-3],可知生产人工装 100m³ 的碎石需要消耗人工 3.7 工日,查《预算定额》1169 页[9-1-3-5]及其辅助定额[9-1-3-6],可知机动翻斗车运 100m³ 的碎石运第 1 个 100m 需要机动翻斗车 2.88 台班,每增运 100m 需要 0.29 台班,所以 100m³ 的碎石的运杂费为:

人工费:3.7×110=407(元)

辅助生产间接费:3.7×106.28×3%=11.80(元)

机械费:机动翻斗车(2.88+9×0.29)×220=1207.80(元)

碎石的运杂费:(407+11.8+1207.8)÷100=16.27(元/m³)

(4)查《编制办法》可知,碎石的场外运输损耗率为 1%,采购及保管费费率为 2.06%,故碎石的预算单价为:

$(89.32+16.27)×(1+1\%)×(1+2.06\%)=108.84(元/m³)$

【案例三】 某隧道工程长约 500m,隧道围岩为石灰岩,隧道洞口地势较平坦,隧道弃渣堆放在洞口附近,距隧道洞口 20km 处有一碎石料场,2cm 碎石供应价为 68 元/m³(含装卸费等杂费)。当地运价标准为 0.5 元/(t·km),人工工资单价 85 元/工日,250×150 电动颚式碎石机台班预算单价 150 元/台班,滚筒式筛分机台班预算单价 170 元/台班。

问题

1. 假设隧道弃渣经破碎筛分后能满足隧道混凝土工程需要,请合理确定本项目 2cm 碎石的预算单价。

2. 如果隧道弃渣加工的碎石仅能满足 200m 隧道混凝土的工程需要,此时的 2cm 碎石预算单价是多少?

解题思路

本题主要考核自采材料料场单价的计算,自采材料的料场单价,按《预算定额》中开采单价并加辅助生产间接费和矿产资源税(如有)计算。

$$材料预算价格 = (材料原价 + 运杂费) \times (1 + 场外运输损耗率) \times$$
$$(1 + 采购及保管费率) - 包装品回收价值$$

此处包装品回收价值为0,碎石的场外运输损耗率为1%,采购及保管费率为2.06%,另需注意碎石质量和体积的换算。

(1)计算2cm碎石的料场单价,加工碎石的原材料为片石,利用隧道弃渣加工碎石,需套用捡清片石的定额,先确定片石的料场单价,再计算碎石的料场单价。

(2)一种材料当有两个以上的供应点时,应根据不同的运距、运量、运价采用加权平均的方法计算运费。

参考答案

问题1:

(1)外购碎石预算单价计算:

根据《预算定额》附录四可知,2cm碎石的密度为1500kg/m³。故:

$(68 + 20 \times 0.5 \times 1.5) \times 1.01 \times 1.0206 = 85.56(元/m^3)$

(2)考虑利用隧道弃渣自行加工碎石预算单价计算:

片石单价计算:隧道弃渣不需要再进行开采,根据《预算定额》规定套用检清片石单价[8-1-5-3],即:

$(18.6 \times 85 + 18.6 \times 106.28 \times 0.03) \div 100 = 16.40(元/m^3)$

碎石单价计算套用《预算定额》[8-1-7-11]得:

$(33.3 \times 85 + 33.3 \times 106.28 \times 0.03 + 117.6 \times 16.40 + 7.01 \times 150 + 7.13 \times 170) \div 100 = 71.29(元/m^3)$

(3)综合选定。

由于利用隧道弃渣加工碎石单价低于外购碎石单价,因此本项目碎石应利用隧道弃渣进行加工。即本项目2cm碎石预算单价为71.29元/m³。

问题2:

2cm碎石预算单价综合计算:

由于利用隧道弃渣加工碎石仅能满足200m隧道混凝土工程的需要,即自采加工碎石的比重为$200 \div 500 = 0.4$

因此,本项目2cm碎石预算单价为:$85.56 \times 0.6 + 71.29 \times 0.4 = 79.85(元/m^3)$

【案例四】 某高速公路沥青混凝土路面基层施工,采用生产能力为500t/h以内的稳定土厂拌设备拌和稳定土,同时配备1台功率为320kW的柴油发电机组提供动力。已知人工单价为110元/工日,柴油的预算单价为7.6元/kg。拌和设备和发电机组的台班费用组成如下表。

项 目	机械名称	
	500t/h以内稳定土厂拌设备	320kW的柴油发电机组
折旧费(元/台班)	381.87	172.43
检修费(元/台班)	130.26	66.86

续上表

项 目	机 械 名 称	
	500t/h 以内稳定土厂拌设备	320kW 的柴油发电机组
维护费(元/台班)	377.34	193.67
安拆辅助费(元/台班)		7.29
人工(工日/台班)	3	
电(kW·h/台班)	782.11	
柴油(kg/台班)		327.85

问题

根据《公路工程机械台班费用定额》(JTG/T 3833—2018)和《公路工程建设项目概算预算编制办法》(JTG 3830—2018),确定500t/h 以内的稳定土厂拌设备的台班预算单价。(计算结果保留两位小数)

解题思路

本题主要考核机械台班单价的计算,机械台班单价由不变费用和可变费用组成。不变费用按《公路工程机械台班费用定额》(JTG/T 3833—2018)计算,可变费用中的人工工日数及动力物资消耗量,应以机械台班费用定额中的数值为准。台班人工费工日单价同生产工人人工费单价。动力燃料费用则按材料费的计算规定计算。车船税如需交纳时,应根据各省、自治区、直辖市及国务院有关部门的规定计算。

(1)查《公路工程机械台班费用定额》(JTG/T 3833—2018)可知,稳定土厂拌设备需要用电,题目中没有给出电的预算单价,现按编制办法的规定计算电的预算单价。

(2)要计算电的预算单价,要先计算发电机组的台班单价。

参考答案

(1)确定发电机组的台班单价:

$172.43 + 66.86 + 193.67 + 7.29 + 327.85 \times 7.6 = 2931.91$(元/台班)

(2)确定自发电的预算单价:

$A = 0.15 \times K \div N = 0.15 \times 2931.91 \div 320 = 1.37[元/(kW \cdot h)]$

(3)确定稳定土厂拌设备的台班单价:

$381.87 + 130.26 + 377.34 + 3 \times 110 + 782.11 \times 1.37 = 2290.96$(元/台班)

【**案例五**】 在青海省柴达木盆地半固定沙漠地区拟新建一条高速公路,海拔高度为3501～4000m,气温区为冬四区,雨量区Ⅰ、雨季期1.5个月,规费综合费率为40%,主副食运费补贴综合里程为15km,工地转移距离为500km。确定土方、运输、路面、构造物Ⅰ各项工程类别的费率。

问题

1.依据《公路工程建设项目概算预算编制办法》(JTG 3830—2018)确定以上各类工程类别的措施费的综合费率。

2. 依据《公路工程建设项目概算预算编制办法》(JTG 3830—2018)确定以上各类工程类别的企业管理费的综合费率。

3. 分别说明以上费用计算的基数是什么。

解题思路

本题主要考核措施费、企业管理费综合费率的确定,以及措施费、企业管理费、规费的计算基数。

参考答案

问题1:

按下表确定各类工程类别的措施费的综合费率。

措施费种类	土方(%)	运输(%)	路面(%)	构造物Ⅰ(%)
冬季施工增加费	6.094	1.165	3.273	3.527
雨季施工增加费	0.175	0.178	0.153	0.131
夜间施工增加费	0	0	0	0
高原地区施工增加费	38.875	37.205	45.032	40.356
风沙地区施工增加费	12.614	12.912	4.932	10.912
沿海地区施工增加费	0	0	0	0
行车干扰过程施工增加费	0	0	0	0
施工辅助费	0.521	0.154	0.818	1.201
工地转移费	0.614	0.416	0.891	0.72
∑施工辅助费	0.521	0.154	0.818	1.201
∑其余措施费综合费率	58.372	51.876	54.281	55.646

问题2:

按下表确定各类工程类别的企业管理费的综合费率。

企业管理费种类	土方(%)	运输(%)	路面(%)	构造物Ⅰ(%)
基本费用	2.747	1.374	2.427	3.587
主副食运费补贴	0.235	0.233	0.165	0.207
职工探亲路费	0.192	0.132	0.159	0.274
职工取暖补贴	0.436	0.444	0.302	0.390
财务费用	0.271	0.264	0.404	0.466
综合费率	3.881	2.447	3.457	4.924

问题3：

各项费用计算基数：

措施费＝定额直接费×施工辅助费费率＋（定额人工费＋定额施工机械使用费）×
　　　　其余措施费综合费率

企业管理费＝定额直接费×企业管理费的综合费率

规费＝各类工程人工费（含施工机械人工费）×规费综合费率

（四）路基工程定额应用

考核要求	备考建议
1.路基土石方工程量的计算。 2.路基土石方工程定额的应用。 3.排水工程、特殊路基处理、防护工程的工程量计算及定额的应用。	此部分内容主要考核路基土石方工程量的计算及土石方工程定额运用，以及排水工程、特殊路基处理、防护工程的工程量计算及定额的应用

知识点集成

知识点4：路基工程定额应用的基础知识

路基土石方工程	基本规定	1."人工挖运土石方""人工开炸石方""机械打眼开炸石方""控制爆破石方""抛坍爆破石方""挖掘机带破碎锤破碎石方"等定额中，已包括开挖边沟消耗的工料机数量。因此，开挖边沟的数量应合并在路基土、石方数量内计算。 2.各种开炸石方定额中，均已包括清理边坡工作。 3.机械施工土、石方，挖方部分机械达不到时，须由人工完成的工程量由施工组织设计确定。其中，人工操作部分按相应定额乘以系数1.15。 4.自卸汽车运输路基土、石方定额项目和洒水汽车洒水定额项目，仅适用于平均运距在15km以内的土、石方或水的运输。当运输超过第一个定额单位时，其运距尾数不足一个增运定额单位的半数时不计，等于或超过半数时按一个增运定额运距单位计算。当平均运距超过15km时，应按市场运价计运费用。 5.路基加宽填筑部分如需清除时，按刷坡定额中普通土子目计算；清除的土方如需远运，按土方运输定额计算
	土石方工程量计算规则	1.土石方体积的计算。 除定额另有说明外，土方挖方按天然密实体积计算，填方按压（夯）实后的体积计算；石方爆破按天然密实体积计算。当以填方压实体积为工程量，采用以天然密实为计量单位的定额，如路基填方为利用方时，所采用的定额应乘以下列系数；如路基填方为借方时，则应在下列系数基础上增加0.03的损耗

公路等级	土方			石方
	松土	普通土	硬土	
二级及二级以上公路	1.23	1.16	1.09	0.92
三级、四级公路	1.11	1.05	1.00	0.84

续上表

路基土石方工程	土石方工程量计算规则	2. 零填及挖方地段基底压实面积等于路槽底面的宽度(m)和长度(m)的乘积。 3. 抛坍爆破的工程量,按设计的抛坍爆破石方体积计算。 4. 整修边坡的工程量,按公路路基长度计算
	施工组织的工程量	1. 清除表土或零填方地段的基底压实、耕地填前夯(压)实后,回填至原地面高程所需的土、石方数量。 2. 因路基沉陷需增加填筑的土、石方数量。 3. 为保证路基边缘的压实度须加宽填筑时,所需的土、石方数量
	容易遗漏的工程量	1. 耕地填前夯(压)实及填前挖松,以平方米计算。 2. 零填及挖方路基压实,以平方米计算。 3. 整修路拱及整修边坡,整修路拱以平方米计算,整修边坡以公路路基长度计算。 4. 刷坡工程量的计算,刷坡与整修边坡二者之间一般只计算其中一种。 5. 路基填筑洒水量的计算
	特别注意的规定	1. 同一地段清表与除草的定额不能同时套用,清表与除草如需远运按土方运输另计。 2. 应注意装载机与自卸汽车斗容量的配合。 3. 各类机械的经济运距、机械种类的选择,运距100m以内的用推土机,运距600m以内的用铲运机,运距超过600m的用自卸汽车;高速公路项目推土机一般选135kW以上的,自卸汽车最少选12t以上的。 4. 挖掘机挖装淤泥、流沙如需远运,按土方运输定额乘以系数1.1另行计算。 5. 装载机装土方如需推土机配合推松、集土时,其人工、推土机台班的数量按"推土机推运土方"第一个20m定额乘以0.8系数计算。 6. 关于本桩利用的土石方,一般情况下三级、四级公路可按20m确定,二级公路按30~40m确定,高速公路、一级公路按40~60m确定
	土石方工程量计算公式	计价方 = 挖方(天然密实方) + 填方(压实方) – 利用方(压实方) 　　　 = 挖方(天然密实方) + 借方(压实方) 设计断面方 = 挖方(天然密实方) + 填方(压实方) 弃方 = 挖方(天然密实方) – 利用方(为天然密实方) 填方(压实方) = 利用方(压实方) + 借方(压实方)
特殊路基处理工程	基本规定	1. 袋装砂井及塑料排水板处理软土地基,工程量为设计深度,定额材料消耗中已包括砂袋或塑料排水板的预留长度。 2. 振冲碎石桩定额中不包括污泥排放处理的费用,需要时另行计算。 3. 挤密碎石桩、灰土桩、砂桩和石灰砂桩处理软土地基定额的工程量为设计桩断面积乘以设计桩长。 4. 水泥搅拌桩和高压旋喷桩处理软土地基定额的工程量为设计桩长。 5. 高压旋喷桩定额中的浆液系按普通水泥浆编制的;当设计采用添加剂或水泥用量与定额不同时,可按设计要求进行抽换。 6. 土工布的铺设面积为锚固沟外边缘所围成的面积,包括锚固沟的底面积和侧面积。定额中不包括排水内容,需要时另行计算。 7. 强夯定额适用于处理松、软的碎石土、沙土、低饱和度的粉土与黏性土、湿陷性黄土、杂填土和素填土等地基。定额中已综合考虑夯坑的排水费用,使用定额时不得另行增加费用。每100m²夯击点数和击数按设计确定

排水工程	基本规定	1. 边沟、排水沟、截水沟、盲沟的挖基费用按开挖沟槽定额计算,其他排水工程的挖基费用按第一节土、石方工程的相关定额计算。 2. 边沟、排水沟、截水沟、急流槽定额均未包括垫层的费用,需要时按有关定额另行计算。 3. 雨水箅子的规格与定额不同时,可按设计用量抽换定额中铸铁箅子的消耗。 4. 工程量计算规则: ①本章定额砌筑工程的工程量为砌体的实际体积,包括构成砌体的砂浆体积。 ②本章定额预制混凝土构件的工程量为预制构件的实际体积,不包括预制构件中空心部分的体积。 ③挖截水沟、排水沟的工程量为设计水沟断面积乘以水沟长度与水沟圬工体积之和。 ④路基盲沟、中央分隔带盲沟(纵向、横向)的工程量按设计的工程内容计算。 ⑤轻型井点降水定额按 50 根井管为一套,不足 50 根的按一套计算。井点使用天数按日历天数计算,使用时间按施工组织设计确定
防护工程	基本规定	1. 本章定额中未列出的其他结构形式的砌石防护工程,需要时按"桥涵工程"项目的有关定额计算。 2. 本章定额中除注明者外,均不包括挖基、基础垫层的工程内容,需要时按"桥涵工程"项目的有关定额计算。 3. 本章定额中除注明者外,均已包括按设计要求需要设置的伸缩缝、沉降缝的费用。 4. 本章定额中除注明者外,均已包括水泥混凝土的拌和费用。 5. 植草护坡定额中均已综合考虑黏结剂、保水剂、营养土、肥料、覆盖薄膜等的费用,使用定额时不得另行计算。 6. 预应力锚索护坡定额中的脚手架系按钢管脚手架编制的,脚手架宽度按 2.5m 考虑。 7. 工程量计算规则: ①铺草皮工程量按所铺边坡的坡面面积计算。 ②护坡定额中以 $100m^2$ 或 $1000m^2$ 为计量单位的子目的工程量,按设计需要防护的边坡坡面面积计算。 ③木笼、竹笼、铁丝笼填石护坡的工程量按填石体积计算。 ④本章定额砌筑工程的工程量为砌体的实际体积,包括构成砌体的砂浆体积。 ⑤本章定额预制混凝土构件的工程量为预制构件的实际体积,不包括预制构件中空心部分的体积。 ⑥预应力锚索的工程量为锚索(钢绞线)长度与工作长度的质量之和。 ⑦抗滑桩挖孔工程量按护壁外缘所围成的面积乘以设计孔深计算

代 表 题 型

【案例一】 ××高速公路×合同段路基土石方设计,无挖方,按断面计算的填方数量为 $1005000m^3$,平均填土高度 5.0m,边坡坡度 1:1.5。该合同段路基长 6km,路基宽 26m,设计填方量中 40% 从其他合同段调用,平均运距 3000m;其他为借方,平均运距为 2000m(均按普通土考虑)。为保证路基边缘的压实度须加宽铺筑,宽填宽度为 50cm,完工后要刷坡但不需远运。假设填前压实沉陷厚度为 15cm,土的压实干密度为 $1.6t/m^3$,自然状态土的含水率约低于其最佳含水率 2%,水的平均运距为 1km。

问题

列式计算该合同段的路基土石方工程施工图预算所需的全部工程数量。

解题思路

本题主要考核路基数量的计算,在已知条件的基础上计算施工组织设计需要的工程量及容易忽略的工程量。

参考答案

(1) 路基填前压实沉陷增加数量:$6000 \times (26 + 5 \times 1.5 \times 2) \times 0.15 = 36900(m^3)$

(2) 路基加宽填筑增加填方数量:$6000 \times 0.5 \times 5 \times 2 = 30000(m^3)$

(3) 实际填方数量:$1005000 + 30000 + 36900 = 1071900(m^3)$

(4) 利用填方数量:$1005000 \times 40\% = 402000(m^3)$

(5) 借土填方数量:$1071900 - 402000 = 669900(m^3)$

(6) 填前压实数量:$6000 \times (26 + 5 \times 1.5 \times 2) = 246000(m^2)$

(7) 增加用水数量:$1071900 \times 1.6 \times 2\% \div 1 = 34300.8(m^3)$

(8) 整修路拱数量:$6000 \times 26 = 156000(m^2)$

(9) 刷坡数量:$6000 \times 0.5 \times 5 \times 2 = 30000(m^3)$

【**案例二**】 ××高速公路建设项目路基土石方的工程量(断面方)见下表。

挖方(m^3)		利用方填方(m^3)		借方填方(m^3)	
普通土	次坚石	土方	石方	普通土	次坚石
470700	1045000	382400	1033700	200000	11500

问题

1. 请问本项目土石方的计价方数量、断面方数量、利用方数量(天然密实方)、借方数量(天然密实方)和弃方数量各是多少?

2. 假设土的压实干密度为$1.65t/m^3$,自然状态土的含水率约低于其最佳含水率2.5%,请问为达到压实度的要求,应增加的用水量是多少?

3. 假设填方路段路线长10km,路基宽度为28m,大部分均为农田。平均填土高度为4.00m,边坡率为1:1.25,请问耕地填前压实的工程量应是多少?

解题思路

(1) 本案例主要考核关于土、石方数量的几个概念性问题以及相互之间的关系,天然密实方与压实方之间的关系等。天然密实方与压实方的调整系数见下表。

公路等级	松 土	普 通 土	硬 土	石 方
二级及以上等级	1.23	1.16	1.09	0.92
三级、四级公路	1.11	1.05	1.00	0.84

注:当填方为借方时,则应在上表的基础上增加0.03的土方运输损耗。

(2) 有关土石方工程量的计算公式如下:

设计断面方 = 挖方(天然密实方) + 填方(压实方)

计价方 = 挖方(天然密实方) + 填方(压实方) − 利用方(压实方)

= 挖方(天然密实方) + 借方(压实方)

借方 = 填方(压实方) − 利用方(压实方)

弃方 = 挖方(天然密实方) − 利用方(天然密实方)

(3) 题目中所给的工程量为断面方,即挖方为天然密实方,填方、借方为压实方。

参考答案

问题1：

（1）计价方数量：$470700 + 1045000 + 200000 + 11500 = 1727200(m^3)$

（2）断面方数量：$470700 + 1045000 + 200000 + 11500 + 382400 + 1033700 = 3143300(m^3)$

（3）利用方数量：$382400 \times 1.16 + 1033700 \times 0.92 = 1394588(m^3)$

（4）借方数量：$200000 \times (1.16 + 0.03) + 11500 \times (0.92 + 0.03) = 248925(m^3)$

（5）弃方数量：$470700 - 382400 \times 1.16 + 1045000 - 1033700 \times 0.92 = 121112(m^3)$

问题2：

土方压实需加水数量：$(382400 + 200000) \times 1.65 \times 2.5\% \div 1 = 24024(m^3)$

问题3：

耕地填前压实数量：$10000 \times (28 + 4 \times 1.25 \times 2) = 380000(m^2)$

【案例三】 某二级公路××合同段长15km，路基宽度12m，其中挖方路段长4.5km，填方路段长10.5km，施工图设计图纸提供的路基土石方表如下。

挖方(m^3)		本桩利用(m^3)		远运利用(m^3)		填方
普通土	软石	土方	石方	土方	石方	(m^3)
150000	75000	35000	15000	115000	50000	550000

注：表中挖方、利用方均指天然密实方，填方指压实方。

已知远运利用土、石方的平均运距为400m，借方、弃方的平均运距为3km。土石方工程的施工组织方案如下：本桩利用石方采用135kW推土机、运距30m，远运利用土方采用斗容量10m^3拖式铲运机铲运；本桩利用石方采用机械打眼开炸135kW推土机推运、运距30m，远运利用石方采用机械打眼开炸2m^3装载机及12t自卸汽车配合施工；借土填方按普通土考虑，采用2m^3挖掘机及12t自卸汽车配合施工；土石方压实采用15t振动压路机施工。

问题

请根据上述资料列出该土石方工程造价所涉及的相关定额的名称、单位、定额代号、数量等内容，并填入表格中，需要时应列式计算或文字说明。

解题思路

（1）本案例主要考核关于土、石方数量的几个概念性问题以及相互之间的关系，天然密实方与压实方之间的关系等。天然密实方与压实方的调整系数见案例二。

（2）有土石方的工程量计算公式见案例二。

（3）注意题目中所给的工程量，挖方、利用方均指天然密实方，填方指压实方。

（4）路基土石方工程量计算，题目未给定相关条件，一般不需要计算，如本题中的宽填土方数量、路基填前压实沉陷增加数量、耕地填前夯压实数量、刷坡数量等。

（5）路基土石方定额在查找时，注意各类机械的经济运距、机械种类的选择等。

参考答案

（1）借方数量计算：

利用方（压实方）：$(35000 + 115000)/1.16 + (15000 + 50000)/0.92 = 199963(m^3)$

借方（压实方）：$550000 - 199963 = 350037(m^3)$

（2）弃方数量计算：

弃土方(天然方):150000 - 35000 - 115000 = 0(m³)

弃石方(天然方):75000 - 15000 - 50000 = 10000(m³)

(3)填方压实数量计算:

碾压石方(压实方):(15000 + 50000)/0.92 = 70652(m³)

碾压土方(压实方):550000 - 70652 = 479348(m³)

(4)杂项工程数量计算:

零填及挖方路基碾压:12×4500 = 54000(m²)

整修路拱:12×15000 = 180000(m²)

整修边坡:15(km)

土石方工程相关定额内容见下表。

序号	工程细目	定额代号	单位	数量	定额调整或系数
1	135kW 推土机推普通土,第1个20m	1-1-12-14	1000m³	35	
2	135kW 推土机推土方,每增运10m	1-1-12-16	1000m³	35	
3	10m³ 铲运机铲运普通土,第一个100m	1-1-13-6	1000m³	115	
4	10m³ 铲运机铲运土方,每增运50m	1-1-13-8	1000m³	115	定额×6
5	2m³ 挖掘机挖、装普通土	1-1-9-8	1000m³	350.037	定额×1.19
6	12t 自卸汽车运土方,第一个1km	1-1-11-7	1000m³	350.037	定额×1.19
7	12t 自卸汽车运土方,每增运0.5km	1-1-11-8	1000m³	350.037	定额×4×1.19
8	机械打眼开炸软石	1-1-14-4	1000m³	75	
9	135kW 推土机推软石,第一个20m	1-1-12-31	1000m³	15	
10	135kW 推土机推软石,每增运10m	1-1-12-34	1000m³	15	
11	2m³ 装载机装软石	1-1-10-5	1000m³	60	
12	12t 自卸汽车运石方,第一个1km	1-1-11-21	1000m³	60	
13	12t 自卸汽车运石方,每增运0.5km	1-1-11-22	1000m³	10	4
14	15t 振动压路机碾压二级公路土方	1-1-18-9	1000m³	479.348	
15	15t 振动压路机碾压二级公路石方	1-1-18-16	1000m³	70.652	
16	15t 振动压路机零填及挖方路段碾压	1-1-18-27	1000m²	54	
17	机械整修路拱	1-1-20-1	1000m²	180	
18	机械整修二级及二级以上公路边坡	1-1-20-4	1km	15	

【案例四】 某山岭重丘区二级公路,路线总长为30km,桥隧比为15%,路基宽度12m,其土、石方工程的设计资料如下表。

序号	项目名称	单位	数量	附注
一	路基土石方			
1	本桩利用土方	m³	22000	硬土
2	远运利用土方	m³	48000	硬土,运距250m
3	借土方	m³	620000	硬土,运距4km
4	填土方	m³	690000	
5	本桩利用石方	m³	9000	软石

续上表

序号	项目名称	单位	数量	附注
6	远运利用石方	m³	77000	软石,运距800m
7	填石方	m³	93478	

问题

1. 计算路基设计断面方、计价方数量。

2. 请根据上述资料列出该土石方工程造价所涉及的相关定额的名称、单位、定额代号、数量等内容,并填入表格中,需要时应列式计算或文字说明。

解题思路

(1) 本案例主要考核关于土、石方数量的几个概念性问题以及相互之间的关系,天然密实方与压实方之间的关系等。天然密实方与压实方的调整系数见案例二。

(2) 有关土石方的工程量计算公式见案例二。

(3) 注意题目中所给的工程量,没明确是天然密实方还是压实方的,需要按土石方平衡计算核实各土石方数量的特性。

按工程量计算规则,利用方+借方=填方,本题中的土方本桩利用、远运利用及借方的和等于填方的数量,说明题目中的土方本桩利用、远运利用、借方及填方均是压实方。本题中的石方本桩利用、远运利用之和小于填石方数量,说明要借石方,而在一般工程项目中是不允许借石方的,利用石方$(9000+77000)÷0.92=93478m^3$,正好等于题目中的填石方数量,说明利用石方为天然密实方,而填石方为压实方。

(4) 路基土石方工程量计算,题目未给定相关条件,一般不需要计算,如本题中的挖方路段压实、宽填的土方数量、路基填前压实沉陷增加数量,耕地填前夯压实数量、刷坡数量等。

(5) 路基土石方定额在查找时,注意各类机械的经济运距、机械种类的选择等。

参考答案

问题1:

设计断面方、计价方数量计算:

(1) 设计断面方=挖方(天然密实方)+填方(压实方)

挖土方数量:$(22000+48000)×1.09=76300(m^3)$

挖石方数量:$9000+77000=86000(m^3)$

填方数量:$690000+93478=783478(m^3)$

设计断面方:$76300+86000+783478=954778(m^3)$

(2) 计价方=挖方(天然密实方)+借方(压实方)=设计断面方-利用方(压实方)

计价方数量:$76300+86000+620000=782300(m^3)$

或

$945778-22000-48000-(9000+77000)÷0.92=782300(m^3)$

问题2:

(1) 其他工程数量计算:

整修路拱数量:$30000×(1-15\%)×12=306000(m^2)$

整修边坡数量:$30×(1-15\%)=25.5(km)$

(2)定额及定额调整见下表。

序号	项目名称	定额代号	单位	数量	调整系数
1	135kW推土机推硬土,第一个20m	1-1-12-15	1000m³	22	定额×1.09
2	135kW推土机推土方,每增运10m	1-1-12-16	1000m³	22	定额×1.09
3	8m³铲运机铲运硬土,第一个100m	1-1-13-3	1000m³	48	定额×1.09
4	8m³铲运机铲运土方,每增运50m	1-1-13-4	1000m³	48	定额×1.09×3
5	2.0m³挖掘机挖装硬土	1-1-9-9	1000m³	620	定额×1.12
6	12t自卸汽车运土,第一个1km	1-1-11-7	1000m³	620	定额×1.12
7	12t自卸汽车运土,每增运0.5km	1-1-11-8	1000m³	620	定额×1.12×6
8	15t振动压路机碾压二级公路土方	1-1-18-9	1000m³	690	
9	机械打眼开炸软石	1-1-14-4	1000m³	86	
10	135kW推土机推软石,第一个20m	1-1-12-31	1000m³	9	
11	135kW推土机推软石,每增运10m	1-1-12-34	1000m³	9	
12	2m³装载机装软石	1-1-10-5	1000m³	77	
13	12t自卸汽车运石,第一个1km	1-1-11-21	1000m³	77	
14	15t振动压路机碾压二级公路石方	1-1-18-16	1000m³	93.478	
15	机械整修路拱	1-1-20-1	1000m²	306	
16	机械整修二级及二级以上公路边坡	1-1-20-4	1km	25.5	

【案例五】 某平原微丘区二级公路,路基特殊路基处理、排水工程、防护工程的设计资料如下。

序号	项目名称	单位	数量	附注
一			特殊路基处理	
1	袋装砂井	m	23000	设计砂井直径10cm
2	粉体喷射(水泥搅拌桩)	m	2400	平均桩深8m,设计桩径60cm,设计水泥的掺入量为18%
3	强夯处理地基	m²	4800	夯击能3000kN·m以内,每100m²9个夯点,每点9击,碎石垫层25cm
二			排水工程	
1	现浇混凝土路堑边沟	m	5600	40cm×40cm矩形边沟,沟壁厚30cm,加10cm厚盖板,沟底铺20cm砂砾垫层
2	浆砌片石截水沟	m	2400	40cm×40cm梯形截水沟,坡比1:1,每米浆砌片石0.74m³,每米抹面0.84m²,土方占开挖量的70%
三			防护工程	
1	浆砌片石挡土墙墙身	m³	1860	挖基量按基础体积的2倍计算,土方占开挖量的70%,抹面工程量480m²
2	浆砌片石挡土墙基础	m³	280	
3	抗滑桩	m³	157	设计桩径1m,平均每根桩长10m,每根桩深入基岩1.5m,其余为粉性土;抗滑桩配筋率为120kg/m³

注:水沟盖板集中预制,平均运距2km。

问题

请根据上述资料列出编制施工图预算所涉及的相关定额的名称、单位、定额代号、数量、取费类别等内容,并填入表格中,需要时应列式计算或文字说明。

解题思路

(1)本案例主要考核关于特殊路基处理、排水工程、防护工程的工程量计算,定额调整以及各类工程取费类别的确定。

(2)特殊路基处理的工程量计算规则及有关定额调整规定如下:

①袋装砂井工程量为设计深度,袋装砂井定额按直径7cm编制。当砂井直径不同时,可按砂井截面积的比例关系调整中(粗)砂的用量,其他消耗量不作调整。

②水泥搅拌桩的工程量为设计桩长,定额是按桩径50cm编制的,当设计桩径不同时,桩径每增加5cm,定额人工和机械增加5%。水泥搅拌桩定额中的水泥掺量为15%,当掺入比不同或桩径不同时,可调整固化材料的消耗量。

③强夯定额中已综合考虑夯坑的排水费用,使用定额时不得另行增加费用。每100m² 夯击点数和击数按设计确定,强夯定额中不包括垫层的费用。

(3)排水的工程量计算规则及有关定额调整规定如下:

①边沟、排水沟、截水沟、盲沟的挖基费用按开挖沟槽定额计算,其他排水工程的挖基费用按第一节土、石方工程的相关定额计算。

②边沟、排水沟、截水沟、急流槽定额均未包括垫层的费用,需要时按有关定额另行计算。

③挖截水沟、排水沟的工程量为设计水沟断面积乘以水沟长度与水沟圬工体积之和。

(4)防护的工程量计算规则及有关定额调整规定如下:

①本章定额中除注明者外,均不包括挖基、基础垫层的工程内容,需要时按"桥涵工程"项目的有关定额计算。

②本章定额中除注明者外,均已包括按设计要求需要设置的伸缩缝、沉降缝的费用。

③本章定额中除注明者外,均已包括水泥混凝土的拌和费用。

④抗滑桩挖孔工程量按护壁外缘所包围的面积乘以设计孔深计算。

参考答案

(1)袋装砂井定额中,中(粗)砂数量的调整系数:$(5 \div 3.5)^2 = 2.041$

(2)水泥搅拌桩定额中的人工、机械的调整系数为1.1,水泥的调整系数为$(30^2 \times 0.18)/(25^2 \times 0.15) = 1.728$

(3)强夯碎石垫层工程量:$0.25 \times 4800 = 1200(m^3)$

(4)混凝土路堑边沟的工程量计算如下:

边沟混凝土:$5600 \times (0.4 + 0.4 + 1.0) \times 0.3 = 3024(m^3)$

盖板混凝土:$5600 \times (0.3 + 0.4 + 0.3) \times 0.1 = 560(m^3)$

砂砾垫层:$5600 \times (0.3 + 0.4 + 0.3) \times 0.2 = 1120(m^3)$

沟槽挖方:$3024 + 560 + 1120 = 4704(m^3)$

(5)浆砌片石截水沟的工程量计算如下:

浆砌片石截水沟:$2400 \times 0.74 = 1776(m^3)$

砂浆抹面:$2400 \times 0.84 = 2016(m^2)$

开挖土方:$2400 \times [0.74 + (0.4 \times 2 + 0.4 \times 2) \times 0.4 \div 2] \times 0.7 = 1781(m^3)$

开挖石方:$2400 \times [0.74 + (0.4 \times 2 + 0.4 \times 2) \times 0.4 \div 2] \times 0.3 = 763(m^3)$

(6)防护工程量计算如下:

抗滑桩总长:$157 \div (3.14 \times 0.5^2) = 200(m)$

抗滑桩根数:$200 \div 10 = 20(根)$

护壁混凝土:$200 \times (3.14 \times 0.6^2 - 3.14 \times 0.5^2) = 69.08(m^3)$

抗滑桩挖孔(土):$20 \times 8.5 \times 3.14 \times 0.6^2 = 192.17(m^3)$

抗滑桩挖孔(石):$20 \times 1.5 \times 3.14 \times 0.6^2 = 33.91(m^3)$

抗滑桩钢筋:$157 \times 120 = 18840(kg)$

挡土墙挖基(土):$280 \times 2 \times 0.7 = 392(m^3)$

挡土墙挖基(石):$280 \times 2 \times 0.3 = 168(m^3)$

(7)定额、取费类别及定额调整,见下表。

序号	项目名称	定额代号	单位	数量	调整系数	取费类别
一				特殊路基处理		
1	门架式袋装砂井机处理软土地基	1-2-1-1	1000m	23	中粗砂(5503005) = $4.56 \times 2.04 = 9.307$	路面
2	桩长10m以内水泥搅拌桩	1-2-6-1	10m	240	人工、机械×1.1 水泥(5509001) = $0.557 \times 1.728 = 0.962$	路面
3	夯击能3000kN·m以内,7点/100m²,7击/点	1-2-10-10	100m²	48		路面
4	夯击能3000kN·m以内,7点/100m²,每增减1点	1-2-10-11	100m²	48	定额×2	路面
5	夯击能3000kN·m以内,7点/100m²,每增减1击	1-2-10-12	100m²	48	定额×2.571($9 \div 7 \times 2 = 2.571$)	路面
6	碎石地基垫层	1-2-12-4	1000m³	1.2		路面
二				排水工程		
1	机械开挖沟槽土方	1-3-1-3	1000m³	4.704		土方
2	现浇混凝土边沟	1-3-4-5	10m³	302.4		构造物Ⅰ
3	预制矩形水沟盖板	1-3-4-9	10m³	56	定额×1.01	构造物Ⅰ
4	安装水沟盖板	1-3-4-12	10m³	56		构造物Ⅰ
5	水沟砂砾垫层	4-11-5-1	10m³	112		构造物Ⅰ
6	人工装卸6t载货汽车运输,第1个1km	4-8-3-2	100m³	5.6	定额×1.01	运输
7	人工装卸6t载货汽车运输,每增运0.5km	4-8-3-12	1000m³	5.6	定额×2×1.01	运输
8	机械开挖沟槽土方	1-3-1-3	1000m³	1.781		土方
9	机械开挖沟槽石方	1-3-1-4	1000m³	0.763		石方

续上表

序号	项目名称	定额代号	单位	数量	调整系数	取费类别
10	浆砌片石截水沟	1-3-3-5	10m³	177.6		构造物Ⅰ
11	水泥砂浆抹面	4-11-6-17	100m²	20.16		构造物Ⅰ
三			防护工程			
1	1.0m³ 挖掘机挖基坑土方	4-1-3-3	1000m³	0.392		土方
2	挖掘机挖基坑石方	4-1-3-5	1000m³	0.168		石方
3	浆砌片石挡土墙基础	1-4-16-5	10m³	28		构造物Ⅰ
4	浆砌片石挡土墙墙身	1-4-16-7	10m³	186		构造物Ⅰ
5	水泥砂浆抹面	4-11-6-17	100m²	4.8		构造物Ⅰ
6	抗滑桩挖孔土方	1-4-27-1	10m³	19.22		土方
7	抗滑桩挖孔石方	1-4-27-2	10m³	3.39		石方
8	抗滑桩护壁混凝土	1-4-27-3	10m³	6.91		构造物Ⅰ
9	抗滑桩桩身混凝土	1-4-27-4	10m³	15.7		构造物Ⅰ
10	抗滑桩钢筋	1-4-27-5	1t	18.84		钢材及钢结构

(五) 路面工程定额应用

考核要求	备考建议
1. 路面工程量的计算。 2. 路面工程定额的应用	此部分内容主要考核路面工程量的计算及工程定额运用

知识点集成

知识点5：路面工程定额应用的基础知识表

| 路面工程 | 基本规定 | 1. 本章定额包括各种类型路面以及路槽、路肩、垫层、基层等，除沥青混合料路面、厂拌基层稳定土混合料运输、自卸车运输碾压水泥混凝土以 1000m³ 路面实体为计算单位外，其他均以 1000m² 为计算单位。
2. 路面项目中的厚度均为压实厚度，培路肩厚度为净培路肩的夯实厚度。
3. 本章定额中混合料是按最佳含水率编制，定额中已包括养护用水并适当扣除材料天然含水率，但山西、青海、甘肃、宁夏、内蒙古、新疆、西藏等省、自治区，由于湿度偏低，用水量可根据实际情况增加。
4. 本章定额中凡列有洒水汽车的子目，均按5km范围内洒水汽车在水源处自吸水编制，不计水费。如工地附近无天然水源可利用，必须采用供水部门供水(如自来水)时，可根据定额子目中洒水汽车的台班数量，按每台班35m³计算定额用水量，乘以供水部门规定的水价增收水费。洒水汽车取水的平均运距超过5km时，可按路基工程的洒水汽车洒水定额中的增运定额增加洒水汽车的台班消耗，但增加的洒水汽车台班消耗量不得再计水费。
5. 本章定额中的水泥混凝土除摊铺机铺筑水泥混凝土路面及碾压混凝土路面外，均已包括其拌和的费用，使用定额时不得再另行计算。
6. 压路机台班按行驶速度进行编制；两轮光轮压路机为2.0km/h、三轮光轮压路机为2.5km/h、轮胎式压路机为5.0km/h、振动压路机为3.0km/h。如设计为单车道路面宽度时，两轮光轮压路机乘以系数1.14、三轮光轮压路机乘以系数1.33、轮胎式压路机和振动压路机乘以系数1.29。
7. 自卸汽车运输稳定土混合料、沥青混合料和水泥混凝土定额项目，仅适用于平均运距在15km以内的混合料运输，当运距超过第一个定额运输单位时，其运距尾数不足一个增运定额单位的半数时不计，等于或超过半数时按一个增运定额运距单位计算。当平均运距超过15km时，应按市场运价计其运输费用 |

续上表

路面基层及垫层	基本规定	1. 各类垫层、级配碎石、级配砾石基层的压实厚度在15cm以内，填隙碎石一层的压实厚度在12cm以内，各类稳定土基层、其他种类的基层和底基层压实厚度在20cm以内，拖拉机、平地机、摊铺机和压路机的台班消耗按定额数量计算。如超过上述压实厚度进行分层拌和、摊铺、碾压时，拖拉机、平地机、摊铺机和压路机的台班消耗按定额数量加倍计算，每1000m²增加1.5个工日。 2. 各类稳定土基层定额中的材料消耗系按一定配合比编制的，当设计配合比与定额标明的配合比不同时，有关材料须进行换算。 3. 人工沿路翻拌和筛拌稳定土混合料定额中均已包括土的过筛工消耗，因此，土的预算价格中不应再计算过筛费用。 4. 本节定额中土的预算价格，按材料采集及加工和材料运输定额中的有关项目计算。 5. 各类稳定土基层定额中的碎石土、砂砾土系指天然碎石土和天然砂砾土。 6. 各类稳定土底基层采用稳定土基层定额时，每1000m²路面减少18~21t光轮压路机0.14台班
路面面层	基本规定	1. 泥结碎石、级配碎石、级配砾石、天然砂砾、粒料改善土壤路面面层的压实厚度在15cm以内，拖拉机、平地机和压路机的台班消耗按定额台数计算。如超过上述压实厚度且需进行分层拌和、碾压时，拖拉机、平地机和压路机的台班消耗按定额数量加倍计算，每1000m²增加1.5个工日。 2. 泥结碎石及级配碎石、级配砾石面层定额中，均未包括磨耗层和保护层，需要时应按磨耗层和保护层定额另行计算。 3. 沥青表面处治路面、沥青贯入式路面和沥青上拌下贯式路面的下贯层以及透层、黏层、封层定额中已计入热化、熬制沥青用的锅、灶等设备费用，使用定额时，不得另行计算。 4. 沥青碎石混合料、沥青混凝土和沥青碎石玛琋脂混合料路面定额中，均已包括混合料拌和、运输、摊铺作业时的损耗因素，路面实体按路面面积乘以压实厚度计算。 5. 沥青路面定额中均未包括透层、黏层和封层，需要时可按有关定额另行计算。 6. 沥青路面定额中的乳化沥青和改性沥青均按外购成品料进行编制。当在现场自行配制时，其配制费用计入材料预算价格中。 7. 当沥青玛琋脂碎石混合料设计采用的纤维稳定剂的掺加比例与定额不同时，可按设计用量调整定额中纤维稳定剂的消耗。 8. 沥青路面定额中，均未考虑为保证石料与沥青的黏附性而采用的抗剥离措施的费用，需要时，应根据石料的性质，按设计提出的抗剥离措施计算其费用。 9. 在冬五区、冬六区采用层铺法施工沥青路面时，其沥青用量可按定额用量乘以下列系数。沥青表面处治：1.05；沥青贯入式基层：1.02，面层：1.028；沥青上拌下贯下贯部分：1.043。 10. 路面工程定额是按一定的油石比编制的。当设计采用的油石比与定额不同时，可按设计油石比调整定额中的沥青用量
路面附属工程	基本规定	1. 挖除旧路面除铣刨沥青混凝土路面除按设计提出的需要挖除的旧路面面积计算外，其他均按设计提出的需要挖除的旧路面体积计算。整体挖除旧路面定额适用于自上而下整体挖除沥青混合料路面面层、稳定土（粒料类）基层、垫层或挖除沥青混合料路面面层、稳定土（粒料类）基层。挖除水泥混凝土路面的基层和垫层或仅挖除基层时按本定额乘以0.85的系数进行计算；挖除砂石路面时按本定额乘以0.75的系数进行计算。 2. 硬路肩工程项目，根据其不同设计层次结构，分别采用不同的路面定额项目进行计算。 3. 铺砌水泥混凝土预制块人行道、路缘石、沥青路面镶边和土硬路肩加固定额中，均已包括水泥混凝土预制块的预制，使用定额时不得另行计算

代 表 题 型

【案例一】 某高速公路沥青路面项目，路线长36km，行车道宽22m，沥青混凝土厚度

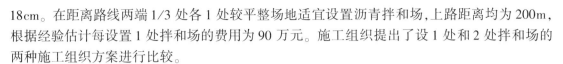

18cm。在距离路线两端1/3处各1处较平整场地适宜设置沥青拌和场,上路距离均为200m,根据经验估计每设置1处拌和场的费用为90万元。施工组织提出了设1处和2拌和场的两种施工组织方案进行比较。

问题

假设施工时工料机价格水平与定额基价一致,请从经济角度出发,选择费用较省的施工组织方案。

解题思路

本案例主要考核关于混合料平均运距的计算。一般以拌和站为运料起点,计算混合料的加权平均运距。

参考答案

(1)混合料综合平均运距计算。

设置1处拌和场:

拌和场设置在路线1/3处,距路线起终点分别为12km和24km,平均运距分别为6km和12km,其混合料综合平均运距为:

$(12 \times 6 + 24 \times 12) \div 36 + 0.2 = 10.2 (\text{km})$

设置2处拌和场:

拌和场设置在距离路线两端1/3处,两个拌和场供料范围均为18km,每个拌和场距其供料路段的起终点分别为12km和6km,平均运距分别为6km和3km,其混合料综合平均运距为:

$(12 \times 6 + 6 \times 3) \div 18 + 0.2 = 5.2 (\text{km})$

(2)混合料运输费用计算。

混合料工程量 $= 0.18 \times 22 \times 36000 = 142560 (\text{m}^3)$

设置1处拌和场混合料运输费用:

$(6404 + 538 \times 18) \times 142560 \div 1000 = 2293505 (\text{元})$

设置2处拌和场时混合料运输费用:

$(6404 + 538 \times 8) \times 142560 \div 1000 = 1526532 (\text{元})$

(3)两方案的经济性比较。

设置1处拌和场时的综合费用:

$900000 + 2293505 = 3193505 (\text{元})$

设置2处拌和场时的费用:

$900000 + 1526532 + 900000 = 3326532 (\text{元})$

由于设置1处拌和场的综合费用低于设置2处拌和场的综合费用,从经济角度出发,推荐设置1处拌和场的施工组织方案。

【案例二】 ××公路工程采用沥青混凝土路面,施工图设计的路面面层厚度为18cm(4cm细粒式+6cm中粒式+8cm粗粒式)沥青混凝土混合料。其中某合同段路线长度25km,面层数量为610350m²,在施工过程中,由于某种原因造成中面层施工结束后相隔较长的时间才铺季节性上面层,需做封层处理。根据施工组织设计资料,在距路线起点6km、终点8km处各有一块比较平坦的场地,且与路线紧邻,各设置1座沥青混凝土拌和站。施工工期为5个月。拌和站征地费用不考虑。假定拌和设备安装、拆除时间按一个月计算,拌和设备利用率按 0.85 考虑,每天工作时间按 10h 计,每月有效工作时间按 25d 计算。

问题

请根据上述资料列出本合同段中路面工程造价所涉及的相关定额的名称、单位、定额代号、数量等内容,并填入表格,需要时应列式计算或文字说明。

解题思路

(1)本案例主要考核关于沥青混凝土路面有关工程量的计算及定额的运用。

(2)根据路面工程定额说明,沥青路面定额中均未包括透层、黏层和封层,需要时可按有关定额另行计算。

①透层是洒铺在基层上,本案例中没有给出路面基层的面积,透层工程量一般按比路面面层每侧宽 25~50cm 计算。

②为了更好地黏结沥青各层,按现行路面设计规范要求,沥青路面层间需洒布黏层油,黏层按一层计算。

(3)混合料综合平均运距的计算,一般以拌和站为运料起点,计算混合料的加权平均运距。

参考答案

(1)沥青路面工程量的计算:

①沥青透层数量:$610350 + 25000 \times 0.5 \times 2 = 635350 (m^2)$

②沥青封层数量:$610350 + 25000 \times 0.5 \times 2 = 635350 (m^2)$

③细粒式沥青混凝土数量:$610350 \times 0.04 = 24414 (m^3)$

④中粒式沥青混凝土数量:$610350 \times 0.06 = 36621 (m^3)$

⑤粗粒式沥青混凝土数量:$610350 \times 0.08 = 48828 (m^3)$

⑥沥青混凝土总数量:$610350 \times 0.18 = 109863 (m^3)$

(2)面层混合料拌和设备生产能力计算:

沥青路面混合料拌和设备 2 座,沥青混凝土混合料压实干密度按《公路工程预算定额》(JTG/T 3832—2018)下册附录一路面材料计算基础数据表中相关干密度计算,沥青混合料的场内运输操作损耗为 2%,则混合料拌和设备的需要数量为:

$(24414 \times 2.363 + 36621 \times 2.37 + 48828 \times 2.377) \times (1 + 2\%) \div [2 \times 25 \times (5 - 1) \times 10 \times 0.85] = 156.33 (t/h)$

沥青混合料拌和设备生产能力应不小于 160t/h。

(3)面层混合料综合平均运距:

根据施工工期安排和工程数量,沿线按设沥青混合料拌和站 2 处考虑,每处分别安设 1 台生产能力为 160t/h 沥青拌和设备,其混合料综合平均运距为:

$[6 \div 2 \times 6 + (12.5 - 6) \div 2 \times (12.5 - 6) + 8 \div 2 \times 8 + (12.5 - 8) \div 2 \times (12.5 - 8)] \div 25 = 3.25 (km)$

按 3.5km 计算。

本合同段路面工程相关定额内容见下表。

序号	工程细目	定额代号	单位	数量	定额调整或系数
1	半刚性基层石油沥青透层	2-2-16-3	1000m²	635.35	
2	石油沥青下封层	2-2-16-13	1000m²	635.35	
3	细粒式沥青混凝土拌和(160t/h)	2-2-11-18	1000m³	24.414	
4	中粒式沥青混凝土拌和(160t/h)	2-2-11-11	1000m³	36.621	
5	粗粒式沥青混凝土拌和(160t/h)	2-2-11-4	1000m³	48.828	
6	15t自卸汽车运沥青混合料第一个1km	2-2-13-7	1000m³	109.863	
7	15t自卸汽车运沥青混合料每增运0.5km	2-2-13-8	1000m³	109.863	定额×5
8	机械摊铺细粒式沥青混凝土混合料(160t/h)	2-2-14-44	1000m³	24.414	
9	机械摊铺中粒式沥青混凝土混合料(160t/h)	2-2-14-43	1000m³	36.621	
10	机械摊铺粗粒式沥青混凝土混合料(160t/h)	2-2-14-42	1000m³	48.828	
11	石油沥青黏层	2-2-16-5	1000m²	610.35	
12	沥青混合料拌和设备安装拆除(160t/h)	2-2-15-4	1座	2	

【案例三】 ××公路采用沥青混凝土路面。施工图设计路面基层为36cm厚(5%)水泥稳定碎石,底基层为20cm厚(5:15:80)石灰粉煤灰稳定砂砾。其中某合同段路线长30km,基层数量为771780m²,底基层数量均为780780m²,要求采用集中拌和施工。根据施工组织设计资料,在距路线两端1/3处各有一块比较平坦的场地,上路距离均为200m,底基层与基层的施工工期计划为6个月,基层稳定土拌和设备生产能力为500t/h,拌和站征地费用不考虑。假定拌和设备安装、拆除时间按一个月计算,拌和设备利用率按0.85考虑,每天工作时间按10h计,每月有效工作时间按22d计算。

问题

请按不同的结构层分别列出本合同段路面工程造价所涉及的相关定额的名称、单位、定额代号、数量等内容,并填入表格中。需要时应列式计算。

解题思路

(1)本案例主要考核关于路面基层工程量的计算及定额的运用。

(2)按照基层混合料的基本施工工艺要求,基层混合料施工包括拌和、运输、铺筑,根据路面基层定额的规定,基层混合料拌和和铺筑的定额单位为1000m²,运输为1000m³。

(3)混合料平均运距的计算,一般以拌和站为运料起点,计算混合料的加权平均运距。

参考答案

(1)基层、底基层混合料拌和设备设置数量计算:

底基层体积:$780780 \times 0.2 = 156156 (m^3)$

基层体积:$771780 \times 0.36 = 277841 (m^3)$

根据《预算定额》附录一"路面材料计算基础数据表"得知,水泥稳定碎石的密度为2.3 t/m³,石灰粉煤灰稳定砂砾的密度为2.0t/m³,稳定土的场内运输及操作损耗为1%,故基层、底基层

混合料的质量为:

$156156 \times (1+1\%) \times 2 + 277841 \times (1+1\%) \times 2.3 = 960859.8(t)$

根据施工工期安排,要求在6个月内完成路面基层和底基层的施工,拌和设备生产能力为500t/h,每天工作时间为10h,每月有效工作时间为22d,设备利用率为0.85,拌和设备安装、拆除时间按1个月计算,则所需的拌和设备数量为:

$960859.8 \div [500 \times 10 \times 0.85 \times 22 \times (6-1)] = 1.81(台)$

应设置2台生产能力为500t/h的基层稳定土拌和设备,在距路线两端1/3处各设置1台。

(2)基层(底基层)混合料综合平均运距计算:

$[10 \div 2 \times 10 + (15-10) \div 2 \times (15-10)] \times 2 \div 30 + 0.2 = 4.37(km)$,按4.5km计算。

各工程细目的定额内容见下表。

序号	工程细目	定额代号	定额单位	定额数量	定额调整或系数
1	基层稳定土厂拌设备安装拆除(500t/h以内)	2-1-10-6	1座	2	
2	厂拌石灰粉煤灰砂砾(5:15:80)压实厚度20cm	2-1-7-29	1000m²	780.78	拌和设备调整为500t/h
3	15t以内自卸汽车运稳定土,第一个1km	2-1-8-7	1000m³	156.156	
4	15t以内自卸汽车运稳定土,每增运0.5km	2-1-8-8	1000m³	156.156	定额×7
5	12.5m以内摊铺机铺筑底基层混合料	2-1-9-12	1000m²	780.78	
6	厂拌水泥碎石稳定土(5%)压实厚度20cm	2-1-7-5	1000m²	771.78	拌和设备调整为500t/h
7	厂拌水泥碎石稳定土(5%)每增减1cm	2-1-7-6	1000m²	771.78	拌和设备调整为500t/h,定额×16
8	15t以内自卸汽车运稳定土第一个1km	2-1-8-7	1000m³	277.841	
9	15t以内自卸汽车运稳定土每增运0.5km	2-1-8-8	1000m³	277.841	定额×7
10	12.5m以内摊铺机铺筑基层混合料	2-1-9-11	1000m²	771.78	分层碾压,调整机械和人工的消耗量
11	稳定土厂拌设备安拆(500t/h以内)	2-1-10-6	1座	2	

注:各类稳定土基层、级配碎石、级配砾石基层的压实厚度在20cm以内,超过上述厚度应分层摊铺压实。进行分层拌和、摊铺、碾压时,拖拉机、平地机、摊铺机和压路机的台班消耗按定额数量加倍计算,每1000m²增加1.5个工日。

【案例四】 某三级公路沥青路面项目,路线长35km,路基宽8.5m,路面宽7m。路面结构:上面层为4cm中粒式沥青混凝土,下面层为5cm粗粒式沥青混凝土,基层为25cm水泥稳定砂砾(路拌),基层宽7.5m,垫层为20cm砂砾,设置10cm×10cm混凝土预制块沥青路面镶边(路面加宽、交叉口增加路面忽略,不考虑预制块的运输)。根据施工组织设计资料,在路线K15+000处有一块比较平坦的场地,且与路线紧邻。假定拌和设备安装、拆除可在基层施工期间提前安排,不占关键线路工期,路面面层施工工期为3个月。假定设置的沥青混合料拌和设备生产能力为160t/h,每天工作时间为8h,设备利用率为0.8,每月有效工作时间按25d考虑。拌和场占地费用不考虑。

第三章 交通运输工程计量与计价

问题

根据上述资料列出本项目路面工程造价所涉及的工程细目名称、定额代号、单位、工程数量等内容,并填入表格中。需要时应列式计算或文字说明。

解题思路

(1)本案例主要考核关于路面结构层工程量的计算及定额的运用。

(2)根据题目要求,基层宽度为7.5m,基层设计一般是1:1的坡度,可以算出基层的底宽为$7.5 + 2 \times 0.25 = 8.0$m,垫层一般比基层每边宽0.25m,则垫层的宽度为8.5m。

(3)要求对路面工程施工的相关工序较熟悉,确保不漏项。

参考答案

(1)路面工程数量的计算:

基层数量:$35000 \times 7.5 = 262500 (m^2)$

垫层数量:$35000 \times 8.5 = 297500 (m^2)$

透层数量:$35000 \times 7.5 = 262500 (m^2)$

黏层数量:$35000 \times 7.0 = 245000 (m^2)$

封层数量:$35000 \times 7.5 = 262500 (m^2)$

面层沥青混凝土数量的计算:

粗粒式:$35000 \times 7.0 \times 0.05 = 12250 (m^3)$

中粒式:$35000 \times 7.0 \times 0.04 = 9800 (m^3)$

沥青面层质量:$12250 \times 2.377 \times (1 + 2\%) + 9800 \times 2.37 \times (1 + 2\%) = 53391.14 (t)$

沥青路面镶边:$35000 \times 2 \times 0.1 \times 0.1 = 700 (m^3)$

(2)混合料拌和设备需要数量的计算:

根据题目中给定的条件,路面基层采用路拌法施工,不需要设置集中拌和设备,因此,仅需要设置面层沥青混合料拌和设备。

假定设置的拌和设备生产能力为160t/h,每天工作时间为8h,设备利用率为0.8,每月有效工作时间按25d考虑,拌和设备安装、拆除可在基层施工期间提前安排,不占关键线路工期,则:$53391.14 \div (160 \times 8 \times 0.8 \times 25) = 2.09$(月),设置1处拌和站,路面面层可以在3个月内完成施工。根据路面合理合同段划分的要求,本项目设置1台拌和设备是合适的。

(3)混合料综合平均运距:

本项目设置拌和站1处,根据施工组织设计资料,设置在路线K15+000处,其混合料综合平均运距为:$[15 \div 2 \times 15 + (35 - 15) \div 2 \times (35 - 15)] \div 35 = 8.93 (m)$,按9km考虑。

本项目的定额相关内容见下表。

序号	工程细目	定额代号	定额单位	定额数量	定额调整或系数
1	机械摊铺砂砾垫层,压实厚度15cm	2-1-1-12	1000m²	297.5	
2	机械摊铺砂砾垫层,每增减1cm	2-1-1-17	1000m²	297.5	定额×5
3	拖拉机带铧犁拌和水泥稳定砂砾,压实厚度20cm	2-1-2-5	1000m²	262.5	分层碾压,调整机械和人工的消耗量
4	拖拉机带铧犁拌和水泥稳定砂砾,每增减1cm	2-1-2-6	1000m²	262.5	定额×5

续上表

序号	工程细目	定额代号	定额单位	定额数量	定额调整或系数
5	半刚性基层石油沥青透层	2-2-16-3	1000m²	262.5	
6	石油沥青下封层	2-2-16-13	1000m²	262.5	
7	石油沥青黏层	2-2-16-5	1000m²	245	
8	粗粒式沥青混凝土混合料拌和(160t/h)	2-2-11-4	1000m³	12.25	
9	中粒式沥青混凝土混合料拌和(160t/h)	2-2-11-11	1000m³	9.8	
10	15t 以内自卸汽车运混合料,第一个 1km	2-2-13-7	1000m³	22.05	
11	15t 以内自卸汽车运混合料,每增运 0.5km	2-2-13-8	1000m³	22.05	定额×16
12	机械摊铺中粒式沥青混凝土混合料(160t/h)	2-2-14-43	1000m³	9.8	
13	机械摊铺粗粒式沥青混凝土混合料(160t/h)	2-2-14-42	1000m³	12.25	
14	沥青混合料拌和设备安装、拆除(160t/h 以内)	2-2-15-4	1座	1	
15	混凝土预制块预制、铺砌沥青路面镶边	2-3-4-1	10m³	70	

【案例五】 某高速公路沥青混凝土路面,其设计面层分别为上面层:5cm 厚细粒式;中面层:6cm 厚中粒式;下面层:7cm 厚粗粒式。该路段长 28km,除进口段里程 0~160m 路面平均宽度为 100m 外,其余路面宽均为 26m,拌和站设在该路段中间,距高速公路 1km 处(平丘区),施工工期为 6 个月,采用集中拌和自卸汽车运输、机械摊铺。假定设置的拌和设备型号为 240t/h,每天施工 8h,设备利用率为 0.85,拌和设备安装、拆除需 1 个月,每月有效工作时间按 22d 考虑。拌和场占地费用不考虑。

问题

请列出本路段路面工程所涉及的相关施工图预算定额名称、单位、定额代号、数量等内容填入表中,并列式计算工程量。

解题思路

(1)本案例主要考核关于路面基层工程量的计算及定额的运用。

(2)混合料平均运距的计算,一般以拌和站为运料起点,计算混合料的加权平均运距。

参考答案

(1)工程数量的计算。

①路面面积:$(28000-160) \times 26 + 160 \times 100 = 739840 (m^2)$

②各面层体积:

下面层(粗粒式):$739840 \times 0.07 = 51789 (m^3)$

中面层(中粒式):$739840 \times 0.06 = 44390 (m^3)$

上面层(细粒式):$739840 \times 0.05 = 36992 (m^3)$

合计:$51789 + 44390 + 36992 = 133171 (m^3)$

沥青混合料质量:$(51789 \times 2.377 + 44390 \times 2.37 + 36992 \times 2.363) \times (1 + 2\%) = 322033.2 (t)$

(2)混合料拌和设备需要数量的计算。

根据施工工期安排,要求在6个月内完成路面面层的施工,拌和设备的生产能力为240t/h,每天施工8h,设备利用率为0.85,拌和设备安装、拆除需1个月,每月有效工作时间按22d算,则需要的拌和设备数量为:

$322033.2 \div [240 \times 8 \times 0.85 \times 22 \times (6-1)] = 1.79$,应设置2台拌和设备。

(3)混合料综合平均运距。

①各段混合料数量:

a. $14000 \times 26 \times 0.18 = 65520(m^3)$

b. $(14000 - 160) \times 26 \times 0.18 = 64771(m^3)$

c. $160 \times 100 \times 0.18 = 2880(m^3)$

②各段中心运距:

对应于上述三段的中心运距分别为:

a. $14 \div 2 = 7(km)$

b. $(14 - 0.16) \div 2 = 6.92(km)$

c. $0.16 \div 2 + (14 - 0.16) = 13.92(km)$

③综合平均运距:

总运量:$65520 \times 7 + 64771 \times 6.92 + 2880 \times 13.92 = 946945(m^3 \cdot km)$

综合平均运距:$946945 \div 133171 = 7.11(km)$

根据题目中给定的条件,拌和站距高速公路有1km的便道,因此,路面沥青混合料的实际综合平均运距为:$7.11 + 1 = 8.11(km)$,根据定额中关于运距的规定,本项目应按8km计算。

(4)临时便道。

根据题目中给定的条件,拌和站设在距高速公路1km(平丘区)的位置,为保证施工的顺利和安全文明施工的要求,应考虑按临时便道路面和养护进行计算。各工程细目的定额相关内容见下表。

序号	工程细目	定额代号	定额单位	定额数量	定额调整或系数
1	半刚性基层石油沥青透层	2-2-16-3	1000m²	739.84	
2	石油沥青黏层	2-2-16-5	1000m²	739.84	2
3	粗粒式沥青混凝土混合料拌和(240t/h)	2-2-11-5	1000m³	51.789	
4	中粒式沥青混凝土混合料拌和(240t/h)	2-2-11-12	1000m³	44.390	
5	细粒式沥青混凝土混合料拌和(240t/h)	2-2-11-19	1000m³	36.992	
6	15t以内自卸汽车运沥青混合料,第一个1km	2-2-13-7	1000m³	133.171	
7	15t以内自卸汽车运沥青混合料,每增运0.5km	2-2-13-8	1000m³	133.171	定额×14
8	机械摊铺粗粒式沥青混凝土混合料(240t/h)	2-2-14-46	1000m³	51.789	
9	机械摊铺中粒式沥青混凝土混合料(240t/h)	2-2-14-47	1000m³	44.390	
10	机械摊铺细粒式沥青混凝土混合料(240t/h)	2-2-14-48	1000m³	36.992	
11	沥青混合料拌和设备安装、拆除(240t/h以内)	2-2-15-5	1座	2	

续上表

序号	工程细目	定额代号	定额单位	定额数量	定额调整或系数
12	汽车便道路基宽7m(平原微丘区)	7-1-1-1	1km	1	
13	临时汽车便道天然砂砾路面(压实厚15cm,宽6m)	7-1-1-5	1km	1	
14	汽车便道养护路基宽7m	7-1-1-7	km·月	1×5	

注:自卸汽车用12t、20t以内均可。

【案例六】 某高速公路沥青路面项目,路线长40km,行车道宽22m,沥青混凝土路面厚度为18cm。结构层设计为4cm厚的SMA路面,6cm厚的中粒式沥青混凝土,8cm厚的粗粒式沥青混凝土。要求采用集中拌和施工,施工工期为5个月。在施工过程中,由于某种原因造成中面层施工结束后相隔一段时间才铺筑上面层。在路线范围外有两处较平整场地(A和B)适宜设置沥青拌和站,A距上路点距离为1.4km,上路点桩号为K12+000,B距上路点距离为0.4km,上路点桩号为K30+000,具体见下图。根据经验估计每设置一处拌和场的费用为90万元。施工组织提出了设一处和两处拌和场的两种施工组织方案。

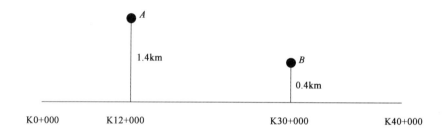

问题

1. 假设施工时工料机价格水平与定额基价一致,采用15t以内自卸汽车,请从经济角度出发,选择费用较省的施工组织方案。

2. 在费用较省的施工组织方案基础上,按不同结构层次分别列出本项目路面工程造价所涉及的相关定额的名称、单位、定额代号、数量等内容,并填入表格中,需要时应列式计算。

解题思路

(1)本案例主要考核关于沥青混凝土路面有关工程量的计算及定额的运用。

(2)根据路面工程定额节说明的规定,沥青路面定额中均未包括透层、黏层和封层,需要时可按有关定额另行计算。

①透层是洒铺在基层上,本案例中没有给出路面基层的面积,透层工程量一般按比路面面层每侧宽25~50cm计算。

②为了更好地黏结沥青各层,按现行路面设计规范要求,沥青路面层间需洒布黏层油,黏层按一层计算。

③拌和设备需要的台数计算,根据选择的拌和设备生产能力计算,一般情况下可做如下考虑,即拌和设备安装、拆除按1个月计算,设备利用率按0.85左右计算,每天工作时间按10h左右计算,每月生产时间按25d左右计算。

(3)混合料平均运距的计算,一般以拌和站为运料起点,计算混合料的加权平均运距。

参考答案

问题1:

(1)平均运距计算:

①设置一处拌和场:

在 A 处设置拌和场。其上路点距路线起终点分别为12km 和28km,平均运距分别为6km 和14km,其混合料综合平均运距为:

$(12 \times 6 + 28 \times 14) \div 40 + 1.4 = 13(km)$

在 B 处设置拌和场。其上路点距路线起终点分别为30km 和10km,平均运距分别为15km 和5km,其混合料综合平均运距为:

$(30 \times 15 + 10 \times 5) \div 40 + 0.4 = 12.9(km)$

若设置一处拌和场,应选择 B 处设置。

②设置两处拌和场:

设置两处拌和场,两个拌和场供料范围均为:

$(40 - 12 - 10 + 1.4 + 0.4) \div 2 = 9.9(km)$

A 拌和站供料范围为:$9.9 - 1.4 = 8.5(km)$,$12 + 8.5 = 20.5(km)$,即其供料范围为 K0+000 ~ K20+500。

B 拌和站供料范围为:$9.9 - 0.4 = 9.5(km)$,$9.5 + 10 = 19.5(km)$,即其供料范围为 K20+500 ~ K40+000。

A 拌和站的平均运距为7.4km 和5.65km,B 拌和站的平均运距为5.15km 和5.4km,其混合料综合平均运距为:

$(7.4 \times 12 + 5.65 \times 8.5 + 5.15 \times 9.5 + 10 \times 5.4) \div 40 = 5.99 \approx 6(km)$

(2)设一处拌和站和两处拌和站的经济比较:

①混合料运输费用计算:

沥青混合料工程量 $= 0.18 \times 22 \times 40000 = 158400(m^3)$

根据"[2-2-13-7]15t 以内自卸汽车运沥青混合料,第一个1km""[2-2-13-8]15t 以内自卸汽车运沥青混合料,每增运0.5km"定额可得:

设置一处拌和场混合料运输费用为:

$(6404 + 538 \times 24) \times 158400 \div 1000 = 3059654.4(元)$

设置两处拌和场时混合料运输费用为:

$(6404 + 538 \times 10) \times 158400 \div 1000 = 1866585.6(元)$

②两方案的经济性比较:

设置一处拌和场时的综合费用为:

$900000 + 3059654.4 = 3959654.4(元)$

设置两处拌和场时的费用为:

$900000 + 1866585.5 + 900000 = 3666585.6(元)$

由于设置一处拌和场的综合费用高于设置两处拌和场的综合费用,从经济角度出发,推荐设置两处拌和场的施工组织方案。

问题2：

(1)路面面积的计算：

路面透层：$(22+1) \times 40000 = 920000 (m^2)$ 或 $(22+0.5) \times 40000 = 900000 (m^2)$

数量在 $900000 \sim 920000 m^2$ 均为正确。

路面黏层：$22 \times 40000 = 880000 (m^2)$

(2)面层混合料拌和设备数量计算：

沥青路面混合料拌和设备按160t/h的考虑，沥青拌和设备利用系数按0.85考虑，拌和设备每天的工作时间按10h计算，施工工期为5个月，工作时间按4个月考虑，拌和设备安装、拆除按1个月，每月有效工作时间按22天计算。沥青混凝土混合料压实干密度按《公路工程预算定额》(JTG/T 3832—2018)下册附录一路面材料计算基础数据表中相关干密度计算。则混合料拌和设备的需要量为：

$40000 \times 22 \times (0.04 \times 2.365 + 0.06 \times 2.37 + 0.08 \times 2.377) \div 160 \div 22 \div (5-1) \div 10 \div 0.85 = 3.14$(台)

按设置4台拌和设备考虑，每处场地设置2台拌和设备。

相关定额内容见下表。

序号	工程细目	定额代号	单 位	数 量	定额调整或系数
1	半刚性石油沥青透层	2-2-16-3	1000m²	920	
2	粗粒式沥青混凝土混合料拌和(160t/h)	2-2-11-4	1000m³	70.4	
3	中粒式沥青混凝土混合料拌和(160t/h)	2-2-11-11	1000m³	52.8	
4	改性沥青玛琋脂碎石混合料拌和(160t/h)	2-2-12-2	1000m³	35.2	
5	15t自行汽车运沥青混合料，第一个1km	2-2-13-7	1000m³	158.4	
6	15t自行汽车运沥青混合料，每增运0.5km	2-2-13-8	1000m³	158.4	定额×10
7	机械摊铺粗粒式沥青混凝土混合料(160t/h)	2-2-14-42	1000m³	70.4	
8	机械摊铺中粒式沥青混凝土混合料(160t/h)	2-2-14-43	1000m³	52.8	
9	机械摊铺细粒式沥青混凝土混合料(160t/h)	2-2-14-44	1000m³	35.2	
10	石油沥青黏层	2-2-16-5	1000m²	880	
11	沥青混合料拌和设备安装、拆除(160t/h以内)	2-2-15-4	1座	4	

【案例七】 ××公路路面工程×合同段，路面宽度24.5m，长度1km。路面工程内容包括：28cm水泥混凝土面层，36cm厚4.5%水泥稳定碎石基层(基层每侧比面层宽30cm)，12cm碎石垫层(垫层每侧比基层每侧宽50cm)。土路肩每侧75cm宽，采用现浇混凝土加固，加固厚度为10cm。

问题

1.假定混凝土路面采用商品混凝土浇筑，出厂价(含税价，增值税率3%)为400元/m³，则不含税的价格为多少？

2.补充路面工程量清单，需要时应列式计算或文字说明。

3.在路面工程的清单子目下套取定额。

第三章 交通运输工程计量与计价

子目号	子目名称	单位	数量
302-1	碎石垫层		
-a	厚120mm		
304-3	水泥稳定土基层		
-a	厚360mm,4.5%水泥稳定碎石		
312-1	水泥混凝土面板		
-a	厚280mm,C30商品混凝土		
313-3	现浇混凝土加固土路肩		

解题思路

(1) 本案例主要考核营业税改征增值税后,材料预算价格"价税分离"计价规则的计算;

(2) 对《公路工程标准施工招标文件》(2018年版)"工程量清单计量规则"及根据工程量套用定额及费率的把握和理解。

参考答案

问题1：

商品混凝土不含税的价格：

$400 \div (1 + 3\%) = 388.35 (元/m^3)$

问题2：

路面工程量的计算：

水泥混凝土面层体积：$24.5 \times 1000 \times 0.28 = 6860 (m^3)$

水稳基层面积：$(24.5 + 0.3 \times 2) \times 1000 = 25100 (m^2)$

碎石垫层面积：$(24.5 + 0.3 \times 2 + 0.5 \times 2) \times 1000 = 26100 (m^2)$

混凝土加固土路肩：$0.75 \times 2 \times 1000 \times 0.1 = 150 (m^3)$

路面清单详见下表。

子目号	子目名称	单位	数量
302-1	碎石垫层		
-a	厚120mm	m²	26500
304-3	水泥稳定土基层		
-a	厚360mm,4.5%水泥稳定碎石	m²	25500
312-1	水泥混凝土面板		
-a	厚280mm,C30商品混凝土	m³	6860
313-3	现浇混凝土加固土路肩	m³	150

问题3：

路面工程清单子目定额套取详见下表。

子目号	子目名称	单位	数量	定额调整或系数
302-1	碎石垫层			
-a	厚120mm	m²	26500	
2-1-1-15	机械铺碎石垫层,压实厚度15cm	1000m²	26.5	
2-1-1-20	机械铺碎石垫层,每增减1cm	1000m²	26.5	定额×(-3)

续上表

子目号	子目名称	单位	数量	定额调整或系数
304-3	水泥稳定土基层			
-a	厚360mm,4.5%水泥稳定碎石	m²	25100	
2-1-7-5	厂拌水泥稳定碎石基层(水泥剂量5%,压实厚度20cm)	1000m²	25.1	碎石:水泥=95.5:4.5
2-1-7-6	厂拌水泥稳定碎石基层(水泥剂量5%,每增减1cm)	1000m²	25.1	碎石:水泥=95.5:4.5;定额×16
2-1-8-7	15t以内自卸汽车运厂拌基层混合料,第1个km	1000m³	9.036	
2-1-9-11	宽度12.5m以内摊铺机铺筑基层	1000m²	25.1	分层碾压,调整设备和人工的消耗量
312-1	水泥混凝土面板			
-a	厚280mm,C30商品混凝土	m³	6860	
2-2-17-3	摊铺机铺筑混凝土路面,厚度20cm	1000m²	24.5	"普C30"换"商C30";定额取费调整为"构造物Ⅲ"
2-2-17-4	摊铺机铺筑混凝土路面,每增减1cm	1000m²	24.5	"普C30"换"商C30";定额取费调整为"构造物Ⅲ";定额×8
313-3	现浇混凝土加固土路肩	m³	150	
2-3-5-1	现浇混凝土加固土路肩	10m³	15	

(六)隧道工程定额应用

考核要求	备考建议
1.隧道工程开挖、出渣、支护、衬砌工程量的计算。 2.隧道工程开挖、出渣、支护、衬砌定额的应用要点。 3.非瓦斯隧道和瓦斯隧道预算的编制	此部分内容主要考核隧道工程开挖、出渣、支护、衬砌工程量的计算及定额运用,以及隧道工程洞门、辅助坑道、瓦斯隧道的工程量计算及定额的应用

知识点集成

知识点6:隧道工程定额应用的基础知识

基本规定	第三章 隧道工程 章说明 本章定额包括按钻爆法施工的开挖、支护、防排水、衬砌、装饰、洞门、辅助坑道以及瓦斯隧道等项目。隧道开挖定额按照一般凿岩机钻爆法施工的开挖方法进行编制
基本规定	1.本章定额按现行隧道设计、施工技术规范将围岩分为六级,即Ⅰ级~Ⅵ级。 2.本章混凝土工程均未考虑拌和的费用,应按桥涵工程相关定额另行计算。 3.本章开挖定额中已综合考虑超挖及预留变形因素。 4.洞内出渣运输定额已综合洞门外500m运距,当洞门外运距超过此运距时,可按照路基工程自卸汽车运输土石方的增运定额加计增运部分的费用。 5.本章定额中均未包括混凝土及预制块的运输,需要时应有关定额另行计算。 6.本章定额未考虑地震、坍塌、溶洞及大量地下水处理,以及其他特殊情况所需的费用,需要时可根据实际另行计算。 7.隧道工程项目采用其他章节定额的规定: (1)洞门挖基、仰坡及天沟开挖、明洞明挖土石方等,应使用其他章节有关定额计算。 (2)洞内工程项目如需采用其他章节定额,所采用定额的人工工日、机械台班数量及小型机具使用费应乘系数1.26

续上表

洞身工程	第一节　说明 1. 本节定额人工开挖、机械开挖轻轨斗车运输项目系按上导洞、扩大、马口开挖编制的,也综合了下导洞扇形扩大开挖方法,并综合了木支撑和出渣、通风及临时管线的工料机消耗。 2. 本节定额正洞机械开挖自卸汽车运输定额系按开挖、出渣运输分别编制,不分工程部位(即拱部、边墙、仰拱、底板、沟槽、洞室)均使用本定额。施工通风及高压风水管和照明电线路单独编制定额项目。 3. 本节定额连拱隧道中导洞、侧导洞开挖和中隔墙衬砌是按连拱隧道施工方法编制的,除此以外其他部位的开挖、衬砌、支护可套用本节其他定额。 4. 格栅钢架和型钢钢架均按永久性支护编制,如作为临时支护使用,应按规定计取回收。 5. 喷射混凝土定额中已综合考虑混凝土的回弹量;钢纤维混凝土中钢纤维掺入量按喷射混凝土质量的3%掺入。当设计采用的钢纤维掺入量与本定额不同或采用其他材料时,可进行抽换。 6. 洞身衬砌项目按现浇混凝土衬砌、石料、混凝土预制块衬砌分别编制,定额已综合考虑超挖回填因素,当设计采用的混凝土强度等级与定额采用的不同或采用特殊混凝土时,可根据具体情况对混凝土配合比进行抽换。 7. 本节定额中凡是按不同隧道长度编制的项目,均只编制在隧道长度为5000m以内。当隧道长度超过5000m时,应按以下规定计算。 (1)洞身开挖:以隧道长度5000m以内定额为基础,与隧道长度5000m以上每增加1000m定额叠加使用。 (2)正洞出渣运输:通过隧道进出口开挖正洞,以换算隧道长度套用相应的出渣定额计算。换算隧道长度的计算公式为: 　　　　换算隧道长度 = 全隧长度 - 通过辅助坑道开挖正洞的长度 当换算隧道长度超过5000m时,以隧道长度5000m以内定额为基础,与隧道长度5000m以上每增加1000m定额叠加使用。通过斜井开挖正洞,出渣运输按正洞和斜井两段分别计算,两者叠加使用。 (3)通风、管线路定额,按正洞隧道长度综合编制。当隧道长度超过5000m时,以隧道长度5000m以内定额为基础,与隧道长度5000m以上每增加1000m定额叠加使用。 8. 混凝土运输应按桥涵工程有关定额计算。 9. 洞内排水定额仅适用于反坡排水的情况,排水量按10m³/h以内编制,超过此排水量时,抽水机台班按下表调整。 | 涌水量(m³/h) | 10以内 | 15以内 | 20以内 | 50以内 | 100以内 | 150以内 | 200以内 | |---|---|---|---|---|---|---|---| | 调整系数 | 1 | 1.2 | 1.35 | 1.7 | 2 | 2.18 | 2.3 | 注:当排水量超过10m³/h时,根据采取治水措施后的排水量采用上表系数调整。 10. 正洞内排水系按全隧道长度综合编制,当隧道长度超过5000m时,以隧道长度5000m以内定额为基础,与隧道长度5000m以上每增加1000m定额叠加使用
洞身工程量计算规则	1. 本章定额所指隧道长度均指隧道进出口(不含与隧道相连的明洞)洞门端墙墙面之间的距离,即两端端墙面与路面的交线同路线中线交点间的距离。双线隧道按上、下行隧道长度的平均值计算。 2. 洞身开挖、出渣工程量按设计断面数量(成洞断面加衬砌断面)计算,包含洞身及所有附属洞室的数量,定额中已考虑超挖因素,不得将超挖数量计入工程量。 3. 现浇混凝土衬砌中浇筑、运输的工程数量均按设计断面衬砌数量计算,包含洞身及所有附属洞室的衬砌数量。定额中已综合因超挖及预留变形需回填的混凝土数量,不得将上述因素的工程量计入计价工程量中。 4. 防水板、明洞防水层的工程数量按设计敷设面积计算。 5. 止水带(条)、盲沟、透水管的工程数量,均按设计数量计算。 6. 拱顶压浆的工程数量按设计数量计算,无设计时可按每延米0.25m³综合考虑。 7. 喷射混凝土的工程量按设计厚度乘以喷射面积计算,喷射面积按设计外轮廓线计算。 8. 砂浆锚杆工程量为锚杆、垫板及螺母等材料质量之和;中空注浆锚杆、自进式锚杆的工程量按锚杆设计长度计算。 9. 格栅钢架、型钢钢架、连接钢筋工程数量按钢架的设计质量计算。 10. 管棚、小导管的工程量按设计钢管长度计算,当管径与定额不同时,可调整定额中钢管的消耗量。 11. 横向塑料排水管按每侧隧道设计的铺设长度计算;纵向弹簧管按隧道纵向每侧铺设长度之和计算;环向盲沟按隧道横断面敷设长度计算。 12. 正洞高压风水管、照明、电线路的工程量按隧道设计长度计算

续上表

洞门工程	第二节 说明 1. 隧道和明洞洞门，均采用本节定额。 2. 洞门墙工程量为主墙和翼墙等圬工体积之和。仰坡、截水沟等应按有关定额另行计算。 3. 本节定额的工程量均按设计工程数量计算
辅助坑道	第三节 说明 1. 斜井项目按开挖、出渣、通风及管线线路分别编制，竖井项目定额中已综合了出渣、通风及管线线路。 2. 斜井相关定额项目是按斜井长度1500m以内综合编制的，其中已含斜井建成后通过斜井进行正洞作业时的斜井内通风及管线线路的摊销部分。 3. 斜井支护按正洞相关定额计算。 4. 工程量计算规则： （1）开挖、出渣工程量按设计断面数量（成洞断面加衬砌断面）计算，定额中已考虑超挖因素，不得将超挖数量计入工程量。 （2）现浇混凝土衬砌工程数量均按设计断面衬砌数量计算。 （3）喷射混凝土工程量按设计厚度乘以喷射面积计算，喷射面积按设计外轮廓线计算。 （4）锚杆工程量为锚杆、垫板及螺母等材料质量之和。 （5）斜井洞内通风、风水管照明及管线路的工程量按斜井设计长度计算
瓦斯隧道	第四节 说明 1. 本节瓦斯隧道包括瓦斯隧道超前探测钻孔、瓦斯排放钻孔、瓦斯隧道正洞机械开挖、瓦斯隧道现浇混凝土衬砌、瓦斯隧道正洞通风、瓦斯隧道施工监测监控系统等项目。 2. 格栅钢架和型钢钢架均按永久性支护编制，如作为临时支护使用，应按规定计取回收。 3. 喷射混凝土定额分为气密性混凝土和钢纤维混凝土，定额中综合考虑混凝土的回弹量。气密性混凝土考虑了气密剂费用，气密剂掺量按水泥用量的7%掺入，钢纤维混凝土中钢纤维掺入量按喷射混凝土质量的3%掺入。当设计采用的气密剂、钢纤维掺入量与本章定额不同或采用其他材料时，可进行抽换。 4. 洞身衬砌项目按现浇混凝土衬砌编制，定额中已综合考虑超挖回填因素，当设计采用的混凝土强度等级与定额采用的不符或采用特殊混凝土时，可根据具体情况对混凝土配合比进行抽换。 5. 本章定额中凡是按不同隧道长度编制的项目，均只编制到隧道长度在5000m以内。当隧道长度超过5000m时，应按以下规定计算： （1）洞身开挖：以隧道长度5000m以内定额为基础，与隧道长度5000m以上每增加1000m定额叠加使用。 （2）正洞出渣运输：通过隧道进出口开挖正洞，以换算隧道长度套用相应的出渣定额计算。换算隧道长度的计算公式为： 换算隧道长度 = 全隧长度 − 通过辅助坑道开挖正洞的长度 当换算隧道长度超过5000m时，隧道长度5000m以内定额为基础，与隧道长度5000m以上每增加1000m定额叠加使用。 （3）通风、管线路定额，按正洞隧道长度综合编制；当隧道长度超过5000m时，以隧道长度5000m以内定额为基础，与隧道长度5000m以上每增加1000m定额叠加使用。 6. 瓦斯隧道采用对向平行施工时，套用本节定额，隧道长度按单向施工长度计；若仅有单向为瓦斯隧道，则瓦斯隧道一侧套用本节定额，另一侧套用本章第一节相应定额。 7. 本节未包括的其他内容，套用《公路工程预算定额》(JTG/T 3832—2018)第三章隧道工程相应定额

代 表 题 型

【案例一】 某单洞隧道（含进出口各接长20m明洞）长7000m，洞身设计开挖断面积为180m²，其中通过斜井开挖正洞长1800m，坡度为10°，Ⅳ级围岩占70%，Ⅲ级围岩占30%，洞外出渣1300m。

问题

请计算该隧道正洞开挖及出渣的工程量，并在表中填写预算定额工程细目名称、单位、定额代号、数量及调整系数。

解题思路

(1)本案例主要考核关于隧道开挖、出渣的工程量的计算及定额的运用。

(2)根据隧道工程定额的规定,开挖、出渣工程量按设计断面数量(成洞断面加衬砌断面)计算,定额中已考虑超挖因素,不得将超挖数量计入工程量。

(3)通过隧道进出口开挖正洞,以换算隧道长度套用相应的出渣定额计算。换算隧道长度的计算公式为:

$$换算隧道长度 = 全隧长度 - 通过辅助坑道开挖正洞的长度$$

(4)洞内出渣运输定额已综合洞门外500m运距,当洞门外运距超过此运距时,可按照路基工程自卸汽车运输土石方的增运定额加计增运部分的费用。

(5)通风、管线路定额,按正洞隧道长度综合编制。当隧道长度超过5000m时,以隧道长度5000m以内定额为基础,与隧道长度5000m以上每增加1000m定额叠加使用。

(6)通过斜井开挖正洞,出渣运输按正洞和斜井两段分别计算,两者叠加使用。

参考答案

(1)工程量计算:

正洞开挖长度:$7000 - 20 \times 2 = 6960(m)$,隧道长度为7000m以内。

Ⅲ级围岩开挖总工程量:$6960 \times 180 \times 30\% = 375840(m^3)$

Ⅳ级围岩开挖总工程量:$6960 \times 180 \times 70\% = 876960(m^3)$

通过正洞出渣开挖长:$6960 - 1800 = 5160(m)$

通过正洞出渣换算隧道长度:$6960 - 1800 = 5160(m)$

通过正洞出渣工程量:

Ⅲ级围岩:$5160 \times 180 \times 30\% = 278640(m^3)$

Ⅳ级围岩:$5160 \times 180 \times 70\% = 650160(m^3)$

斜井出渣工程量:

Ⅲ级围岩:$1800 \times 180 \times 30\% = 97200(m^3)$

Ⅳ级围岩:$1800 \times 180 \times 70\% = 226800(m^3)$

正洞通风:$6960(m)$

正洞高压风水管、照明、电线路:$6960(m)$

洞外洞渣运输距离:$1300 - 500 = 800(m)$,增加2个增运定额。

(2)隧道正洞开挖及出渣涉及的定额细目名称、单位、定额代号、数量及调整系数如下表所示。

序号	工程项目	定额代号	单位	数量	定额调整或系数
1	正洞开挖(Ⅲ级围岩)	3-1-3-27	100m³	3758.4	
2	正洞开挖(Ⅲ级围岩)	3-1-3-33	100m³	3758.4	×2
3	正洞开挖(Ⅳ级围岩)	3-1-3-28	100m³	8769.6	
4	正洞开挖(Ⅳ级围岩)	3-1-3-34	100m³	8769.6	×2

续上表

序号	工程项目	定额代号	单位	数量	定额调整或系数
5	通过正洞出渣(Ⅲ级围岩)	3-1-3-55	100m³	2786.4	
6	通过正洞出渣(Ⅲ级围岩)	3-1-3-58	100m³	2786.4	
7	通过正洞出渣(Ⅳ级围岩)	3-1-3-56	100m³	6501.6	
8	通过正洞出渣(Ⅳ级围岩)	3-1-3-59	100m³	6501.6	
9	斜井出渣(正洞)(Ⅲ级围岩)	3-1-3-46	100m³	972	
10	斜井出渣(斜井)(Ⅲ级围岩)	3-1-3-67	100m³	972	
11	斜井出渣(正洞)(Ⅳ级围岩)	3-1-3-47	100m³	2268	
12	斜井出渣(斜井)(Ⅳ级围岩)	3-1-3-68	100m³	2268	
13	洞外出渣运输(石、Ⅲ、Ⅳ级围岩)	1-1-11-26	1000m³	1234.8	×2
14	正洞通风	3-1-15-5	100m	69.6	
15	正洞通风	3-1-15-6	100m	69.6	×2
16	正洞高压风水管、照明、电线路	3-1-16-5	100m	69.6	
17	正洞高压风水管、照明、电线路	3-1-16-6	100m	69.6	×2

【案例二】 为保护生态环境,某公路施工图设计有一明洞工程,长51m,其主要工程量如下表。

隧道洞身开挖 (m³)	现浇拱墙		现浇拱部		回填碎石 (m³)	路面 (m²)	防水层 (m²)
	C25 混凝土 (m³)	HRB400 钢筋(t)	C25 混凝土 (m³)	HRB400 钢筋(t)			
8780	2500	103	1700	131	1959	1200	5400

已知:隧道断面面积为156m²,其中拱部面积为88m²。隧道洞身开挖中Ⅴ级围岩占90%,Ⅱ级围岩占10%,弃渣平均运距为3km;洞内路面设计为中粒式沥青混凝土,厚度为15cm,混合料平均运距为4km。

问题

请根据上述资料列出本隧道工程造价所涉及的相关定额的名称、单位、定额代号、数量等内容,并填入表格中,需要时应列式计算或文字说明(不考虑水泥混凝土和沥青拌和站安拆费用)。

解题思路

(1)本案例主要考核关于明洞工程的工程量的计算及定额的运用。

(2)隧道工程定额规定,混凝土工程均未考虑拌和的费用,应按桥涵工程相关定额另行计算。

(3)隧道工程定额规定。洞门挖基、仰坡及天沟开挖、明洞明挖土石方等,应使用其他章节有关定额计算。

(4)防水板、明洞防水层的工程数量按设计敷设面积计算。

参考答案

(1)工程量计算。

开挖数量计算:开挖土质:$8780 \times 0.9 = 7902 (m^3)$

开挖石质:$8780 \times 0.1 = 878 (m^3)$

路面沥青混凝土数量计算:$1200 \times 0.15 = 180 (m^3)$

(2)涉及的定额细目名称、单位、定额代号、数量及调整系数如下表所示。

序号	工程细目			定额代号	单位	数量	定额系数
1	开挖	土质	$2m^3$挖掘机挖装	1-1-9-8	$1000m^3$	7.902	
2			20t自卸汽车运输 第一个1km	1-1-11-11	$1000m^3$	7.902	
3			每增运0.5km	1-1-11-12	$1000m^3$	7.902	×4
4		石质	开炸石方	1-1-14-5	$1000m^3$	0.878	
5			$3m^3$装载机装	1-1-10-9	$1000m^3$	0.878	
6			20t自卸汽车运输 第一个1km	1-1-11-25	$1000m^3$	0.878	
7			每增运0.5km	1-1-11-26	$1000m^3$	0.878	×4
8	明洞修筑		混凝土	3-1-18-4	$10m^3$	420	
9			钢筋	3-1-18-5	1t	234	HRB400钢筋:1.025
10			混凝土拌和	4-11-11-15	$100m^3$	42.0	×1.02
11			混凝土运输	4-11-11-24	$100m^3$	42	×1.02
12	回填		回填碎石	3-1-19-3	$10m^3$	195.9	
13			明洞防水层	3-1-20-2	$10m^2$	540	
14	路面		沥青混凝土拌和	2-2-11-10	$1000m^3$	0.18	
15			20t自卸汽车运输 第一个1km	2-2-13-9	$1000m^3$	0.18	人、机×1.26
16			每增运0.5km	2-2-13-10	$1000m^3$	0.18	×6
17			沥青混凝土铺筑	2-2-14-39	$1000m^3$	0.18	人、机×1.26

注:本题评分时,自卸汽车选用12~20t均正确;装载机选用2~3m^3均正确,但应与自卸汽车匹配。

【案例三】 某分离式山区高速公路隧道,全长7400m,按照施工组织设计,通过斜井开挖3000m,坡度为7°。主要工程量及注意事项如下:

(1)洞身部分:设计开挖断面为$162m^2$,开挖土石方$1234764m^3$,其中Ⅴ级围岩20%、Ⅱ级围岩80%,设计超挖回填混凝土$35964m^3$;钢支撑2260t,钢支撑连接钢筋268t;C25喷射混凝土$52868m^3$,HPB300钢筋网838t,$\phi25$锚杆64800m,$\phi22$锚杆596600m,C25拱墙混凝土$128800m^3$,HRB400钢筋902t。

(2)洞外出渣运距为1300m。

(3)混凝土采用集中拌和施工,拌和站建在洞口附近,拌和站场地处理项目不计。

(4)隧道洞门工程、斜井开挖与支护、防排水、洞内管沟、装饰、照明、通风、消防等不考虑。

问题

请列出该隧道工程施工图预算所涉及的相关定额的名称、单位、定额代号、数量、定额调整等内容,并填入表格中,需要时应列式计算或文字说明。

解题思路

(1)本案例主要考核关于隧道开挖、出渣的工程量的计算及定额的运用。

(2)根据隧道工程定额的规定,开挖、出渣工程量按设计断面数量(成洞断面加衬砌断面)计算,定额中已考虑超挖因素,不得将超挖数量计入工程量。

(3)通过隧道进出口开挖正洞,以换算隧道长度套用相应的出渣定额计算。换算隧道长度的计算公式为:换算隧道长度 = 全隧长度 – 通过辅助坑道开挖正洞的长度。

(4)洞内出渣运输定额已综合洞门外500m运距,当洞门外运距超过此运距时,可按照路基工程自卸汽车运输土石方的增运定额加计增运部分的费用。

(5)通风、管线路定额,按正洞隧道长度综合编制。当隧道长度超过5000m时,以隧道长度5000m以内定额为基础,与隧道长度5000m以上每增加1000m定额叠加使用。

(6)通过斜井开挖正洞,出渣运输按正洞和斜井两段分别计算,两者叠加使用。

(7)砂浆锚杆工程量为锚杆、垫板及螺母等材料质量之和;中空注浆锚杆、自进式锚杆的工程量按锚杆设计长度计算。题目中未给出砂浆锚杆的质量,只给出了砂浆锚杆的长度,只能按钢筋长度计算砂浆锚杆的质量。

参考答案

(1)洞身开挖工程量计算:

由于 $162 \times 7400 = 1198800 (m^3)$ 小于题目中给定的开挖数量 $1234764 m^3$,说明在题目给定的洞身开挖数量中包含有超挖数量,按定额规定,超挖数量是不能计价的。

按定额中的工程量计算规则,开挖数量 = 设计开挖断面 × 隧道长度,则计价工程量应为:

开挖 V 级围岩: $162 \times 7400 \times 0.2 = 239760 (m^3)$

开挖 II 级围岩: $162 \times 7400 \times 0.8 = 959040 (m^3)$

(2)出渣工程量计算:

正洞开挖长度: $7400 - 3000 = 4400 (m)$

正洞出渣工程量:

V 级围岩: $239760 \times 4400 \div 7400 = 142560 (m^3)$

II 级围岩: $959040 \times 4400 \div 7400 = 570240 (m^3)$

斜井出渣工程量:

V 级围岩: $239760 \times 3000 \div 7400 = 97200 (m^3)$

II 级围岩: $959040 \times 3000 \div 7400 = 388800 (m^3)$

(3)回填数量计算:

定额中已综合因超挖及预留变形需回填的混凝土数量,不得将上述因素的工程量计入设计数量中。所以,设计回填混凝土 $35964 m^3$ 不参与计算。

(4)锚杆数量计算:

$(0.025^2 \times 64800 + 0.022^2 \times 596600) \times \pi \div 4 \times 7.85 = 2029.98 (t)$

序号	工程项目		定额代号	单 位	数 量	定额调整或系数
1	洞身开挖	V类围岩(隧长5000m以内)	3-1-3-29	100m³	2397.6	
2		V类围岩(每增加1000m)	3-1-3-35	100m³	2397.6	×3
3		Ⅱ类围岩(隧长5000m以内)	3-1-3-26	100m³	9590.4	
4		Ⅱ类围岩(每增加1000m)	3-1-3-32	100m³	9590.4	×3
5	出渣	V类围岩(隧长5000m以内)	3-1-3-56	100m³	1425.6	
6		V类围岩(斜井出渣)	3-1-3-62	100m³	972	
7		V类围岩(通过斜井正洞出渣)	3-1-3-50	100m³	972	
8		Ⅱ类围岩(隧长5000m以内)	3-1-3-55	100m³	5702.4	
9		Ⅱ类围岩(斜井出渣)	3-1-3-61	100m³	3888	
10		Ⅱ类围岩(通过斜井正洞出渣)	3-1-3-49	100m³	3888	
11	洞外运输	土	1-1-11-12	1000m³	239.76	×2
12		石	1-1-11-26	1000m³	959.04	×2
13	支护	钢支撑	3-1-5-1	1t	2260	
14		钢支撑连接钢筋	3-1-5-3	1t	268	
15		锚杆	3-1-6-1	1t	2029.98	
16		钢筋网	3-1-6-5	1t	838	
17		喷射混凝土	3-1-8-1	10m³	5286.8	
18		混凝土拌和	4-11-11-13	100m³	528.68	×1.2
19		混凝土运输(第1个1km)	4-11-11-24	100m³	528.68	×1.2,人、机×1.26
20		混凝土运输(每增运0.5km)	4-11-11-25	100m³	528.68	×1.2,×5,人、机×1.26
21	衬砌	拱墙混凝土	3-1-9-1	10m³	12880	
22		混凝土拌和	4-11-11-13	100m³	1288	×1.17
23		混凝土运输(第1个1km)	4-11-11-24	100m³	1288	×1.17,人、机×1.26
24		混凝土运输(每增运0.5km)	4-11-11-25	100m³	1288	×1.17,×5,人、机×1.26
25		钢筋	3-1-9-6	1t	902	
26		混凝土拌和站安拆	4-11-11-8	1座	1	

(七)桥涵工程定额应用

考核要求	备考建议
1. 桥涵工程工程量的计算。 2. 桥涵工程施工组织设计工程量的计算。 3. 桥涵工程定额的应用。	此部分内容主要考核桥涵工程基础、下部结构、上部结构工程量及施工组织设计工程量的计算及定额运用

知识点集成

知识点 7:桥涵工程定额应用的基础知识

基本规定	第四章 桥涵工程 章说明 桥涵工程定额包括开挖基坑、围堰、筑岛及沉井、打桩、灌注桩、砌筑、现浇混凝土及钢筋混凝土,预制、安装混凝土及钢筋混凝土构件,构件运输、拱盔、支架、钢结构和杂项工程等项目。 1. 混凝土工程: (1)定额中混凝土强度等级均按一般图纸选用,其施工方法除小型构件采用人工拌捣外,其他均按机械拌捣计算。 (2)定额中混凝土工程除大型预制构件底座、混凝土搅拌站安拆和钢桁架桥式码头项目中已考虑混凝土的拌和费用外,其他混凝土项目中均未考虑混凝土的拌和费用,应按有关定额另行计算。 (3)定额中混凝土均按露天养护考虑,如采用蒸汽养护时,应从各有关定额中每 $10m^3$ 扣减人工 1.0 个工日及其他材料费 4 元,并按蒸汽养护有关定额计算。 (4)定额中采用泵送混凝土的项目均已包括水平和向上垂直泵送所消耗的人工、机械,当水平泵送距离超过定额综合范围时,可按下表增列人工及机械消耗量。向上垂直泵送不得调整。 | 项 目		定额综合的水平泵送距离(m)	每 $100m^3$ 混凝土每增加水平距离 50m 增列数量	| |---|---|---|---|---| |			人工(工日)	混凝土输送泵(台班) | | 基础 | 灌注桩 | 100 | 1.08 | 0.24 | | | 其他 | 100 | 0.89 | 0.16 | | 上、下部构造 | | 50 | 1.97 | 0.32 | | 桥面铺装 | | 250 | 1.97 | 0.32 | (5)混凝土中的钢板、型钢、钢管等预埋件,均作为附属材料列入混凝土定额内。连接用的钢板、型钢等则包括在安装定额内。 (6)大体积混凝土项目必须采用埋设冷却管来降低混凝土水化热时,可根据实际需要另行计算。 (7)除另有说明外,混凝土定额中均已综合脚手架、上下架、爬梯及安全围护等搭、拆及摊销费用,使用定额时不得另行计算。 2. 钢筋工程: (1)定额中凡钢筋直径在 10mm 以上的接头,除注明为钢套筒连接外,均采用电弧搭接焊或电阻对接焊。 (2)定额中的钢筋按选用图纸分为 HPB300、HRB400;设计中采用 HRB500 时,可将定额中的 HRB400 抽换为 HRB500。当设计图纸的钢筋比例与定额有出入时,可调整钢筋品种的比例。 (3)定额中的钢筋是按一般定尺长度计算的;当设计提供的钢筋连接用钢套筒数量与定额有出入时,可按设计数量调整定额中的钢套筒消耗,其他消耗不调整。 3. 模板工程: (1)模板不单列项目。混凝土工程中所需的模板包括钢模板、组合钢模板、木模板,均按其周转摊销量计入混凝土定额中。

续上表

基本规定	(2)定额中的模板均为常规模板;当设计或施工对混凝土结构的外观有特殊要求需要对模板进行特殊处理时,可根据定额中所列的混凝土模板接触面积增列相应的特殊模板材料的费用。 (3)定额中所列的钢模板材料指工厂加工的适用于某种构件的定型钢模板,其质量包括立模所需的钢支撑及有关配件;组合钢模板材料指市场供应的各种型号的组合钢模板,其质量仅为组合钢模板的质量,不包括立模所需的支撑、拉杆等配件,定额中已计入所配件材料的摊销量;木模板按工地制作编制,定额中将制作所需工、料、机械台班消耗按周转摊销量计算。 (4)定额中均已包括各种模板的维修、保养所需的工、料及费用。 4. 设备摊销费: 定额中设备摊销费的设备指属于固定资产的金属设备,包括万能杆件、装配式钢桥桁架及有关配件拼装的金属架桥设备。挂篮、移动模架、导梁、导向船联结梁的设备摊销费按设备质量每吨每月180元计算,其他设备摊销费按设备质量每吨每月140元(除设备本身折旧费用,还包括设备的维修、保养等费用)计算。各项目中凡注明允许调整的,可按计划使用时间调整。 5. 工程量计算一般规则: (1)现浇混凝土、预制混凝土、构件安装的工程量为构筑物或预制构件的实际体积,不包括其中心空心部分的体积,钢筋混凝土项目的工程量不扣除钢筋(钢丝、钢绞线)、预埋件和预留孔道所占的体积。 (2)构件安装定额中在括号内所列的构件体积数量,表示安装时需要制备的构件数量。 (3)钢筋工程量为钢筋的设计质量,定额中已计入施工操作损耗,一般钢筋因接长所需增加的钢筋质量已包括在定额中,不得将这部分质量计入钢筋质量内。但对于某些特殊的工程,必须在施工现场分段施工采用搭接接长时,其搭接长度的钢筋质量未包括在定额中,应在钢筋的设计质量内计算
开挖基坑	第一节 说明 1. 干处挖基指开挖无地面水及地下水位以上部分的土壤,湿处挖基指开挖在施工水位以下部分的土壤。挖基坑石方、淤泥、流沙不分干、湿处采用同一定额。 2. 开挖基坑土、石方运输按弃土于坑外10m范围内考虑;当坑上水平运距超过10m时,另按路基土、石方增运定额计算。 3. 基坑深度为坑的顶面中心高程至底面的数值。在同一基坑内,不论开挖哪一深度,均执行该基坑的全深度定额。 4. 开挖基坑定额中已综合了基底夯实、基坑回填及检平石质基底用工,湿处挖基还包括挖边沟、挖集水井及排水作业用工,使用定额时,不得另行计算。 5. 开挖基坑定额中不包括挡土板,需要时应据实有关定额另行计算。 6. 机械挖基定额中已综合了基底高程以上20cm范围内采用人工开挖和基底修整用工。 7. 本节基坑开挖定额均按原土回填考虑;当采用取土回填时,应按路基工程有关定额另行取土费用。 8. 挖基定额中未包括水泵台班,挖基及基础、墩台修筑需要排水时按基坑排水定额计算。 9. 工程量计算规则: (1)基坑开挖工程量按基坑容积计算。 (2)基坑挡土板的支撑面积,按坑内需支挡的实际侧面积计算。 10. 基坑水泵台班消耗,可根据覆盖层土壤类别和施工水位高度采用表列(略)数值计算: (1)墩(台)基坑水泵台班消耗 = 湿处挖基工程量×挖基水泵台班 + 墩(台)座数×修筑水泵台班。 (2)基坑水泵台班消耗表中水位高度栏中"地面水"适用于围堰内挖基,水位高度指施工水位至坑顶的高度,其水泵消耗台班已包括排除地下水所需台班数量,不得再按"地下水"加计水泵台班;"地下水"适用于岸滩湿处的挖基,水位高度指施工水位至坑底的高度,其工程量应为施工水位以下的湿处挖基工程数量,施工水位至坑顶部分的挖基,应按干处挖基对待,不计水泵台班
围堰筑岛工程	第二节 说明 1. 围堰定额适用于挖基围堰和筑岛围堰。 2. 草土、塑料编织袋、竹笼、木笼铁丝围堰定额中已包括50m以内人工挖运土方的工日数量,定额括号内所列土的数量不计价,仅限于取土运距超过50m时,按人工挖运土方的增运定额,增加运输用工。 3. 草土、塑料编织袋、竹笼围堰长度按围堰中心长度计算,高度按施工水深加0.5m计算。木笼铁丝围堰实体为木笼所围的体积。 4. 套箱围堰的工程量为套箱金属结构的质量。套箱整体下沉时悬吊平台的钢结构及套箱内支撑的钢结构均已综合在定额中,不得作为套箱工程量进行计算

续上表

灌注桩工程	第四节　说明 1. 灌注桩成孔定额分为人工挖孔、卷扬机带冲击锥冲孔、冲击钻机钻孔、回旋钻机钻孔、潜水钻机钻孔、旋挖钻机钻孔等六种。定额中已按摊销方式计入钻架的制作、拼装、移位、拆除及钻头维修所耗用的工、料、机械台班数量，钻头的费用已计入设备摊销费中，使用本节定额时，不得另行计算。 2. 灌注桩混凝土定额按机械拌和、工作平台上导管倾注水下混凝土编制，定额中已包括混凝土灌注设备(如导管等)摊销的工、料费用及扩孔增加的混凝土数量，使用定额时，不得另行计算。 3. 钢护筒定额中，干处埋设按护筒设计质量的周转摊销计入定额中，使用定额时，不得另行计算。水中埋设按护筒全部设计质量计入定额中，可根据设计确定的回收量按规定计算回收金额。 4. 护筒定额中，已包括陆地上埋设护筒用的黏土或水中埋设护筒定位用的导向架及钢质或钢筋混凝土护筒接头用的铁件、硫黄胶泥等埋设时用的材料、设备消耗，使用定额时，不得另行计算。 5. 浮箱工作平台定额中，每只浮箱的工作面积为 $3 \times 6 = 18m^2$。 6. 使用成孔定额时，应根据施工组织设计的需要合理选用定额子目，当不采用泥浆船的方式进行水中灌注桩施工时，除按 90kW 以内内燃拖轮数量的一半保留拖轮和驳船的数量外，其余拖轮和驳船的消耗应扣除。 7. 在河滩、水中采用围堰筑岛方法施工或搭设的便桥与工作平台相连时，应采用陆地上成孔定额计。 8. 本节定额系按一般黏土造浆进行编制的，当实际采用膨润土造浆时，膨润土的用量可按定额中黏土用量乘以系数进行计算。即： $$Q = 0.095 \times V$$ 式中：Q——膨润土的用量(t)； 　　　V——黏土的用量(m^3)。 9. 当设计桩径与定额采用桩径不同时，可按下表系数调整。 	计算基数		桩径150cm 以内			桩径200cm 以内	
---	---	---	---	---	---	---
桩径(cm)		120	130	140	160	170
调整系数	冲击锥、冲击钻	0.85	0.9	0.95	0.8	0.85
	回旋钻		0.94	0.97	0.75	0.82	 	计算基数		桩径200cm 以内		桩径250cm 以内			
---	---	---	---	---	---	---	---
桩径(cm)		180	190	210	220	230	240
调整系数	冲击锥、冲击钻	0.9	0.95	0.88	0.91	0.94	0.97
	回旋钻	0.87	0.92	0.88	0.91	0.94	0.96 | | 计算基数		桩径300cm 以内				桩径350cm 以内		
---	---	---	---	---	---	---	---	---
桩径(cm)		260	270	280	290	310	320	330	340
调整系数	回旋钻	0.72	0.78	0.85	0.92	0.7	0.78	0.85	0.93 | 10. 工程量计算规则： (1) 灌注桩成孔工程量按设计入土深度计算。定额中的孔深指护筒顶至桩底(设计高程)的深度。钻孔定额中同一孔内的不同土质，不论其所在的深度如何，均采用总孔深定额。 (2) 人工挖孔的工程量按护筒(护壁)外缘所包围的面积乘以设计孔深计算。 (3) 浇筑水下混凝土的工程量按设计桩径断面积乘以设计桩长计算，不得将扩孔因素计入工程量。 (4) 灌注桩工作平台的工程量按施工组织设计需要的面积计算。 (5) 钢护筒的工程量按护筒的设计质量计算。设计质量为加工后的成品质量，包括加劲肋及连接用法兰盘等全部钢材的质量。当设计提供不出钢护筒的质量时，可参考下表的质量进行计算，桩径不同时可内插计算。 | 桩径(cm)	100	120	150	200	250	300	350
---	---	---	---	---	---	---	---
护筒单位质量(kg/m)	267.0	390.0	568.0	919.0	1504.0	1961.0	2576.0	

续上表

砌筑工程	第五节　说明 1. 定额中的 M7.5 水泥砂浆为砌筑用砂浆，M10 水泥砂浆为勾缝用砂浆。 2. 定额中已按砌体的总高度配置了脚手架、踏步、井字架，并计入搭、拆用工，其材料用量均以摊销方式计入定额中。 3. 浆砌混凝土预制块定额中，未包括预制块的预制，应按定额中括号内所列预制块数量，另按预制混凝土构件的有关定额计算。 4. 浆砌料石或混凝土预制块作镶面时，其内部应按填腹石定额计算。 5. 桥涵拱圈定额中，未包括拱盔和支架，需要时应按本章第九节拱盔、支架工程中有关定额另行计算。 6. 定额中均未包括垫层及拱背、台背填料和砂浆抹面，需要时应按本章第十一节杂项工程中有关定额另行计算。 7. 砌筑工程的工程量为砌体的实际体积，包括构成砌体的砂浆体积
现浇混凝土及钢筋混凝土	第六节　说明 1. 定额中未包括现浇混凝土及钢筋混凝土上部构造所需的拱盔、支架，需要时按有关定额另行计算。 2. 定额中片石混凝土中片石含量均按 15% 计算。 3. 有底模承台适用于高桩承台施工。 4. 使用套箱围堰浇筑承台混凝土时，应采用无底模承台的定额。 5. 定额中均未包括提升架、拐脚门架、悬浇挂篮、移动模架等金属设备，需要时，应按有关定额另行计算。 6. 墩台高度为基础顶、承台顶或系梁顶到盖梁顶、墩台帽顶或 0 号块件底的高度。 7. 索塔高度为基础顶、承台顶或系梁底到索塔顶的高度。当塔墩固结时，工程量为基础顶面或承台顶面以上至塔顶的全部数量；当塔墩分离时，工程量为桥面顶部以上至塔顶的数量，桥面顶部以下部分的数量应按墩台定额计算。 8. 斜拉索锚固套筒定额中已综合加劲钢板和钢筋的数量，其工程量以混凝土箱梁中锚固套筒钢管的质量计算。 9. 斜拉索钢锚箱的工程量为钢锚箱钢板、剪力钉、定位件的质量之和，不包括钢管和型钢的质量
预制安装混凝土及钢筋混凝土构件	第七节　说明 1. 预制钢筋混凝土上部构造中，矩形板、空心板、连续板、少筋微弯板、预应力桁架梁、顶推预应力连续梁、桁架拱、刚架拱均已包括底模板，其余的按配合底座（或台座）施工考虑。 2. 顶进立交箱涵、圆管涵的顶进靠背由于形式很多，宜根据不同的地形、地质情况设计，定额中未单独列子目，需要时可根据施工图纸采用有关定额另行计算。 3. 顶进立交箱涵、圆管涵定额是根据全部顶进的施工方法编制的。顶进设备未包括在顶进定额中，应按顶进设备定额另行计算。施工过程中，铁路线路的加固、临时信号灯、行车期间的线路维修和行车指挥等其他工作，需要时其费用应另行计算。 4. 预制立交涵涵、箱梁的内模、翼板的门式支架等工、料已包括在定额中。 5. 顶推预应力连续梁是按多点顶推的施工工艺编制的，顶推使用的滑道单独列子目，其他滑块、拉杆、拉锚器及顶推用的机具、预制箱梁的工作平台均摊入顶推定额中。顶推用的导梁及工作平台底模升千斤顶以下的工程，本章定额中未计入，应按有关定额另行计算。 6. 构件安装指从架设孔起吊开始至安装就位，整体化完成的全部施工工序。本节定额中除安装矩形板、空心板及连续板等项目的现浇混凝土可套用桥面铺装定额计算外，其他安装上部构造定额中均单独编列有现浇混凝土子目。 7. 本节定额中凡采用金属结构吊装设备和缆索吊装设备安装的项目，均未包括吊装设备的费用，应按有关定额另行计算。 8. 制作、张拉预应力钢筋、钢绞线，是按不同的锚头形式分别编制的；当每吨钢筋的根数或每吨钢绞线的束数有变化时，可根据定额进行抽换。 9. 预应力钢筋及钢绞线定额中均已计入预应力管道及压浆的消耗量，使用定额时不得另行计算。定额中不含波纹管的定位钢筋，需要时应另行计算。定额中的束长为一次张拉的长度。 10. 对于钢绞线不同型号的锚具，使用定额时可按下表规定计算

续上表

预制安装混凝土及钢筋混凝土构件	设计采用锚具型号（孔）	1	4	5	6	8	9	10	14	15	16	17	24
	套用定额的锚具型号（孔）	3			7				12			19	22

<table>
<tr><td rowspan="2">预制安装混凝土及钢筋混凝土构件</td><td colspan="12">

11. 金属结构吊装设备定额是根据不同的安装方法划分子目的,如"单导梁"指安装用的拐脚门架、蝴蝶架、导梁等全套设备。设备质量不包括列入材料部分的铁件、钢丝绳、鱼尾板、道钉及列入"小型机具使用费"内的滑车等。

12. 预制场用龙门架、悬浇箱梁用的墩顶拐脚门架,可套用高度9m以内的跨墩门架定额,但质量应根据实际计算。

13. 安装金属支座的工程量系指半成品钢板(包括座板、齿板、垫板、辊轴等)的质量。至于锚栓、梁上的钢筋网、铁件等均以材料数量综合在定额内。

14. 安装支座定额中的钢板是按一般规定计算的;当设计数量与定额有出入时,可按设计数量调整。

15. 工程量计算规则:

(1)预制构件的工程量为构件的实际体积(不包括空心部分的体积),但预应力构件的工程量为构件预制体积与构件端头封锚混凝土的数量之和。预制空心板的空心堵头混凝土已综合在预制定额内,计算工程量时不应再计列这部分混凝土的数量。

(2)使用定额时,构件的预制数量应为安装定额中括号内所列的构件备制数量。

(3)安装的工程量为安装构件的体积。

(4)构件安装时的现浇混凝土的工程量为现浇混凝土和砂浆的数量之和。但如在安装定额中已计列砂浆消耗的项目,则在工程量中不应再计列砂浆的数量。

(5)预制、悬拼预应力箱梁临时支座的工程量为临时支座中混凝土及硫黄砂浆的体积之和。移动模架的质量包括托架(牛腿)、主梁、鼻梁、横梁、吊架、工作平台及爬梯的质量,不包括液压构件和内外模板(含模板支撑系统)的质量。

(6)预应力钢绞线、预应力精轧螺纹粗钢筋的工程量为锚固长度与工作长度的质量之和。

(7)先张钢绞线质量为设计图纸质量,定额中已包括钢绞线损耗及预制场构件间的工作长度及张拉工作长度。

(8)缆索吊装的索跨指两塔架间的距离

</td></tr>
</table>

第八节 说明

1. 本节的各种运输距离以10m、50m、1km为计算单位。不足第一个10m、50m、1km者,均按10m、50m、1km计;超过第一个定额运输单位时,其运距尾数不足一个增运定额单位的半数时不计,等于或超过半数时按一个定额运距单位计算。

2. 运输便道、轨道的铺设,栈桥码头、龙门架、缆索的架设等,均未包括在定额内,应有关章节定额另行计算。

3. 本节定额未单列构件出坑堆放的定额,如需出坑堆放,可按相应构件运输第一个运距单位定额计列。

4. 凡以手摇卷扬机和电动卷扬机配合运输的构件重载升坡时,第一个定额运距单位不增加人工及机械,每增加定额单位运距按以下规定乘以换算系数。

(1)手推车运输每增运10m定额的人工,按下表乘以换算系数。

坡度(%)	1以内	5以内	10以内
系数	1.0	1.5	2.5

(2)垫滚子绞运每增运10m定额的人工和小型机具使用费,按下表乘以换算系数。

坡度(%)	0.4以内	0.7以内	1.0以内	1.5以内	2.0以内	2.5以内
系数	1.0	1.1	1.3	1.9	2.5	3.0

(3)轻轨平车运输配电动卷扬机每增运50m定额的人工及电动卷扬机台班,按下表乘以换算系数。

坡度(%)	0.7以内	1.0以内	1.5以内	2.0以内	3.0以内
系数	1.00	1.05	1.10	1.15	1.25

续上表

拱盔支架工程	第九节　说明 1. 桥梁拱盔、木支架及简单支架均按有效宽度8.5m计，钢支架按有效宽度12.0m计；当实际宽度与定额不同时，可按比例换算。 2. 木结构制作按机械配合人工编制，配备的木工机械均已计入定额中。结构中的半圆木构件，用圆木对剖加工所需的工日及机械台班均已计入定额内。 3. 所有拱盔均包括底模板及工作台的材料，但不包括现浇混凝土的侧模板。 4. 桁构式拱盔安装、拆除用的人字扒杆，地锚移动用工及拱盔缆风设备工料已计入定额，但不包括扒杆制作的工、料，扒杆数量根据施工组织设计另行计算。 5. 桁构式支架定额中已包括了墩台两旁支撑排架及中间拼装、拆除用支撑架，支撑架已加计了拱矢高度并考虑了缆风设备。定额以孔为计量单位。 6. 木支架及满堂式钢管支架的帽梁和地梁已计入定额中，地梁以下的基础工程未计入定额中；如需要，应按有关相应定额另行计算。 7. 简单支架定额适用于安装钢筋混凝土双曲拱桥拱肋及其他桥梁需增设的临时支架。稳定支架的缆风设施已计入本章定额内。 8. 涵洞拱盔支架、板涵支架定额单位的水平投影面积为涵洞长度乘以净跨径。 9. 桥梁支架定额单位的立面面积为桥梁净跨径乘以高度，拱桥高度为起拱线以下至地面的高度，梁式桥高度为墩、台帽顶至地面的高度。这里的地面指支架地梁的底面。 10. 钢拱架的工程量为钢拱架及支座金属构件的质量之和，其设备摊销费按4个月计算；当实际使用期与定额不同时，可予以调整。 11. 钢管支架定额指采用直径大于30cm的钢管作为立柱，在立柱上采用金属构件搭设水平支撑平台的支架，其中下部指立柱顶面以下部分，上部指立柱顶面以上部分。下部工程量按立柱质量计算，上部工程按支架水平投影面积计算。 12. 支架预压的工程量按支架上现浇混凝土的体积计算
杂项工程	第十一节　说明 1. 杂项工程包括锥坡填土、拱上填料、台背排水、土牛(拱)胎、防水层、基础垫层、水泥砂浆勾缝及抹面、伸缩缝及泄水管、混凝土构件蒸汽养护室建筑及蒸汽养护、预制构件底座、先张法预应力张拉台座、混凝土搅拌站、混凝土搅拌船及混凝土运输、冷却管、钢桁架栈桥式码头、水上泥浆循环系统、施工电梯、施工塔式起重机、拆除旧建筑物等项目。本节定额适用于桥涵及其他构造物工程。 2. 大型预制构件底座定额分为平面底座和曲面底座两项。 (1)平面底座定额适用于T形梁、工形梁、等截面箱梁，每根梁底座面积的工程量按下式计算： 　　　　底座面积 = (梁长 + 2.00m) × (梁宽 + 1.00m) (2)曲面底座定额适用于梁底为曲面的箱形梁(如T形刚构等)，每块梁底座的工程量按下式计算： 　　　　底座面积 = 构件下弧长 × 底座实际修建宽度 平面底座的梁宽指预制梁的顶面宽度。 3. 模数式伸缩缝预留槽钢纤维混凝土中钢纤维的含量是按水泥用量的1%计算；当设计钢纤维含量与定额不同时，可按设计用量抽换定额中钢纤维的消耗。 4. 蒸汽养护室面积按有效面积计算，其工程量按每一养护室安置两片梁，其梁间距离为0.8m，并按长度每端增加1.5m，宽度每边增加1.0m考虑。定额中已将其附属工程及设备，按摊销量计入定额中，编制预算时不得另行计算。 5. 混凝土搅拌站的材料，均已按桥次摊销列入定额中。 6. 钢桁架栈桥式码头定额适用于大型预制构件装船。码头上部为万能杆件及各类型钢加工的半成品和钢轨等，均已按摊销费计入定额中。 7. 施工塔式起重机和施工电梯所需安、拆数量和使用时间按施工组织设计的进度安排进行计算

代表题型

【案例一】 某高速公路钢筋混凝土拱涵,标准跨径4m,涵台高3m,洞口为八字墙,涵洞长度为54m,拱部的断面为半圆形,厚度35cm。拱部外表面涂沥青防水层。混凝土采用生产能力60m³/h的拌和站拌和,运距1km。基坑开挖弃方运输不计。其施工图设计图纸工程量见下表。

序号	项　　目	单　位	工　程　量
1	挖基坑土方(干处)	m³	580
2	挖基坑石方(干处)	m³	230
3	M10浆砌片石基础	m³	600
4	M10浆砌片石涵底和洞口铺筑	m³	80
5	2cm水泥砂浆抹面	m²	60
6	M10浆砌块石台	m³	702
7	M10浆砌块石墙	m³	98
8	C30混凝土帽石	m³	3
9	拱C35混凝土	m³	120
10	拱钢筋(HRB400)	t	4.8
11	砂砾垫层	m³	450

问题

某造价工程师编制的施工图预算如下表所示,请问该造价文件中存在哪些问题?根据你的理解请改正这些问题,并在表中补充修改。需要时应列式计算或说明。

序号	工程项目名称		单位	定额表号	工程量	定额调整或系数
1	挖基(干处)	土方	1000m³	4-1-3-3	0.58	
2		石方	1000m³	4-1-3-5	0.23	
3	M10浆砌片石	基础	10m³	4-5-2-1	60	
4		涵底和洞口辅助	10m³	4-5-2-1	8	
5	2cm水泥砂浆抹面		100m²	4-11-6-17	0.6	
6	M10浆砌块石台、墙		10m³	4-5-3-4	80	
7	C30混凝土帽石		10m³	4-6-3-2	0.3	
8	现浇C35混凝土拱		10m³	4-6-12-9	12	
9	现浇拱钢筋		t	4-6-12-10	4.8	
10	砂砾垫层		10m³	4-11-5-1	45	

解题思路

(1)本案例主要考核关于涵洞工程的工程量计算及定额的运用。

(2)根据桥涵工程定额的规定,混凝土、砂浆的强度等级不同需要进行混凝土、砂浆的强度等级调整。

(3)拱涵拱部的施工是现浇施工,需要计算涵洞拱盔、支架,涵洞拱盔支架、板涵支架定额,单位是水平投影面积,为涵洞长度乘以净跨径。

(4)漏计涵洞的防水层及沉降缝。

(5)类似题目需要检查已知条件给出的定额代号是否正确,定额调整是否合理等。本题中砌筑工程砂浆强度未进行调整,现浇拱涵及钢筋定额代号不正确,漏计混凝土拌和及运输,高速公路混凝土工程一般要求集中拌和。

参考答案

(1)漏计砂浆强度等级调整、现浇混凝土强度等级调整及混凝土拌和。

(2)漏计拱涵拱盔、支架及支架预压:$54 \times 4 = 216(m^2)$

(3)漏计防水层。防水层采用涂沥青,其基数为:$54 \times (4 + 0.35 \times 2) \times \pi \div 2 = 398.7(m^2)$

(4)漏计沉降缝。按平均5m设一道沉降缝,则其数量为:$54 \div 5 - 1 = 9.8$(道),按10道计算,填缝面积按圬工砌体截面积计算。

涵台的平均截面积:$702 \div 54 \div 2 = 6.5(m^2)$

基础的截面积:$600 \div 54 = 11.1(m^2)$

拱圈的截面积:$[(4 + 0.35 \times 2)^2 - 4^2] \times \pi \div 4 \div 2 = 2.4(m^2)$

沉降缝的工程量为:$10 \times (6.5 \times 2 + 11.1 + 2.4) = 265(m^2)$

本工程更新后的造价文件见下表。

序号	工程项目名称		单位	定额表号	工程量	定额调整或系数
1	挖基(干处)	土方	1000m³	4-1-3-3	0.58	
2		石方	1000m³	4-1-3-5	0.23	
3	M10浆砌片石	基础	10m³	4-5-2-1	60	M7.5砂浆调整为M10
4		涵底和洞口辅助	10m³	4-5-2-1	8	M7.5砂浆调整为M10
5	M10浆砌块石台、墙		10m³	4-5-3-4	80	M7.5砂浆调整为M10
6	2cm水泥砂浆抹面		100m²	4-11-6-17	0.6	
7	C30混凝土帽石泵送		10m³	4-6-3-2	0.3	
8	现浇C35拱圈混凝土		10m³	4-6-7-8	12	C30混凝土调整为C35
9	拱圈钢筋		1t	4-6-7-17	4.8	HPB300钢筋:0 HRB400钢筋:1.025
10	混凝土拌和		100m³	4-11-11-15	1.23	×1.04
11	混凝土运输		100m³	4-11-11-24	1.23	×1.04
12	拱盔及支架		100m²	4-9-1-2	2.16	
13	支架预压		10m³	4-9-6-1	12	
14	防水层(涂沥青)		10m²	4-11-4-5	39.87	

续上表

序号	工程项目名称	单 位	定额表号	工程量	定额调整或系数
15	沥青麻絮沉降缝	10m²	4-11-1-1	26.5	
16	砂砾垫层	10m³	4-11-5-1	45	

【案例二】 某一大桥,桥梁全长612m,两岸接线各1km,路基工程已全部完工(可作预制场使用,路基宽度26m)。上部结构为20×30m先简支后连续预应力混凝土(后张法)T形梁结构,预应力混凝土T形梁每孔桥14片梁,梁高1.8m,梁顶宽1.6m,梁底宽48cm。T形梁预制、安装均工期按7个月计算,预制安装存在时间差,按1个月考虑。吊装设备考虑1个月安拆时间,每片梁预制周期按10d计算。施工组织设计提出20m跨度,12m高龙门吊机每套质量43.9t(每套2台)。30m梁双导梁架桥机全套质量130t。混凝土拌和站预制场1km,预制梁混凝土采用泵送施工。上部结构的主要工程量详见下表。

序号	项 目		单 位	工程量	备 注
1	预制T梁	C50混凝土	m³	5712	锚具数量:YM15-7,1960套
2		钢绞线	t	180.476	
3		HPB300钢筋	t	439.366	
4		HRB400钢筋	t	742.327	

问题

请列出该桥梁工程上部结构施工图预算所涉及的相关定额的名称、单位、定额代号、数量、定额调整等内容,并填入表格中,需要时请列式计算或用文字说明。混凝土拌和站的安拆不考虑。

解题思路

(1)本案例主要考核关于桥梁工程预制安装上部结构的辅助工程量计算及定额的运用。

(2)预制安装桥梁上部结构一般包括预制、安装两个基本施工过程,预制工作需要的临时工程和铺筑工程包括预制场地建设、预制底座、预制场地的吊装设备,安装工作需要的临时工程和辅助工程包括梁的运输轨道、架设设备等。

参考答案

(1)预制底座计算:

需要预制T形梁的数量:20×14=280(片)

因预制与安装的工期均按7个月计算,每片梁预制需要10d。故需要底座数量为:

预制底座:280×10÷210=13.33(个),即底座数量应不少于14个。

底座面积:14×(30+2)×(1.6+1)=1164.8(m²)

由于接线路基工程已经完工,可作为预制场,因此预制场可以设置在大桥一岸接线处。

(2)吊装设备计算:

场地龙门架:龙门架应配备2套,按已知条件龙门架的参考质量按跨径20m、高12m计算,即43.9×2=87.8(t)。因预制和安装存在1个月的时间差,设备安拆1个月,使用7个月,龙门架设备使用期按9个月计算。根据工期,调整龙门架的设备摊销费为12600元。

架桥机:全桥配备1套,按已知条件架桥机的参考质量130t计算,设备使用期按安装、拆除1个月,使用7个月,共8个月计算。根据工期,调整双导梁的设备摊销费为14400元。

(3)临时轨道计算:

预制梁底座顺桥方向布置,每排布置4个,共布置4排,考虑工作场地,每排之间空3m的间隙。存梁场的长度按80m计算,在预制区按50m考虑模板堆放及钢筋堆放场地,因此预制场总长为:$50+32\times4+5\times3+80=273(m)$。

为方便预制梁架设运输,预制场存梁区与桥头相连,运梁方式为有轨运梁车运输,桥宽为26m。为加快预制梁安装速度,左右幅分别设置运梁轨道,运梁轨道存梁区内长度为$80(m)\times2(道)=160(m)$,桥梁上长度按照桥长减去最后一孔长度,即$[612(桥长)-6(搭板长度)-30(最后一跨长度)]\times2=1152(m)$。

则路基上轨道长度:$273(m)+160(m)=433(m)$,桥梁上轨道长度为1152m。

(4)预制构件运距计算:

T形梁运输的平均运距:$20\times30\div2=300(m)$

T梁单片梁的质量:$5712\times2.60\div280=53.04(t)$

(5)预应力钢绞线束数量的计算。钢束束数调整计算的方法为:锚具数÷2÷锚具对应钢绞线长度的钢绞线质量,即:

$1960\div2\div180.476=5.43(束/t)$

本工程的定额工程量等内容见下表。

序号	工程细目		定额代号	单位	数量	定额调整或系数
1	T形梁预制		4-7-14-2	10m³	571.2	
2	混凝土拌和		4-11-11-15	100m³	57.12	×1.02
3	混凝土运输		4-11-11-24	100m³	57.12	×1.02
4	HPB300钢筋		4-7-14-3	1t	439.366	HPB300钢筋:1.025;HRB400钢筋:0
5	HRB400钢筋		4-7-14-3	1t	742.327	HPB300钢筋:0;HRB400钢筋:1.025
6	T形梁安装		4-7-14-9	10m³	571.2	
7	预应力钢绞线		4-7-19-17	1t	180.476	
8			4-7-19-18	1t	180.476	+1.61
9	大梁预制底座		4-11-9-1	10m²	116.48	
10	T形梁运输	第一个50m	4-8-2-25	100m³	57.12	
11		每增运50m	4-8-2-36	100m³	57.12	×5
12	双导梁		4-7-28-2	10t	13	设备摊销费,14400
13	预制场龙门架		4-7-28-4	10t	8.78	设备摊销费,12600
14	临时轨道	路基上	7-1-4-3	100m	4.33	
15		桥面上	7-1-4-4	100m	11.52	

【案例三】 某四车道高速公路,路基宽26m,设计若干座矩形板小桥,其中有一座1孔标准跨径6m的小桥,桥梁与路基同宽,其上部结构设计为钢筋混凝土矩形板,C30混凝土62.4m³,HRB400钢筋5.24t,台高5m。10座小桥设一处预制场,预制场计10000m²,需全部平

整碾压,场地面积的30%需铺设15cm厚的砂砾垫层,20%用10cm厚的C15水泥混凝土硬化,作为预制底板。集中拌和场距预制场1km,距本桥9km。预制场至桥址平均运距10km,用汽车运至安装地点。小桥河床有浅水0.5m,需用草袋围堰,适当平整铺筑30cm厚砂砾垫层,并浇筑10cm厚C15混凝土进行加固后,才能架设桥梁支架,以便现浇上部结构混凝土(注:不考虑预制场硬化及底座的费用计算)。

问题

分别按预制安装和现浇上部结构矩形板两种施工方法,计算矩形板施工图预算的各项工程细目、定额表号、定额单位、工程量及调整系数等。

解题思路

本案例主要考核关于桥梁工程预制安装施工,现浇施工上部结构的辅助工程量计算及定额的运用。

参考答案

(1) 预制安装施工方法:

工程项目的定额相关内容见下表。

序号	工程项目	定额代号	单位	数量	定额调整或系数
1	预制矩形板	4-7-9-2	10m³	6.24	
2	矩形板钢筋	4-7-9-3	1t	5.24	HPB300 钢筋:0 HRB400 钢筋:1.025
3	矩形板混凝土拌和	4-11-11-15	100m³	0.624	×1.01
4	矩形板混凝土运输	4-11-11-24	100m³	0.624	×1.01
5	构件运输第一个1km	4-8-3-10	100m³	0.624	
6	每增运0.5km	4-8-3-14	100m³	0.624	×18
7	安装矩形板	4-7-10-1	10m³	6.24	

(2) 现浇施工方法:

支架地基处理:$6 \times (26+2) = 168 (m^2)$

支架地基砂砾垫层:$6 \times (26+2) \times 0.3 = 50.4 (m^3)$

支架地基混凝土垫层:$6 \times (26+2) \times 0.1 = 16.8 (m^3)$

1m 高围堰:$6 \times 2 = 12 (m)$

支架立面积:$6 \times 5 = 30 (m^2)$

支架定额调整系数:$28 \div 12 = 2.33$

工程项目的定额相关内容见下表。

序号	工程项目	定额代号	单位	数量	定额调整或系数
1	围堰	4-2-2-1	10m	1.2	
2	支架地基处理	1-1-5-4	1000m²	0.168	
3	支架地基砂砾垫层	4-11-5-1	10m³	5.04	
4	支架地基混凝土垫层	4-11-5-6	10m³	1.68	混凝土 C10 换 C15
5	桥梁支架	4-9-3-8	10m²	3	×2.33,调整支架高度
6	垫层混凝土拌和	4-11-11-15	100m³	0.168	×1.02
7	混凝土运输	4-11-11-24	100m³	0.168	×1.02

续上表

序号	工程项目	定额代号	单位	数量	定额调整或系数
8	混凝土运输每增运 0.5km	4-11-11-25	100m³	0.168	×16,×1.02
9	支架预压	4-9-6-1	10m³	6.24	
10	现浇矩形板	4-6-8-1	10m³	6.24	
11	矩形板钢筋	4-6-8-4	1t	5.24	HPB300 钢筋:0 HRB400 钢筋:1.025
12	矩形板混凝土拌和	4-11-11-15	100m³	0.624	×1.02
13	混凝土运输	4-11-11-24	100m³	0.624	×1.02
14	混凝土运输每增运 0.5km	4-11-11-25	100m³	0.624	×16,×1.02

【案例四】 某预应力混凝土连续梁桥,桥跨组合为 30m+4×50m+30m,桥梁全长270m,桥梁宽度为25.00m。桥墩基础为钻孔灌注桩,采用回旋钻机施工,桥墩为每排四根共8根桩径为2.20m的桩。承台尺寸为8.00m×20.00m×3.00m。采用便桥施工,且便桥与钻孔桩作业平台相连,便桥费用不计,桥墩基础均为水中施工(水深4m,封底混凝土低于河床1.0m,河床清淤费用和排水费用不计)。混凝土均要求采用集中拌和、泵送施工,混凝土拌和站至岸边输送泵距离为3km,混凝土泵送综合运距为200m,混凝土拌和站场地处理费用不计。本工程计划工期为18个月(注:桩基检测管不计,并不考虑钻渣的清除工作)。

其施工图设计的主要工程数量见下表:

项 目	钻孔深度(m)				钢筋(t)
	砂土	砂砾	软石	坚石	
灌注桩(桩径2.20m)	159	862	286	66	238
承台	封底混凝土(m³)		承台混凝土(m³)		钢筋(t)
	800		2400		136

问题

请列出该桥墩基础工程造价所涉及的相关定额的名称、单位、定额代号、数量等内容,并填入表格中,需要时应列式计算。

解题思路

本案例主要考核关于桥梁桩基础工程的辅助工程量计算及定额的运用。

(1)灌注桩工作平台的工程量按施工组织设计需要的面积计算,若没做详细施工组织设计可按承台尺寸确定,一般是承台长度方向每边增加2m,宽度方向每边增加1m。

(2)钢护筒的工程量按护筒的设计质量计算。设计质量为加工后的成品质量,包括加劲肋及连接用法兰盘等全部钢材的质量。当设计无法提供钢护筒的质量时,可参考下表的质量进行计算,桩径不同时可内插计算。此题不考虑钢护筒的回收。

桩径(cm)	100	120	150	200	250	300	350
护筒单位质量(kg/m)	267.0	390.0	568.0	919.0	1504.0	1961.0	2576.0

(3)依据定额第四章第四节节说明第8点,应采用陆地上成孔定额计算。

参考答案

(1)钻孔灌注桩护筒数量:

根据钻孔土质情况,护筒按照入土深度3m、高出水面1m考虑,水深4m,护筒深度按照8m

计算,其质量为:

$8 \times 5 \times 8.00 \mathrm{m} \times [919 + (1504 - 919) \times 2 \div 5] \div 1000 = 368.96(\mathrm{t})$

(2)水中施工钻孔工作平台数量:

根据承台平面尺寸,拟定工作平台尺寸为 $10\mathrm{m} \times 24\mathrm{m}$,其面积为:

$10 \times 24 \times 5 = 1200(\mathrm{m}^2)$

(3)钻孔灌注桩混凝土数量:

$(159 + 862 + 286 + 66) \times 1.1^2 \times \pi = 5219.22(\mathrm{m}^3)$

(4)承台采用钢套箱施工,其质量为:

钢套箱高度 = 水深 + 0.5 + 入土深度(入土深度超过封底),$H = 4 + 0.5 + 1 = 5.5(\mathrm{m})$。则,

$(8 + 20) \times 2 \times 5.5 \times 5 \times 0.3 = 462(\mathrm{t})$

注:双壁钢套箱每平方米的质量按 0.3t 估算。

(5)桩基础平均深度:

$(159 + 862 + 286 + 66) \div 8 \div 5 = 34.33(\mathrm{m})$

护筒顶至河床顶为:$1 + 4 = 5(\mathrm{m})$,桩基平均深度为:$34.33 + 5 = 39.33(\mathrm{m})$,选取钻孔深度 40m 以内的定额子目。

将上述计算结果填入下表。

序号	工程项目	定额代号	单 位	数 量	定额调整或系数
1	桩径 2.2m 以内孔深 40m 以内砂土	4-4-4-97	10m	15.9	×0.91
2	桩径 2.2m 以内孔深 40m 以内砂砾	4-4-4-99	10m	86.2	×0.91
3	桩径 2.2m 以内孔深 40m 以内软石	4-4-4-102	10m	28.6	×0.91
4	桩径 2.2m 以内孔深 40m 以内坚石	4-4-4-104	10m	6.6	×0.91
5	灌注桩混凝土	4-4-8-15	10m³	521.922	人工增加 0.216 工日,混凝土输送泵增加 0.048 台班
6	混凝土拌和	4-11-11-13	100m³	52.1922	×1.197
7	混凝土运输(第 1 个 1km)	4-11-11-24	100m³	52.1922	×1.197
8	混凝土运输(增运 2km)	4-11-11-25	100m³	52.1922	×1.197,×4
9	混凝土搅拌站	4-11-11-8	1 座	1	
10	桩径 2.2m 护筒	4-4-9-8	t	368.96	
11	水中施工工作平台	4-4-10-1	100m²	12.0	
12	灌注桩钢筋	4-4-8-27	t	238	
13	承台封底混凝土	4-6-1-11	10m³	80	人工增加 0.178 工日,混凝土输送泵增加 0.032 台班
14	承台混凝土	4-6-1-10	10m³	240	人工增加 0.178 工日,混凝土输送泵增加 0.032 台班
15	承台钢筋	4-6-1-13	t	136	
16	混凝土拌和	4-11-11-13	10m³	320	×1.04
17	混凝土运输(第 1 个 1km)	4-11-11-24	10m³	320	×1.04
18	混凝土运输(增运 2km)	4-11-11-25	10m³	320	×1.04,×5
19	钢套箱	4-2-6-2	10t	46.2	

第三章 交通运输工程计量与计价

【案例五】 某高速公路的桥梁基础:桥台为钢筋混凝土天然基础,桥墩为 φ1.5m 挖孔灌注桩基础,造价工程师编制的施工图预算如下表所示。

序号	工程细目		定额代号	单 位	数 量	定额调整或系数
1	桥台天然基础	混凝土	4-6-1-3	10m³	61	
2		钢筋	4-6-1-13	1t	15.656	
3	桥墩挖孔桩基础	挖孔(土)	4-4-1-1	10m³	42.4	
4		挖孔(软石)	4-4-1-3	10m³	98.8	
5		挖孔桩混凝土	4-4-8-1	10m³	141.2	
6		挖孔桩钢筋	4-4-8-28	1t	132.6	

问题

请问该造价工程师编制的造价文件中存在哪些问题？根据你的理解请改正这些问题,并在上表中补充修改。

解题思路

(1)本案例主要考核关于人工挖孔桩和扩大基础的工程量计算及定额的运用。

(2)人工挖孔的工程量按护筒(护壁)外缘所包围的面积乘以设计孔深计算。根据题目给出的已知条件,挖孔数量等于混凝土数量,说明表中的挖孔工程量未计护壁的数量。

护壁混凝土厚度计算公式如下:

$$t \geq K \times \frac{N}{R_a}$$

式中:t——护壁的厚度(cm);

N——作用于每一段护壁面上的压力(N/cm),$N = P \times d/2$;

d——挖孔桩设计直径(cm);

P——土和地下水对护壁的最大压力(N/cm²);

R_a——混凝土的轴心抗压设计强度(MPa);

K——安全系数(一般取 1.5~2.0)。

(3)挖孔桩护壁和钻孔桩护筒不同,挖孔桩护壁要计算至桩底,而钻孔桩只需要计算上面一部分,护壁的壁厚一般按 10cm 计算。

(4)扩大基础一般需要开挖基坑,题目中没有挖基坑的工作项目,需补充。

(5)类似题目需要检查已知条件给出的定额代号是否正确,定额调整是否合理。

参考答案

该造价文件中存在的问题是:天然基础钢筋定额代号错误,漏计天然基础的挖基和挖孔桩的护壁费用,挖孔数量中漏计护壁的数量,挖孔桩钢筋定额代号错误,漏计混凝土拌和费用。补充修改见下表。

(1) 定额代号修改：

序号	工程细目	定额代号	单位	数量	定额调整
1	桥台天然基础钢筋	4-6-1-12	1t	15.656	
2	挖孔桩钢筋	4-4-8-24	1t	132.6	

(2) 补充天然基础挖基的费用：

序号	工程细目		定额代号	单位	数量	定额调整
1	桥台挖基	挖土	4-1-3-3	1000m³	0.183	
2		挖石	4-1-3-5	1000m³	0.736	

挖基数量只要大于基础混凝土数量即为正确。

(3) 补充挖孔桩护壁费用：

序号	工程细目		定额代号	单位	数量	定额调整
1	预制护壁	预制	4-4-9-1	10m³	40.16	
2		安装	4-4-9-3	10m	79.9	

(4) 补充桩护壁费用：

序号	工程细目	定额代号	单位	数量	定额调整
1	挖孔(土)	4-4-1-1	10m³	12.06	
2	挖孔(软石)	4-4-1-3	10m³	28.1	

或在挖孔桩挖土、石细目的定额调整栏填入1.284的系数为正确。

(5) 补充混凝土拌和费用：

序号	工程细目	定额代号	单位	数量	定额调整
1	桥台基础混凝土拌和	4-11-11-1	10m³	61	×1.02
2	桩基础混凝土拌和	4-11-11-1	10m³	141.2	×1.02
3	护壁混凝土拌和	4-11-11-1	10m³	40.16	×1.01

【案例六】 某桥梁下部构造设计为薄壁空心墩，横断面形式见下图，墩身设计高度为60m，拟采用翻模法施工。每次浇筑高度为4m，每节施工周期为7d，根据施工现场布置，混凝土输送泵设置在距桥墩150m的地方，混凝土要求采用集中拌和施工，混凝土拌和站（生产能力为60m³/h）距输送泵的距离为2km。根据本工程所处的地理位置的要求，混凝土的外观质量比一般结构要高，需要增加组合模板内衬板。据调查，工程所在地区的组合钢模内衬板的价格为90元/m²，一般可以连续使用5次。一套墩身模板提升架质量约为7.87t，提升架的安装拆除按1.5个月计。不考虑拌和站安拆及场地费用。

问题

根据上述基础资料，请列出编制该空心墩施工图预算所涉及的相关定额的名称、单位、定额代号、数量、定额调整等内容,并填入表格中,需要时应列式计算或文字说明。

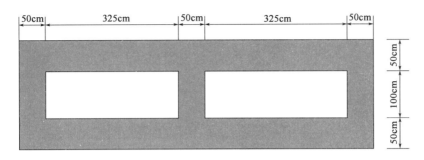

解题思路

(1)本案例主要考核桥梁下部结构的施工工艺过程、下部结构定额应用的方法,以及下部结构施工所需的模板提升架等工程量的计算。

(2)定额中采用泵送混凝土的项目均已包括水平和向上垂直泵送所消耗的人工、机械数量,当水平泵送距离超过定额综合范围时,可按下表增列人工及机械消耗量。向上垂直泵送不得调整。

项 目		定额综合的水平泵送距离(m)	每100m³ 混凝土每增加水平距离50m增列数量	
			人工(工日)	混凝土输送泵(台班)
基础	灌注桩	100	1.08	0.24
	其他	100	0.89	0.16
上、下部构造		50	1.97	0.32
桥面铺装		250	1.97	0.32

参考答案

(1)空心墩工程数量计算:

空心墩长度:$0.5 + 3.25 + 0.5 + 3.25 + 0.5 = 8(m)$

空心墩宽度:$0.5 + 1.00 + 0.5 = 2(m)$

空心墩混凝土数量:$(8 \times 2 - 3.25 \times 1 \times 2) \times 60 = 570(m^3)$

空心墩施工工期:$60 \div 4 \times 7 = 105(d)$,即:

$105 \div 30 = 3.5(月)$

(2)空心墩模板内衬板费用计算:

$60 \div 4 \div 5 = 3(套)$

$(8 + 2) \times 2 \times 4 \times 3 \times 90 = 21600(元)$

模板提升架设备摊销费调整计算:

提升架使用期按安装拆除1.5个月、施工3.5个月,共5个月计算。

设备摊销费调整为:$140 \times 5 \times 10 = 7000(元)$

(3)空心墩施工辅助设施:

墩身高度达60m,考虑到施工人员及施工材料的垂直运输设备,应配备施工电梯和塔式起重机各一台。使用期按施工3.5个月且考虑到施工中会有部分时间处于停用状态,因此,按

120d 计算。

结果见下表。

序号	工程细目	定额代号	单位	数量	定额调整或系数
1	现浇空心墩混凝土	4-6-2-42	10m³	57	人工:增加0.394,混凝土输送泵增加0.064台班
2	混凝土内衬板费用		元	21600	
3	混凝土集中拌和	4-11-11-15	10m³	57	×1.04
4	混凝土运输(第一个1km)	4-11-11-24	100m³	5.7	×1.04
5	混凝土运输(每增运0.5km)	4-11-11-25	100m³	5.7	×1.04,×2
6	模板提升架安拆	4-7-28-9	10t	0.787	设备摊销费调整为7000元
7	施工电梯安拆	4-11-15-1	1部	1	
8	施工电梯使用费	4-11-15-6	1台·天	120	
9	塔式起重机安拆	4-11-16-1	1部	1	
10	塔式起重机使用费	4-11-16-5	1台·天	120	

【案例七】 某特大桥跨越V形峡谷,施工图设计桥跨布置为75m+130m+75m预应力钢筋混凝土连续刚构,桥宽26m(单幅桥宽12.5m)、左右幅桥跨布置相同,主墩高132m、过渡墩(边墩)高10m(主墩墩身施工时左右幅均配备了起吊质量8t的塔式起重机及双笼施工电梯)。拟采用挂篮悬浇施工,计划工期10个月。悬浇主梁节段划分0号块、中跨1~20号及边跨1′~20′号共21个节段,其中0号块为托架现浇(0号块墩顶梁宽12.5m,现浇工期按2个月计算),边跨21′~23′号三个节段采用满堂支架现浇(21′~23′号节段总长9m,现浇支架不需基础处理,支架平均高10m),其余节段均采用挂篮悬浇(包括中跨合龙段、边跨合龙段,每个节段的工期按10d计算,挂篮拼装及拆除时间按1个月计算),中跨1~20号及边跨1′~20′号中最大节段混凝土数量为71.5m³。

问题

1. 列出预应力混凝土连续刚构上部结构所需的辅助工程项目,并计算相应的工程量。
2. 写出各辅助工程的相关定额代号,并对定额调整作出说明。

解题思路

本案例主要考查悬浇连续刚构或悬浇连续梁造价(施工图预算)计算需要考虑的辅助工程是哪些以及相关的辅助工程量如何计算的问题。

(1)挂篮设备的数量应依据工期需要进行确定,每套挂篮质量的确定应依据最大节段混凝土质量计算(由施工组织设计确定,本题按最大现浇段质量的0.5倍计算)。

(2)0号块的现浇托架质量(由施工组织设计提供,本题按桥梁横向宽度每米7t计算)。

(3)边跨现浇段支架可依据边墩墩高及现浇段长度按立面积计算。

(4)本案例给定了墩身高度,还应计算塔式起重机及电梯的使用费。

参考答案

问题1:

预应力混凝土连续刚构上部结构所需的辅助工程,包括:挂篮、0号块托架、边跨现浇段支架、塔式起重机及施工电梯4项。

(1)悬浇挂篮:

根据题意,该连续刚构上部结构施工计划工期为10个月。其中,悬浇共20个节段,每个节段的工期为10d,则悬浇施工周期为200d;0号块托架现浇时间为2个月;悬浇挂篮的拼装及拆除时间为1个月,因此,本项目左、右幅必须平行施工才能满足计划工期的要求,即每个T构需配备1对挂篮,全桥共需4对挂篮;最大节段混凝土数量为71.5m^3,质量为:71.5×2.5 = 178.75(t)。每个挂篮质量为90t,则全桥需配备的挂篮质量为:90×4×2 = 720(t)。

挂篮的使用时间为:200÷30+1 = 7.67(月),按8个月调整设备摊销费。

(2)现浇0号块托架:

按每个T构配1套、全桥共4套考虑,质量:12.5×7×4 = 350(t)

0号块的施工期为2个月,应调整设备摊销费。

(3)边跨现浇支架:

按每个边跨设置1套、全桥共4套考虑,支架立面积:10×9×4 = 360(m^2)

桥宽为12.5m,需调整定额系数:(12.5+2)/12 = 1.21

(4)塔式起重机及施工电梯:

连续刚构的悬浇工艺是由0号块向两侧依次对称悬浇的,且本项目桥墩较高,因此,需考虑施工人员及施工材料的垂直运输设备,配置必要的塔式起重机及施工电梯。鉴于主墩施工已考虑塔式起重机及施工电梯的安拆和相应的使用费,因此,上部结构施工仅考虑使用费,不再考虑安拆费用。则其数量为:

[60(0号块施工) + 30(挂篮拼装) + 20×10(悬浇施工)]×4 = 1160(台·天)

问题2:

定额及调整情况见下表。

序号	项目名称	定额代号	定额单位	工程量	定额调整或系数
1	悬浇挂篮	4-7-28-6	10t	72	设备摊费调整为14400元
2	0号块托架	4-7-29-1	10t	35	设备摊费调整为3600元
3	边跨现浇支架	4-9-3-10	10m^2	36	×1.21
4	支架预压	4-9-6-1	10m^3	支架现浇段混凝土量	
5	施工电梯使用	4-11-15-11	1台·天	1160	
6	塔式起重机使用	4-11-16-9	1台·天	1160	

(八)工程量计量规则

考核要求	备考建议
路基、路面、隧道、桥涵工程主要工程的工程量计量及所包括的工程内容	此部分内容主要考核路基、路面、隧道、桥涵工程主要工程的工程量计量及所包括的工程内容

知识点集成

知识点8：工程量计量规则的相关知识

子目号	子目名称	单位	工程量计量	工程内容
203-1-a	挖土方	m³	1. 依据图纸所示地面线、路基设计横断面图、路基土石比例，采用平均断面面积法计算，包括边沟、排水沟、截水沟的土方，按照天然密实体积以立方米为单位计量。 2. 路床顶面以下挖松深300mm再压实作为挖土方的附属工作，不另行计量。 3. 取弃土场的绿化、防护工程、排水设施在相应章节内计量	1. 挖、装、运输、卸车。 2. 填料分理、弃土整型、压实。 3. 施工排水处理。 4. 边坡整修、路床顶面以下挖松深300mm再压实、路床清理
203-1-b	挖石方	m³	1. 依据图纸所示地面线、路基设计横断面图、路基土石比例，按平均断面法计算，包括边沟、排水沟、截水沟的石方，按照天然体积以立方米为单位计量。 2. 弃土场绿化、防护工程、排水设施在相应章节内计量	1. 石方爆破。 2. 挖、装、运输、卸车。 3. 填料分理、弃土整型、压实。 4. 施工排水处理。 5. 边坡整修、路床顶面凿平或填平压实、路床清理
204-1-a	利用土方	m³	1. 依据图纸所示地面线、路基设计横断面图，按平均断面面积法计算压实的体积，以立方米为单位计量。 2. 当填料中石料含量小于30%时，适用于本条。 3. 满足施工需要，预留路基宽度宽填的填方量作为路基填筑的附属工作，不另计量。 4. 填前压实、地面下沉增加的填方量按填料来源参照本条计量	1. 基底翻松、压实、挖台阶。 2. 临时排水、翻晒。 3. 分层摊铺。 4. 洒水、压实、刷坡。 5. 整型
204-1-b	利用石方	m³	1. 依据图纸所示地面线、路基设计横断面图，按平均断面面积法计算压实的体积，以立方米为单位计量。 2. 当填料中石料含量大于70%时，适用于本条。 3. 地面下沉增加的填方量按填料来源参照本条计量	1. 基底翻松、压实、挖台阶。 2. 临时排水、翻晒。 3. 边坡码砌。 4. 分层摊铺。 5. 小石块（或石屑）填缝、找补。 6. 洒水、压实。 7. 整型

续上表

子目号	子目名称	单位	工程量计量	工程内容
204-1-c	利用土石混填	m³	1.依据图纸所示地面线、路基设计横断面图,按平均断面面积法计算压实的体积,以立方米为单位计量。 2.当填料中石料含量大于30%且小于70%,适用于本条。 3.满足施工需要,预留路基宽度宽填的填方量作为路基填筑的附属工作,不另行计量。 4.地面下沉增加的填方量按填料来源参照本条计量	1.基底翻松、压实,挖台阶。 2.临时排水、翻晒。 3.边坡码砌。 4.分层摊铺。 5.洒水、压实。 6.整型
204-1-d	借土填方	m³	1.依据图纸所示地面线、路基设计横断面图,按平均断面面积法计算压实的体积,以立方米为单位计量。 2.借土场绿化、防护工程、排水设施、临时用地在相应章节内计量。 3.满足施工需要,预留路基宽度宽填的填方量作为路基填筑的附属工作,不另行计量。 4.地面下沉增加的填方量按填料来源参照本条计量	1.借土场场地清理、清除不适用材料。 2.简易便道,基底翻松、压实,挖台阶。 3.挖、装、运输、卸车。 4.分层摊铺。 5.洒水、压实、刷坡。 6.施工排水处理。 7.整型
207-1-a	浆砌片石边沟	m³	依据图纸所示位置及断面尺寸,按浆砌片石的体积以立方米为单位计量	1.场地清理。 2.地基平整夯实,断面补挖。 3.铺设垫层。 4.砂浆拌制。 5.浆砌块石、勾缝、抹面养护。 6.回填
207-1-c	现浇混凝土边沟	m³	依据图纸所示位置及断面尺寸,按照不同强度等级混凝土浇筑的边沟的体积以立方米为单位计量	1.场地清理。 2.地基平整夯实,断面补挖。 3.铺设垫层。 4.模板制作、安装、拆除。 5.钢筋制作与安装。 6.混凝土拌和、运输、浇筑、养护。 7.回填
208-3-b	浆砌骨架护坡	m³	1.依据图纸所示位置和铺砌厚度、骨架形式、水泥砂浆强度,按照护坡体积以立方米为单位计量。 2.含碎落台、护坡平台浆砌骨架数量。 3.扣除急流槽所占体积	1.清理边坡,坡面夯实,基础开挖。 2.浆砌片石。 3.勾缝、抹面、养护。 4.回填。 5.清理现场
214-1-a	现浇混凝土桩混凝土	m³	1.依据图纸所示位置及断面尺寸,按照不同强度等级混凝土体积以立方米为单位计量; 2.护壁混凝土及护壁钢筋为桩基混凝土的附属工作,不另行计量; 3.声测管为现浇混凝土桩的附属工作,不另行计量	1.场地清理。 2.成孔。 3.模板制作、安装、拆除。 4.护壁及桩身混凝土制作、运输、浇筑、养护。 5.桩的无损检测。 6.清理现场

续上表

子目号	子目名称	单位	工程量计量	工程内容
214-2-a	桩板式抗滑挡墙挡土板	m³	依据图纸所示位置及断面尺寸,按照不同强度等级混凝土体积以立方米为单位计量	1. 沟槽开挖。 2. 预制场建设。 3. 预制件预制、运输、装卸。 4. 预制件安装。 5. 墙背回填及墙背排水系统施工。 6. 清理现场
214-3	抗滑桩钢筋	kg	1. 依据图纸所示及钢筋表所列钢筋质量以千克为单位计量; 2. 固定钢筋的材料、定位架立钢筋、钢筋接头、吊装钢筋、钢板、铁丝作为钢筋作业的附属工作,不另行计量; 3. 抗滑桩的护壁钢筋不予计量	1. 钢筋的保护、储存及除锈。 2. 钢筋整直、接头。 3. 钢筋截断、弯曲。 4. 钢筋安设、支承及固定
302-1	碎石垫层	m²	依据图纸所示压实厚度,按照铺筑的顶面面积以平方米为单位计量	1. 检查、清除路基上的浮土、杂物,并洒水湿润。 2. 摊铺。 3. 整平、整型。 4. 洒水、碾压、整修
303-1	石灰稳定土底基层	m²	依据图纸所示压实厚度,按照铺筑的顶面面积以平方米为单位计量	1. 检查、清理下承层,洒水。 2. 拌和、运输、摊铺。 3. 整平、整型。 4. 洒水、碾压、初期养护
304-1	水泥稳定土底基层	m²	依据图纸所示压实厚度,按照铺筑的顶面面积以平方米为单位计量	1. 检查、清理下承层,洒水。 2. 拌和、运输、摊铺。 3. 整平、整型。 4. 洒水、碾压、初期养护
305-1	石灰粉煤灰稳定土底基层	m²	依据图纸所示压实厚度,按照铺筑的顶面面积以平方米为单位计量	1. 检查、清理下承层,洒水。 2. 拌和、运输、摊铺。 3. 整平、整型。 4. 洒水、碾压、初期养护
306-1	级配碎石底基层	m²	依据图纸所示压实厚度,按照铺筑的顶面面积以平方米为单位计量	1. 检查、清理下承层,洒水。 2. 铺筑材料拌和、运输、摊铺。 3. 整平、整型。 4. 洒水、碾压
308-1	透层	m²	依据图纸所示沥青品种、规格、喷油量,按照洒布面积以平方米为单位计量	1. 检查和清扫下承层。 2. 材料制备、运输。 3. 试洒。 4. 沥青洒布车均匀喷洒并检测洒布用量。 5. 初期养护
308-2	黏层	m²	依据图纸所示沥青品种、规格、喷油量,按照洒布面积以平方米为单位计量	1. 检查和清扫下承层。 2. 材料制备、运输。 3. 试洒。 4. 沥青洒布车均匀喷洒并检测洒布用量。 5. 初期养护

续上表

子目号	子目名称	单位	工程量计量	工程内容
309-1	细粒式沥青混凝土	m²	依据图纸所示级配类型及铺筑压实厚度,按照铺筑的顶面面积以平方米为单位计量	1.检查和清扫下承层。 2.拌和设备安装、调试、拆除。 3.沥青加热、保温、输送,配运料,矿料加热烘干,拌和、出料。 4.运输、摊铺、碾压、成型。 5.接缝。 6.初期养护
312-1	水泥混凝土面板	m³	依据图纸所示厚度和混凝土强度等级,按照铺筑体积以立方米为单位计量	1.检查和清理下承层、洒水湿润。 2.模板制作、架设、安装、修理、拆除。 3.混凝土拌合物配合比设计、配料、拌和、运输、浇筑、振捣、真空吸水、抹平、压(刻)纹、养护。 4.切缝、灌缝。 5.初期养护
312-2	钢筋	kg	1.依据图纸所示水泥混凝土路面钢筋,按图示质量以千克为单位计量。 2.因搭接而增加的钢筋作为附属工作,不另行计量	1.钢筋的保护、储存及除锈。 2.钢筋整直、连接。 3.钢筋截断、弯曲。 4.钢筋安设、支承及固定
403-1	基础钢筋(含灌注桩、承台、桩系梁、沉桩、沉井等)	kg	1.依据图纸所示及钢筋表所列钢筋质量,以千克为单位计量。 2.固定钢筋的材料,定位架立钢筋、钢筋接头、吊装钢筋、钢板、铁丝作为钢筋作业的附属工作,不另行计量	1.钢筋的保护、储存及除锈。 2.钢筋整直、接头。 3.钢筋截断、弯曲。 4.钢筋安设、支承及固定
405-1-a	陆上钻孔灌注桩	m	1.依据图纸所示桩长及混凝土强度等级,按照不同桩径的桩长以米为单位计量。 2.施工图设计水深小于2m(含2m)的为陆上钻孔灌注桩。 3.桩长为桩底高程至承台底面或系梁底面。对于与桩连为一体的柱式墩台,如无承台或系梁时,则以桩位处原始地面线为分界线,地面线以下部分为灌注桩桩长。若图纸有标示的,按图纸标示为准	1.安设护筒及设置钻孔平台。 2.钻机安、拆、就位。 3.钻孔、成孔、成孔检查。 4.安装声测管。 5.混凝土制拌、运输、浇筑。 6.破桩头。 7.按技术规范第405.11小节的规定进行桩基检测

续上表

子目号	子目名称	单位	工程量计量	工程内容
405-1-b	水中钻孔灌注桩	m	1. 依据图纸所示桩长及混凝土强度等级，按照不同桩径的桩长以米为单位计量。 2. 施工图设计水深大于2m的为陆上钻孔灌注桩。 3. 桩长为桩底高程至承台底面或系梁底面。对于与桩连为一体的柱式墩台，如无承台或系梁时，则以桩位处原始地面线为分界线，地面线以下部分为灌注桩桩长。若图纸有标示的，按图纸标示为准	1. 搭设水中钻孔平台、筑岛或围堰、横向便道。 2. 钻机安、拆、就位。 3. 钻孔、成孔、成孔检查。 4. 安装声测管。 5. 混凝土制拌、运输、浇筑。 6. 破桩头。 7. 按技术规范第405.11小节的规定进行桩基检测
410-2-a	桥台混凝土	m³	1. 依据图纸所示体积分不同强度等级，以立方米为单位计量。 2. 直径小于200mm的管子、钢筋、锚固件、管道、泄水孔或桩所占混凝土体积不予扣除	1. 场地清理。 2. 搭拆作业平台、支架。 3. 安拆模板，安设预埋件（包括支座预埋件、防震锚栓及套筒等）。 4. 混凝土配运料、拌和、运输、浇筑、振捣、养护。 5. 施工缝、沉降缝设置处理。 6. 防水、防冻、防腐措施
410-2-b	桥墩混凝土	m³	1. 依据图纸所示体积分不同强度等级，以立方米为单位计量。 2. 直径小于200mm的管子、钢筋、锚固件、管道、泄水孔或桩所占混凝土体积不予扣除	1. 场地清理。 2. 搭拆作业平台、支架。 3. 安拆模板，安设预埋件（包括支座预埋件、防震锚栓及套筒等）。 4. 混凝土配运料、拌和、运输、浇筑、振捣、养护。 5. 防水、防冻、防腐措施
410-2-c	盖梁混凝土	m³	1. 依据图纸所示体积分不同强度等级，以立方米为单位计量。 2. 直径小于200mm的管子、钢筋、锚固件、管道、泄水孔或桩所占混凝土体积不予扣除。 3. 墩梁固结混凝土计入本子目。桥墩上的支座垫石、防震挡块混凝土计入附属结构混凝土	1. 场地清理。 2. 搭拆作业平台、支架。 3. 安拆模板，安设预埋件（包括支座预埋件、防震锚栓及套筒等）。 4. 混凝土配运料、拌和、运输、浇筑、振捣、养护
410-2-d	台帽混凝土	m³	1. 依据图纸所示体积分不同强度等级，以立方米为单位计量。 2. 直径小于200mm的管子、钢筋、锚固件、管道、泄水孔或桩所占混凝土体积不予扣除。 3. 耳背墙混凝土计入本子目。桥台上的支座垫石、防震挡块混凝土计入附属结构混凝土	1. 场地清理。 2. 搭拆作业平台、支架。 3. 安拆模板，安设预埋件（包括支座预埋件、防震锚栓及套筒等）。 4. 混凝土配运料、拌和、运输、浇筑、振捣、养护

续上表

子目号	子目名称	单位	工程量计量	工程内容
410-3	现浇混凝土上部结构	m³	1. 依据图纸所示体积分不同强度等级,以立方米为单位计量。 2. 直径小于200mm的管子、钢筋、锚固件、管道、泄水孔或桩所占混凝土体积不予扣除	1. 平整场地。 2. 搭拆工作平台。 3. 支架搭设、预压与拆除。 4. 安拆模板、安设预埋件。 5. 混凝土配运料、拌和、运输、浇筑、养护。 6. 施工缝、伸缩缝设置处理
410-4	预制混凝土上部结构	m³	1. 依据图纸所示体积分不同强度等级,以立方米为单位计量。 2. 直径小于200mm的管子、钢筋、锚固件、管道、泄水孔或桩所占混凝土体积不予扣除	1. 搭拆工作平台。 2. 安拆模板,安设预埋件(吊环、预埋连接件)。 3. 混凝土配运料、拌和、运输、浇筑、养护。 4. 构件预制、运输、安装
410-5	桥梁上部结构现浇整体化混凝土	m³	1. 依据图纸所示体积分不同强度等级,以立方米为单位计量。 2. 直径小于200mm的管子、钢筋、锚固件、管道、泄水孔或桩所占混凝土体积不予扣除。 3. 铰缝、湿接缝、先简支后连续现浇接头混凝土计入本子目	1. 工作面清理。 2. 搭拆作业平台。 3. 安拆支架、模板。 4. 混凝土配运料、拌和、运输、浇筑、养护
503-1-a	洞身开挖(不含竖井、斜井)	m³	1. 依据图纸所示成洞断面(不计允许超挖值及预留变形量的设计净断面)计算开挖体积,不分围岩级别只区分为土方和石方,以立方米为单位计量。 2. 含紧急停车带、车行横洞、人行横洞以及设备洞室的开挖	1. 钻孔爆破。 2. 风、水、电作业及通风防尘。 3. 粉尘、有害气体、可燃气体量测监控及防护。 4. 临时支护及临时排水。 5. 装渣、运输、卸车。 6. 填料分理、弃土整型、压实

代 表 题 型

【案例一】 某大桥为5×25m预应力混凝土分体小箱梁桥,桥梁全长133m,下部结构采用重力式桥台和柱式桥墩,桥台高8.6m,桥墩高9.1m。

桥梁下部结构主要工程数量为:U形桥台C30混凝土487.8m³,台帽C40混凝土190.9m³;柱式桥墩立柱C40混凝土197.7m³,盖梁C40混凝土371.7m³。施工要求采用集中拌和运输,混凝土拌和场设在距离桥位500m的一片荒地。混凝土采用40m³/h拌和站拌和、6m³搅拌运输车运输,拌和站安拆及场地费用不计。

问题

1. 根据下表给定的桥梁下部结构相关清单子目号、子目名称,编制桥梁下部结构工程量清单。

子目号	子目名称	子目号	子目名称
410-2	混凝土下部结构	-c	盖梁混凝土
-a	桥台混凝土	-d	台帽混凝土
-b	桥墩混凝土		

2. 在相应的清单子目下套取定额。

解题思路

本题主要考核桥梁工程下部结构工程量清单计量规则,以及工程量清单的清单工程量计算。

参考答案

问题1：

工程量清单如下表所示。

子目号	子目名称	计量单位	工程数量
410-2	下部结构混凝土		
-a	桥台混凝土		
-a-1	C30 混凝土台身	m³	487.8
-b	桥台混凝土		
-b-1	C40 混凝土桥墩	m³	197.7
-c	盖梁混凝土		
-c-1	C40 混凝土盖梁	m³	371.7
-d	台帽混凝土		
-d-1	C40 混凝土台帽	m³	190.9

问题2：

清单子目套取定额如下表所示。

410-2-a-1 C30 混凝土台身：

工程细目	定额代号	费率	单位	数量	定额调整或系数
梁板桥实体式墩台高 10m 以内	4-6-2-4	构造物Ⅱ	10m³	48.78	片 C15-32.5-8 换普 C30-32.5-4
混凝土搅拌站拌和(40m³/h 以内)	4-11-11-14	构造物Ⅰ	100m³	4.878	×1.02
6m³ 搅拌运输车运混凝土第 1 个 1km	4-11-11-24	运输	100m³	4.878	×1.02

410-2-b-1 C40 混凝土桥墩：

工程细目	定额代号	费率	单位	数量	定额调整或系数
圆柱式墩台混凝土非泵送 10m 以内	4-6-2-12	构造物Ⅱ	10m³	19.77	普 C25-32.5-4 换普 C40-32.5-4
混凝土搅拌站拌和(40m³/h 以内)	4-11-11-14	构造物Ⅰ	100m³	1.977	×1.02
6m³ 搅拌运输车运混凝土第 1 个 1km	4-11-11-24	运输	100m³	1.977	×1.02

410-2-c-1 C40 混凝土盖梁：

工程细目	定额代号	费率	单位	数量	定额调整或系数
盖梁混凝土非泵送钢模	4-6-4-1	构造物Ⅱ	10m³	37.17	普 C30-32.5-4 换普 C40-32.5-4
混凝土搅拌站拌和(40m³/h 以内)	4-11-11-14	构造物Ⅰ	100m³	3.717	×1.02
6m³ 搅拌运输车运混凝土第 1 个 1km	4-11-11-24	运输	100m³	3.717	×1.02

410-2-d-1 C40 混凝土台帽：

工程细目	定额代号	费率	单位	数量	定额调整或系数
墩、台帽混凝土非泵送钢模	4-6-3-1	构造物Ⅱ	10m³	19.09	普 C30-32.5-4 换普 C40-32.5-4
混凝土搅拌站拌和(40m³/h 以内)	4-11-11-14	构造物Ⅰ	100m³	1.909	×1.02
6m³ 搅拌运输车运混凝土第 1 个 1km	4-11-11-24	运输	100m³	1.909	×1.02

【案例二】 某项目主线为双向四车道高速公路,路基宽 26m,采用沥青混凝土路面结构形式,具体工程数量如下表。

路面工程部分数量表

合同段	结构类型			
	4cm厚SMA-13上面层	8cm厚粗粒式沥青混凝土下面层	20cm厚5%水稳碎石基层	SBS改性乳化沥青透层
	面积(1000m²)	面积(1000m²)	面积(1000m²)	面积(1000m²)
第1合同段合计	98.9	98.9	106.9	106.9

纵向排水沟工程数量表

合同段	长度(m)	现浇C25沟身(m³)	预制C30盖板(矩形带孔)(m³)	沥青麻絮伸缩缝(m²)	HRB400盖板钢筋(t)	砂砾垫层(m³)
第1合同段合计	4612	553.43	221.37	84.55	41192	507.31

施工组织拟采用集中拌和、摊铺机铺筑,混合料综合平均运距为5km,混合料均采用20t自卸汽车运输,基层稳定土混合料采用生产能力为400t/h稳定土拌和站拌和,沥青混凝土采用生产能力为240t/h沥青混合料拌和站拌和。拌和站的安拆及场地费用不计。小型预制构件的预制场设在拌和站旁。

问题

1. 根据上述相关数据,按照《公路工程标准施工招标文件》(2018年版)编制路面工程工程量清单。

2. 在路面工程的上面层、下面层、水稳基层、透层及纵向雨水沟的清单子目下套取定额。

参考答案

问题1：

工程量清单如下。

子目号	子目名称	单位	数量
304-3	水泥稳定碎石基层		
-a	20cm 水泥稳定碎石基层	m²	106900
308-1	透层		
-a	SBS 改性乳化沥青透层	m²	106900
309-3	粗粒式沥青混凝土下面层		
-a	厚80mm	m²	98900
311-3	SMA-13 上面层		
-a	厚40mm	m²	98900
314-2	纵向排水沟(管)		
-a	纵向排水管	m	4612

问题2：

清单子目定额套取见下表。

304-3-a 20cm 水泥稳定碎石基层：

工 程 细 目	定额代号	费率	单位	数量	定额调整或系数
厂拌水泥碎石稳定土(5%)压实厚度20cm	2-1-7-5	路面	1000m²	106.9	拌和设备调为400t/h
20t 以内自卸汽车运稳定土第1个1km	2-1-8-9	运输	1000m³	21.38	+(2-1-8-10)×8
12.5m 以内摊铺机铺筑基层混合料	2-1-9-11	路面	1000m²	106.9	

308-1-a SBS 改性乳化沥青透层：

工 程 细 目	定额代号	费率	单位	数量	定额调整或系数
乳化沥青透层	2-2-16-4	路面	1000m²	106.9	乳化沥青改为SBS改性乳化沥青

309-3-a 厚80m 粗粒式沥青混凝土下面层：

工 程 细 目	定额代号	费率	单位	数量	定额调整或系数
粗粒式沥青混凝土拌和	2-2-11-5	路面	1000m³	7.912	
20t 以内自卸汽车运沥青混凝土第1个1km	2-2-13-9	运输	1000m³	7.912	+(2-2-13-10)×8
机械摊铺粗粒式沥青混凝土	2-2-14-46	路面	1000m³	7.912	

311-3-a 厚40mm SMA-13 上面层：

工 程 细 目	定额代号	费率	单位	数量	定额调整或系数
沥青玛琋脂碎石混合料拌和(240t/h)	2-2-12-3	路面	1000m³	3.956	
20t 以内自卸汽车运沥青混凝土第1个1km	2-2-13-9	运输	1000m³	3.956	+(2-2-13-10)×8
机械摊铺粗粒式沥青混凝土	2-2-14-48	路面	1000m³	3.956	

314-2-a 纵向排水管：

工程细目	定额代号	费 率	单位	数量	定额调整或系数
现浇C25混凝土沟身	1-3-4-5	构造物Ⅰ	10m³	55.343	普C20换普C25
预制水沟盖板C30	1-3-4-10	构造物Ⅰ	10m³	22.137	普C20换普C30，×1.01
水沟盖板钢筋	1-3-4-11	钢材及钢结构	1t	44.192	HRB钢筋;1.025,×1.01
安装水沟盖板	1-3-4-12	构造物Ⅰ	10m³	22.137	
水沟盖板运输	4-8-3-6	运输	100m³	2.2137	+(4-8-3-14)×8,×1.01
砂砾垫层	4-11-5-1	构造物Ⅰ	10m³	50.731	
沥青麻絮伸缩缝	4-11-1-1	构造物Ⅰ	10m²	8.455	

【案例三】 某绕城高速公路项目需编制电子版计量台账，其中互通交叉主线一处护面墙工程量如下表所示。

桩号：K19+760~K19+770					
工程项目	M7.5浆砌片（块）石	C20预制块	三维土工网植草护坡	开挖基坑	回填种植土
单位	m³	m³	m²	m³	m³
数量	71.9	3.2	72	45.32	26.28

该防护工程图纸图号为S6-2-2-11-6，台账编码T001C01Z01F01M01，台账格式为：

台账编码	序号	起桩号	止桩号	清单细目号	细目名称	单位	设计数量	单价	设计金额	工程名称及部位	图号

部分工程量清单为：

子目号	子目名称	单位	数量	单价(元)
203-1	路基挖方(含互通、附属场区等)			
-a	挖土方	m³	184638	7.62
-b	挖石方	m³	599332	28.18
703	撒播草种和铺植草皮			
703-1	撒播草种(含喷播)	m²	70745.2	4.74
703-4	铺植草皮	m²	82002	8.48
703-5	三维土工网植草	m²	35499	34.84

续上表

子目号	子目名称	单位	数量	单价(元)
208-5	护面墙			
-a	M7.5浆砌片石	m³	31119	301.59
-c	C20预制块	m³	1320	621.94
404-1	挖土方	m³	10150	26.89

问题

编制该处护面墙的电子版计量台账。

参考答案

台账见下表。

台账编码	序号	起桩号	止桩号	清单细目号	细目名称	单位	设计数量	单价	设计金额	工程名称及部位	图号
T001C01Z01F01M01	1	K19+760	K19+770	208-5-a	M7.5浆砌片石	m³	71.9	301.59	21684	路堑窗式护面墙护坡	S6-2-2-11-6
T001C01Z01F01M01	2	K19+760	K19+770	208-5-c	C20预制块	m³	3.2	621.94	1990	路堑窗式护面墙护坡	S6-2-2-11-6
T001C01Z01F01M01	3	K19+760	K19+770	703-5	三维土工网护坡	m²	72	34.84	3031	路堑窗式护面墙护坡	S6-2-2-11-6

(九)建安费的计算

考核要求	备考建议
1. 建筑安装工程费的组成。 2. 建筑安装工程费的计算	此部分内容主要考核建筑安装工程费的组成及其计算

知识点集成

知识点9:建筑安装工程费的组成与计算

序号	项目	说明及计算式
(一)	定额直接费	Σ人工消耗量×人工基价+Σ(材料消耗量×材料基价+机械台班消耗量×机械台班基价)
(二)	定额设备购置费	Σ设备购置数量×设备基价
(三)	直接费	Σ人工消耗量×人工单价+Σ(材料消耗量×材料预算单价+机械台班消耗量×机械台班预算单价)
(四)	设备购置费	Σ设备购置数量×预算单价

第三章 交通运输工程计量与计价

续上表

序号	项目	说明及计算式
(五)	措施费	(一)×施工辅助费费率＋定额人工费和定额施工机械使用费之和×其余措施费综合费率
(六)	企业管理费	(一)×企业管理费综合费率
(七)	规费	各类工程人工费(含施工机械人工费)×规费综合费率
(八)	利润	[(一)＋(五)＋(六)]×利润率
(九)	税金	[(三)＋(四)＋(五)＋(六)＋(七)＋(八)]×9%
(十)	专项费用	
	施工场地建设费	[(一)＋(二)×40%＋(五)＋(六)＋(七)＋(八)＋(九)]×累进费率
	安全生产费	建筑安装工程费(不含安全生产费本身)×(≥1.5%)
(十一)	定额建筑安装工程费	(一)＋(二)×40%＋(五)＋(六)＋(七)＋(八)＋(九)＋(十)
(十二)	建筑工程工程费	(三)＋(四)＋(五)＋(六)＋(七)＋(八)＋(九)＋(十)

代表题型

【案例】 某一级公路,路线总长14km。其中软土路基处理中碎石垫层设计数量为50000m^3。某造价工程师对该清单组价时套用了预算定额"[1-2-12-4]碎石地基垫层"。其定额消耗量、单价以及根据该公路项目所属地计取的各项费率详见下表。

定额消耗量及单价表

序号	定额代号	项目名称	定额单位	定额基价	预算单价	定额工程量
一	1-2-12-4	碎石地基垫层	1000m^3			50
1	1001001	人工	工日	106.28	111.23	17.30
2	5505016	碎石	m^3	75.73	184.47	1207.0
3	8001002	75kW以内履带式推土机	台班	884.21	863.22	1.8
4	8001081	12～15t光轮压路机	台班	587.09	569.64	1.97

注:8001002每台班配机械工2人,8001081每台班配机械工1人。

综合费率表

序号	费用名称	工程类别划分及费率(%)			
		土方	石方	运输	路面
一	措施费				
1	冬季施工增加费	0.84	0.16	0.17	0.57
2	雨季施工增加费	0.53	0.49	0.53	0.50
3	夜间施工增加费	—	—	—	—
4	行车干扰施工增加费	3.19	2.62	3.04	2.80
5	施工辅助费	0.52	0.47	0.15	0.82
6	工地转移费	0.30	0.21	0.20	0.44

续上表

序号	费用名称	工程类别划分及费率(%)			
		土方	石方	运输	路面
7	措施费Ⅰ(合计)	4.86	3.48	3.94	4.30
8	措施费Ⅱ(合计)	0.52	0.47	0.15	0.82
二	企业管理费综合费率	2.98	2.98	1.78	2.73
三	规费综合费率	35.90	35.90	35.90	35.90

问题

假定利润率、税金分别按7.42%、9%计取,试计算清单预算该项目碎石垫层的下列费用:
1. 定额直接费、直接费、措施费、企业管理费、规费、利润及税金各多少?(计算结果取整)
2. 不含专项费用的定额建筑安装工程费和建筑安装工程费各多少?(计算结果取整)
3. 砂砾垫层不含专项费用的预算综合单价为多少?(计算结果保留两位小数)

解题思路

本案例主要考核公路工程建设项目建筑安装工程及定额建筑安装工程费各项组成费用的计算方法。即:

$$定额直接费 = \sum 人工消耗量 \times 人工基价 + \sum (材料消耗量 \times 材料基价 + 机械台班消耗量 \times 机械台班基价)$$

$$直接费 = \sum 人工消耗量 \times 人工单价 + \sum (材料消耗量 \times 材料预算单价 + 机械台班消耗量 \times 机械台班预算单价)$$

$$措施费 = 定额直接费 \times 施工辅助费费率 + 定额人工费和定额施工机械使用费之和 \times 其余措施费综合费率$$

$$企业管理费 = 定额直接费 \times 企业管理费综合费率$$

$$规费 = 各类工程人工费(含施工机械人工费) \times 规费综合费率$$

$$利润 = (定额直接费 + 措施费 + 企业管理费) \times 利润率$$

$$税金 = (直接费 + 设备购置费 + 措施费 + 企业管理费 + 规费 + 利润) \times 9\%$$

$$定额建筑安装工程费 = 定额直接费 + 定额设置购置费 \times 40\% + 措施费 + 企业管理费 + 规费 + 利润 + 税金 + 专项费用$$

$$建筑安装工程费 = 直接费 + 设置购置费 + 措施费 + 企业管理费 + 规费 + 利润 + 税金 + 专项费用$$

参考答案

问题1:
定额直接费、直接费、措施费、企业管理费及规费的计算:
(1)定额直接费:

$(106.28 \times 17.3 + 75.73 \times 1207 + 884.21 \times 1.8 + 587.09 \times 1.97) \times 50 = 4799645(元)$

(2)直接费:

$(111.23 \times 17.3 + 184.47 \times 1207 + 863.22 \times 1.8 + 569.64 \times 1.97) \times 50 = 11362778(元)$

（3）施工辅助费：

$4799645 \times 0.82\% = 39357(元)$

（4）其他措施费：

$(106.28 \times 17.3 + 884.21 \times 1.8 + 587.09 \times 1.97) \times 4.30\% \times 50 = 9862(元)$

（5）措施费：

$39357 + 9862 = 49219(元)$

（6）企业管理费：

$4799645 \times 2.73\% = 131030(元)$

（7）规费：

$(17.3 + 1.8 \times 2 + 1.97) \times 50 \times 111.23 \times 35.9\% = 45662(元)$

（8）利润：

$(4799645 + 49219 + 131030) \times 7.42\% = 369508(元)$

（9）税金：

$(11362778 + 49219 + 131030 + 45662 + 369508) \times 9\% = 1076238(元)$

问题2：

定额建筑安装工程费、建筑安装工程费的计算：

（1）不含专项费用的定额建筑安装工程费：

$4799645 + 49219 + 131030 + 45662 + 369508 + 1076238 = 6471302(元)$

（2）不含专项费用的建筑安装工程费：

$11362778 + 49219 + 131030 + 45662 + 369508 + 1076238 = 13034435(元)$

问题3：

砂砾垫层不含专项费用的预算综合单价计算：

$13034435 \div 50000 = 260.69(元)$

第四章　公路工程招投标

一、考纲要求

1. 工程招标方式与程序。
2. 工程招标文件的编制。
3. 工程评标与定标。
4. 工程投标策略与方法。

二、本章知识架构

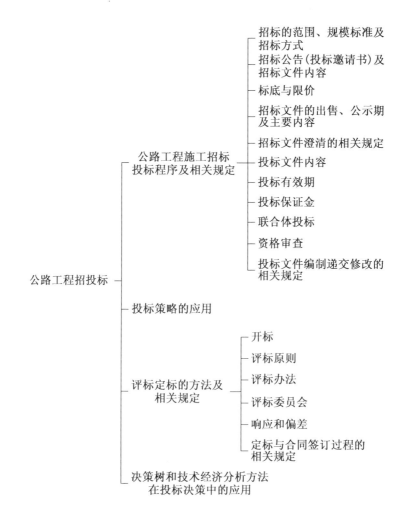

三、本章知识点

(一) 招标投标程序及相关规定

考 核 要 求	备 考 建 议
了解招标的范围,熟悉招标投标程序、联合体投标的要求,重点掌握投标保证金的形式、递交及返还时间,投标有效期的计算等。 1. 掌握《中华人民共和国招标投标法》《中华人民共和国招标投标法实施条例》《公路工程建设项目招标投标管理办法》等文件中关于工程项目招标投标的规定。 2. 掌握《公路工程标准施工招标文件》(2018 年版)文件中关于工程项目施工招标投标的规定;熟悉《公路工程标准施工招标资格预审文件》(2018 年版)文件中关于工程项目施工招标资格预审的规定;了解《公路工程标准勘察设计招标文件》(2018 年版)、《公路工程标准施工监理招标文件》(2018 年版)、《标准设备、材料采购招标文件》(2017 年版)等文件中关于勘察设计、施工监理、设备材料采购招标的基本规定和评标办法。 3. 根据试题背景材料给出的招标投标工作过程别其工作程序的正确性,并对其中的关键知识点作出简答;对招标投标过程中发生的具体事件判断责任,说明正确处理方法,并对有关内容作出简答。 4. 招标投标工作相关文件的构成及要求(特别是招标公告、招标文件、投标文件、投标人须知的具体构成与区别)	1. 此部分内容多为改错判断作答题。一是注意阅读试题中的关键语句,二是注意有关文件中的要求,三是根据自己的实践经验进行判断。可以独立命题,也可以与其他题型结合命题。 2. 考生应核心掌握《中华人民共和国招标投标法实施条例》《工程建设项目施工招标投标办法》(国家发展改革委令 2013 年第 23 号)、《公路工程建设项目招标投标管理办法》的相关条款。 3. 阅读《公路工程标准施工招标文件》(2018 年版)、《必须招标的工程项目规定》(中华人民共和国国家发展和改革委员会令 2018 年第 16 号)的相关条款

知识点集成

知识点 1:招标的范围、规模标准及招标方式

	主 要 内 容
招标范围	1. 全部或者部分使用国有资金投资或者国家融资的项目包括: (1)使用预算资金 200 万元人民币以上,并且该资金占投资额 10% 以上的项目; (2)使用国有企业事业单位资金,并且该资金占控股或者主导地位的项目。 2. 使用国际组织或者外国政府贷款、援助资金的项目包括: (1)使用世界银行、亚洲开发银行等国际组织贷款、援助资金的项目; (2)使用外国政府及其机构贷款、援助资金的项目。 3. 大型基础设施、公用事业等关系社会公共利益、公共安全的项目。必须招标的具体范围包括: (1)煤炭、石油、天然气、电力、新能源等能源基础设施项目; (2)铁路、公路、管道、水运,以及公共航空和 A1 级通用机场等交通运输基础设施项目; (3)电信枢纽、通信信息网络等通信基础设施项目; (4)防洪、灌溉、排涝、引(供)水等水利基础设施项目; (5)城市轨道交通等城建项目。 注:2018 年 6 月 1 日起施行的《必须招标的工程项目规定》(中华人民共和国国家发展和改革委员会令 2018 年第 16 号)、《必须招标的基础设施和公用事业项目范围规定》(发改法规〔2018〕843 号)

续上表

规模标准		上述规定范围内的项目,其勘察、设计、施工、监理以及与工程建设有关的重要设备、材料等的采购达到下列标准之一的,必须招标: 1.施工单项合同估算价在400万元人民币以上。 2.重要设备、材料等货物的采购,单项合同估算价在200万元人民币以上。 3.勘察、设计、监理等服务的采购,单项合同估算价在100万元人民币以上。 同一项目中可以合并进行的勘察、设计、施工、监理以及与工程建设有关的重要设备、材料等的采购,合同估算价合计达到前款规定标准的,必须招标。 注:2018年6月1日起施行的《必须招标的工程项目规定》(中华人民共和国国家发展和改革委员会令2018年第16号),各招标范围及单项标准已作调整
招标方式	公开招标	招标人通过公共传播媒介发布招标公告或信息进行招标,是一种无限制竞争方式,邀请不特定的法人或者其他组织投标。 信息公开: 1.依法必须招标项目的招标公告和公示信息应当在"中国招标投标公共服务平台"或者项目所在地省级电子招标投标公共服务平台(以下统一简称"发布媒介")发布。 2.公路工程招标:招标人应当自资格预审文件或者招标文件开始发售之日起,将其关键内容上传至具有招标监督职责的交通运输主管部门政府网站或者其指定的其他网站上进行公开(《公路工程建设项目招标投标管理办法》中华人民共和国交通运输部令2015年第24号)。 注:《招标公告发布暂行办法》(国家发展计划委第4号令)和《国家计委关于指定发布依法必须招标项目招标公告的媒介的通知》(计政策〔2000〕868号)已经废止。2018年1月1日起施行的《招标公告和公示信息发布管理办法》(中华人民共和国国家发展和改革委员会令2017年第10号)已作调整
	邀请招标	以投标邀请书的方式邀请特定的法人或者其他组织投标。依法必须进行公开招标的项目,有下列情形之一的,可以邀请招标: 1.项目技术复杂或有特殊要求,或者受自然地域环境限制,只有少量潜在投标人可供选择。 2.涉及国家安全、国家秘密或者抢险救灾,适宜招标但不宜公开招标。 3.采用公开招标方式的费用占项目合同金额的比例过大。 全部使用国有资金投资或者国有资金投资占控股或者主导地位的并需要审批的工程建设项目的邀请招标,应当经项目审批部门批准,但项目审批部门只审批立项的,由有关行政监督部门批准。 注:《工程建设项目施工招标投标办法》(国家发展改革委令2013年第23号)
其他方式	不招标	有下列情形之一的公路工程建设项目,可以不进行招标: 1.涉及国家安全、国家秘密、抢险救灾或者属于利用扶贫资金实行以工代赈,需要使用农民工等特殊情况。 2.需要采用不可替代的专利或者专有技术。 3.采购人自身具有工程施工或者提供服务的资格和能力,且符合法定要求。 4.已通过招标方式选定的特许经营项目投资人依法能够自行施工或者提供服务。 5.需要向原中标人采购工程或者服务,否则将影响施工或者功能配套要求。 6.国家规定的其他特殊情形。招标人不得为适用前款规定弄虚作假,规避招标。 在建工程追加的附属小型工程或者主体加层工程,原中标人仍具备承包能力,并且其他人承担将影响施工或者功能配套要求。 注:《公路工程建设项目招标投标管理办法》(中华人民共和国交通运输部令2015年第24号)

续上表

其他方式	重新招标	依法必须进行招标的公路工程建设项目，有下列情形之一的，招标人在分析招标失败的原因并采取相应措施后，应当依照本办法重新招标： 1. 通过资格预审的申请人少于3个的。 2. 投标人少于3个的。 3. 所有投标均被否决的。 4. 中标候选人均未与招标人订立书面合同的。 投标人少于3个的，不得开标，投标文件应当当场退还给投标人；招标人应当重新招标。 排名第一的中标候选人放弃中标、因不可抗力不能履行合同、不按照招标文件要求提交履约保证金，或者被查实存在影响中标结果的违法行为等情形，不符合中标条件的，招标人可以按照评标委员会提出的中标候选人名单排序依次确定其他中标候选人为中标人，也可以重新招标。 重新招标后投标人仍少于3个的，属于按照国家有关规定需要履行项目审批、核准手续的、依法必须进行招标的公路工程建设项目，报经项目审批、核准部门批准后可以不再进行招标；其他项目可由招标人自行决定不再进行招标。 注：《公路工程建设项目招标投标管理办法》(中华人民共和国交通运输部令2015年第24号)

知识点2：招标公告(投标邀请书)及招标文件内容

	主 要 内 容
招标公告 (投标邀请书)	招标公告(未进行资格预审)(目录内容)： (1)招标条件；(2)项目概况与招标范围；(3)投标人资格要求；(4)招标文件的获取；(5)投标文件的递交；(6)发布公告的媒介；(7)联系方式
	投标邀请书(适用于邀请招标)(目录内容)： (1)招标条件；(2)项目概况与招标范围；(3)投标人资格要求；(4)招标文件的获取；(5)投标文件的递交；(6)确认；(7)联系方式
	招标公告或者投标邀请书应当至少载明下列内容(具体陈述内容)： 1. 招标人的名称和地址； 2. 招标项目的内容、规模、资金来源； 3. 招标项目的实施地点和工期； 4. 获取招标文件或者资格预审文件的地点和时间； 5. 对招标文件或者资格预审文件收取的费用； 6. 对招标人的资质等级的要求
招标文件内容	1. 招标公告/投标邀请书； 2. 投标人须知； 3. 评标办法； 4. 合同条款及格式； 5. 工程量清单； 6. 图纸； 7. 技术规范； 8. 工程量清单计量规则； 9. 投标文件格式

知识点3:标底与限价

主要内容	
标底与限价的相关规定	1. 招标人可以自行决定是否编制标底或者设置最高投标限价。接受委托编制标底或者最高投标限价的中介机构不得参加该项目的投标,也不得为该项目的投标人编制投标文件或者提供咨询。 2. 招标人可根据项目特点决定是否编制标底。编制标底的,标底编制过程和标底在开标前必须保密。 3. 招标项目编制标底的,应根据批准的初步设计、投资概算,依据有关计价办法,参照有关工程定额,结合市场供求状况,综合考虑投资、工期和质量等方面的因素合理确定。 4. 标底由招标人自行编制或委托中介机构编制。一个工程只能编制一个标底。 5. 任何单位和个人不得强制招标人编制或报审标底,或干预其确定标底。 6. 招标项目可以不设标底,进行无标底招标。 7. 招标人设有最高投标限价的,应当在招标文件中明确最高投标限价或者最高投标限价的计算方法。招标人不得规定最低投标限价

知识点4:招标文件的出售、公示期及主要内容

主要内容			依据
招标公告的发布媒介(或获取招标信息的渠道)		依法必须招标项目的招标公告和公示信息应当在"中国招标投标公共服务平台"或者项目所在地省级电子招标投标公共服务平台发布	《公路工程建设项目招标投标管理办法》(中华人民共和国交通运输部令2015年第24号)
招标文件的发售期		招标文件的发售期不得少于5日(注意不是5个工作日)	
投标截止时间		自招标文件开始发出之日起至投标人提交投标文件截止之日最短不少于20日	
招标公告(投标邀请书)	招标公告(未进行资格预审)	(1)招标条件;(2)项目概况与招标范围;(3)投标人资格要求;(4)招标文件的获取;(5)投标文件的递交;(6)发布公告的媒介;(7)联系方式	《公路工程标准施工招标文件》(2018年版)
	投标邀请书(适用于邀请招标)	(1)招标条件;(2)项目概况与招标范围;(3)投标人资格要求;(4)招标文件的获取;(5)投标文件的递交;(6)确认;(7)联系方式	
	招标公告或者投标邀请书应当至少载明的内容	1. 招标人的名称和地址; 2. 招标项目的内容、规模、资金来源; 3. 招标项目的实施地点和工期; 4. 获取招标文件或者资格预审文件的地点和时间; 5. 对招标文件或者资格预审文件收取的费用; 6. 对招标人的资质等级的要求	

第四章 公路工程招投标

知识点 5：招标文件的澄清

若招标人需要改变招标范围或变更招标文件，应在投标截止日期至少 15 天以前以书面方式通知招标文件收受人。若迟于这一时限发出变更通知，应将原定投标截止日期适当延长。

知识点 6：投标文件内容

		主 要 内 容
投标文件内容	1. 第一个信封（商务及技术文件）	（1）投标函及投标函附录； （2）授权委托书或法定代表人身份证明； （3）联合体协议； （4）投标保证金； （5）施工组织设计； （6）项目管理机构； （7）拟分包情况表； （8）资格审查资料； （9）其他资料
	2. 第二个信封（报价文件）	（1）投标函； （2）已标价工程量清单； （3）合同用款估算表； （4）调价函及调价后的工程量清单（如有）

知识点 7：投标有效期

投标有效期从投标文件提交截止之日起计算，一般为 90 日。

《公路工程标准施工招标文件》(2018 年版)中指出一般项目投标有效期为 60～90 日，大型项目为 120 日左右。出现特殊情况需要延长投标有效期的，招标人以书面形式通知所有投标人延长投标有效期。

知识点 8：投标保证金

	相 关 规 定	依 据
金额数量	不超过招标项目估算价的 2%	《中华人民共和国招标投标法实施条例》第二十六条规定
有效期	与投标有效期一致	
返还时间	招标人最迟将在中标通知书发出后 5 日内向中标候选人以外的其他投标人退还投标保证金。招标人与中标人签订合同后 5 日内，应向中标人和其他中标候选人退还投标保证金。投标保证金以现金或支票形式递交的，招标人应同时退还投标保证金的银行同期活期存款利息，且退还至投标人的基本账户	《公路工程标准施工招标文件》(2018 年版)

145

知识点9:联合体投标

	主 要 内 容
	两个以上法人或者其他组织可以组成一个联合体,以一个投标人的身份共同投标,为联合体投标
联合体投标的规定	1. 联合体各方应按招标文件提供的格式签订联合体协议书,明确联合体牵头人和各方权利义务,牵头人代表联合体成员负责投标和合同实施阶段的主力、协调工作,并应当向招标人提交由所有联合体成员法定代表人签署的授权书。 2. 联合体各方签订共同投标协议后,不得再以自己名义单独投标,也不得组成新的联合体或参加其他联合体在同一项目中投标。 3. 联合体各方应具备承担本施工项目的资质条件、能力和信誉,通过资格预审的联合体,其各方组成结构或职责,以及财务能力、信誉情况等资格条件不得改变。 4. 由同一专业的单位组成的联合体,按照各组成单位资质等级较低的等级确定联合体资质等级。 5. 联合体投标的,应当以联合体各方或者联合体中牵头人的名义提交投标保证金。以联合体中牵头人名义提交的投标保证金,对联合体各成员具有约束力。 6. 招标人接受联合体投标并进行资格预审的,联合体应当在提交资格预审申请文件前组成。资格预审后联合体增减、更换成员的,其投标无效。 7. 联合体各方应共同与发包人签订合同协议书。联合体各方应为履行合同承担连带责任。 8. 联合体协议经发包人确认后作为合同附件。在履行合同过程中,未经发包人同意,不得修改联合体协议。 9. 联合体牵头人负责与发包人和监理人联系,并接受指示,负责组织联合体各成员全面履行合同

知识点10:资格预审和资格审查

资格审查分为前审(发布公告之后领取招标文件之前)与后审(在评标的初评阶段进行),审查方法分为合格制和有限数量制两种。资格审查时,招标人不得以不合理的条件限制、排斥潜在投标人或者投标人,不得对潜在投标人或者投标人实行歧视待遇。任何单位和个人不得以行政手段或者其他不合理方式限制投标人的数量。

	主 要 内 容
资格预审申请文件内容	1. 资格预审申请函。 2. 授权委托书或法定代表人身份证明。 3. 联合体协议书。 4. 申请人基本情况。 5. 近年财务状况。 6. 近年完成的类似项目情况表。 7. 申请人的信誉情况表。 8. 拟委任的项目经理和项目总工资历表。 9. 拟委任的其他管理和技术人员情况表。 10. 拟投入本标段的主要设备表。 11. 其他材料

续上表

资格审查内容	1. 具有独立订立合同的权利。 2. 具有履行合同的能力，包括专业、技术资格和能力，资金、设备和其他物质设施状况，管理能力，经验、信誉和相应的从业人员。 3. 没有处于被责令停业，投标资格被取消，财产被接管、冻结、破产状态。 4. 在最近三年内没有骗取中标和严重违约及重大工程质量问题。 5. 国家规定的其他资格条件（不能为招标项目前期准备提供咨询、设计服务，不是本项目监理人、代理人）。 6. 在国家企业信用信息公示系统（http://www.gsxt.gov.cn/）中被列入严重违法失信企业名单的。 7. 在"信用中国"网站（http://www.creditchina.gov.cn/）中被列入失信被执行人名单。 8. 投标人或其法定代表人、拟委任的项目经理在近三年内有行贿犯罪行为的。 9. 其他在"信用中国"网站（http://www.creditchina.gov.cn/）中被列为黑名单，且按联合惩戒要求禁止参与招投标的

知识点11：投标文件编制递交修改的相关规定

投标文件应按规定的"投标文件格式"进行编写，如有必要，可以增加附页，作为投标文件的组成部分。其中，投标函附录在满足招标文件实质性要求的基础上，可以提出比招标文件要求更有利于招标人的承诺。

投标文件应当对招标文件有关工期、计价要求、投标有效期、质量要求、技术标准和要求、招标范围等实质性内容作出响应。

投标文件应用不褪色的材料书写或打印，并由投标人的法定代表人或其委托代理人签字或盖单位的章，委托代理人签字的，投标文件应附法定代表人签署的授权委托书。签字或盖章的具体要求见投标人须知前附表，投标文件正本一份，副本份数见投标人须知前附表。当副本和正本不一致时，以正本为准。正本和副本应分开包装，加贴封条，并在封套的封口处加盖投标人单位公章。

投标人应在招标文件所规定的投标截止日期前递交投标文件。除另有规定外，递交的投标文件不予退还，逾期送达或未送达指定地点的投标文件，招标人不予受理。

投标截止日期前，允许投标人对已递交的投标文件修改、撤回，但应以书面形式通知招标人，修改内容为投标文件的组成部分。投标截止期后投标人对投标文件内容进行修改无效。招标人应以书面形式对修改、澄清、调整内容确认。

为体现国家简政放权、减轻企业负担精神，公路工程标准文件部分条款进行了简化：

（1）购买资格预审文件或招标文件时不再要求企业携带营业执照、资质证书原件。

（2）简化对资格预审申请文件和投标文件的密封和签署要求，不再强制规定投标人法定代表人或其委托代理人必须逐页签署，不在投标人须知前附表中保留对投标文件签署提出进一步要求的留白；如果由法定代表人委托代理人签署资格预审申请文件或投标文件，不再强制要求对授权委托书进行公证。

代表题型

【案例一】 某二级公路工程改（扩）建项目，路线长3.052km，其中桥梁为关键性工程。

项目业主为某市交通运输局,其委托有相应资质的咨询单位编制了招标控制价,以公开招标的方式实施项目施工招标,评标方法采用双信封经评审的最低投标价法。招投标过程中发生了以下事件:

事件1:招标代理机构在本市招标投标网上发布工程施工招标公告,招标文件将于3月13日8:00开始发售,并于3月16日24:00停止发售,每本招标文件(含设计图纸)售价6000元,售后不退;公告要求投标人递交投标文件不迟于4月10日9:30。

事件2:招标文件中规定了最高投标限价(¥38000000元)和最低投标限价(¥28500000元)。

事件3:投标有效期为60天。

事件4:投标保证金80万元。

事件5:有2家企业因未携带营业执照和资质证书原件,未能购买到招标文件,有10家获取了招标文件。

事件6:由于当地老百姓反映强烈,3月31日招标方以文件形式通知各投标人,原招标工程在当地增设一个通道工程,各投标人据此对投标报价进行计算。

事件7:招标文件规定履约保证金的形式为现金或支票。

事件8:投标人A在4月9日17:30提交了投标文件,另于4月10日8:30新递交一份调价函(在原报价基础上降价9%),但招标人以一个项目不能有两个报价为由予以拒绝。

事件9:招标人指定公路行业内的技术、经济专家5名,其他方面专家2名共同组成评标委员会。

事件10:评标委员会将评标价最低的C直接确定为中标人。

事件11:在确定中标人后,未经公示,招标人于4月20日向中标人C发出中标通知书,并与中标人C进行合同谈判,希望C的总价能够降价3%,5月25日,双方达成共识,签订合同。6月5日招标人退还其余各投标人的投标保证金,但A除外。

事件12:投标人J在开标前撤回其投标文件,招标人在唱标时仅宣读了投标人A、B、C、D、E、F、G、H、I的名称,及其他相关内容,并以"投标人在投标有效期内撤回投标文件的相关条款"为由没收其投标保证金。

事件13:投标人A的报价最高,故投标人A在开标后第二天撤回了其投标文件,招标人没收其投标保证金。

事件14:开标后:

(1)投标人B在开标后才提交投标保证金的银行保函。

(2)投标人C的投标报价最低。评标委员会发现其报价明显低于其他投标报价,认为其投标报价可能低于个别成本价,要求C作出相应书面说明并提供相应的证明材料。投标人C按照评标委员会要求作出了澄清,并提交了证明材料,得到了评标委员会的认可。

(3)投标人D的投标文件由代理人签署,但法定代表人对其的授权书未进行公证。

(4)投标人E的提交的银行投标保函有效期为50天。

(5)投标人F的投标文件未逐页签署,但凡确有须签名处均签署齐全。

(6)投标人G的第一个信封(商务及技术文件)中桥梁工程的技术方案不够完善。评标委员会要求其提供澄清文件,投标人G予以拒绝。

(7)投标人H的第一个信封(商务及技术文件)中项目管理机构不够完善。评标委员会要求其提供澄清文件,投标人 H 予以澄清。

(8)投标人 I 的第二个信封(报价文件)中单价与数量的乘积与合价一致,但投标人修改了该清单子目的工程数量,评标委员会则将其合价按招标人给定的工程数量乘以投标人所报单价予以修正。投标人 I 表示接受。

问题

1. 简述上列事件 1~13 中的正确性及理由。
2. 说明事件 12~14 中评标委员会初步评审结果的正确性及理由。

评标委员会初步评审结果

投标人	A	B	C	D	E	F	G	H	I	J
初步评审专家意见	有效标	无效标	有效标	无效标	无效标	有效标	无效标	有效标	有效标	无效标

解题思路

了解《公路工程标准施工招标文件》(2018 年版)、《中华人民共和国招标投标法实施条例》等文件;熟悉招标、投标、开标、评标及定标程序和评标办法;熟练掌握投标保证金的递交、退回、有效期,以及合同签订期限、招标文件发售、公示等有关时间的知识点。

参考答案

问题 1:

事件 1 的不妥之处有 4 点:

(1)依法必须公开招标的项目在本市招标投标网上发布不妥。依法必须招标项目的招标公告和公示信息应当在"中国招标投标公共服务平台"或者项目所在地省级电子招标投标公共服务平台发布。参考依据:《公路工程建设项目招标投标管理办法》(中华人民共和国交通运输部令 2015 年第 24 号)。

(2)公开发售的时间 4 天不妥。招标文件的发售期不得少于 5 日。

(3)招标文件售价不妥。每套招标文件售价只计工本费,最高不得超过 1000 元(不含图纸部分),图纸每套售价最高不得超过 3000 元,参考资料也应只计工本费,最高不得超过 1000 元,故本项目最高不得超过 4000 元。参考依据:《公路工程标准施工招标文件》(2018 年版)。

(4)投标截止日期(本项目 29 天)正确。自招标文件开始发出之日起至投标人提交投标文件截止之日最短不少于 20 日。

事件 2:规定最低投标限价不妥。招标人可以自行决定是否编制标底或者设置最高投标限价。招标人不得规定最低投标限价。

事件 3:妥当。《公路工程标准施工招标文件》(2018 年版)中指出"除投标人须知前附表另有规定外,投标有效期为 90 日"。一般项目投标有效期为 60~90 日,大型项目为 120 日左右。出现特殊情况需要延长投标有效期的,招标人以书面形式通知所有投标人延长投标有效期。

事件 4:金额不妥,投标保证金不得超过标段估价的 2%(76 万元)。《中华人民共和国招标投标法实施条例》第二十六条规定,招标人在招标文件中要求投标人提交投标保证金的,投标保证金不得超过招标项目估算价的 2%。投标保证金有效期应当与投标有效期一致。

事件 5:拒绝售卖给未带执照原件的 2 家企业不妥。为体现国家简政放权、减轻企业负担精神,公路工程标准文件部分条款进行了简化:购买资格预审文件或招标文件时不再要求企业携带营业执照、资质证书原件。

事件6:通知修改招标范围仅10天时间不妥。若招标人需要改变招标范围或变更招标文件,应在投标截止日期至少15日以前以书面方式通知招标文件收受人。若迟于这一时限发出变更通知,应将原定投标截止日期适当延长。

事件7:强制规定履约保证金形式不妥。对依法保留的投标保证金、履约保证金,从事公路、水运建设的工程企业可以银行保函的方式缴纳,相关行业管理机构、招标人、建设管理单位等不得强制规定或约定以现金形式缴纳。参考依据:《交通运输部办公厅关于切实做好清理规范公路水运工程建设领域保证金有关工作的通知》(交办公路〔2016〕108号)。

事件8:拒绝接收A投标人的降价文件不妥。本案例投标人采用突然降价的投标策略,不是一标两报价,招标人应当接收其报价文件。

事件9:直接指定专家不妥。招标人应当按照国家有关规定组建评标委员会负责评标工作。评标委员会在开标前由招标人负责组建,由招标人或其委托的招标代理机构熟悉相关业务的代表,以及有关技术、经济等方面的专家组成,成员人数为5人以上的单数,其中技术、经济等方面的专家不得少于成员总数的2/3。国家审批或者核准的高速公路、一级公路、独立桥梁和独立隧道项目,评标委员会专家应当由招标人从国家重点公路工程建设项目评标专家库相关专业中随机抽取;其他公路工程建设项目的评标委员会专家可以从省级公路工程建设项目评标专家库相关专业中随机抽取,也可以从国家重点公路工程建设项目评标专家库相关专业中随机抽取。对于技术复杂、专业性强或者国家有特殊要求,采取随机抽取方式确定的评标专家难以保证胜任评标工作的特殊招标项目,可以由招标人直接确定。此项目为一般公路工程项目,不适合招标人直接指定评标专家的情况。

事件10:直接确定中标人不妥。除招标文件规定由评标委员会直接确定中标人外,其余情况下评标委员会只能推荐中标候选人。

事件11的不妥之处有3点:

(1)中标候选人未经网上公示不妥。招标人根据评标委员会提出的书面评标报告和推荐的中标候选人确定中标人,收到评标报告之日起3日内公示中标候选人,接受公众的监督和举报。

(2)双方签订合同的时间不妥(35天,超过30天)。招标人和中标人应当自中标通知书发出之日起30日内,按照招标文件和中标人的投标文件订立书面合同。

(3)退还投标保证金的时间有两处不妥(4月25日之前应退还一批,5月30日之前应退还另一批)。招标人最迟将在中标通知书发出后5日内向中标候选人以外的其他投标人退还投标保证金。招标人与中标人签订合同后5日内,应向中标人和其他中标候选人退还投标保证金。投标保证金以现金或支票形式递交的,招标人应同时退还投标保证金的银行同期活期存款利息,且退还至投标人的基本账户。参考依据:《公路工程标准施工招标文件》(2018年版)。

事件12的不妥之处有2点:

(1)招标人在开标时未唱标J投标人不妥。招标人在唱标时应宣读所有投标人的名称,但对退出竞标的J可不宣读其他内容。

(2)没收其投标保证金不妥。招标人对"投标有效期"理解有误,投标有效期从提交投标

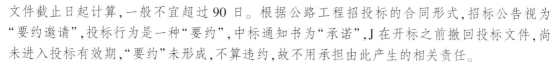

文件截止日起计算,一般不宜超过 90 日。根据公路工程招投标的合同形式,招标公告视为"要约邀请",投标行为是一种"要约",中标通知书为"承诺",J 在开标之前撤回投标文件,尚未进入投标有效期,"要约"未形成,不算违约,故不用承担由此产生的相关责任。

事件 13:招标人没收其投标保证金妥当。由于重大误解或其他不可抗力事件,投标人可以在投标有效期内撤回其投标文件,但《公路工程标准施工招标文件》(2018 年版)规定出现下列情况的,投标保证金将不予返还:投标人在规定的投标有效期内撤销或修改其投标文件。A 投标人没有特殊原因在投标有效期内撤回其投标,招标人可以没收其投标保证金,给招标人造成的损失超过投标保证金的,招标人可以要求赔偿。

问题 2:

评标委员会初步评审结果的正确性及理由:

(1)评定 A 为有效标妥当。投标人在开标后第二天才撤回投标文件,视为进入投标有效期,且投标过程无其他不当行为,故投标文件有效。

(2)评定 B 为废标妥当。投标人在递交投标文件的同时,应按投标人须知产附表规定的金额和格式递交投标保证金。投标人提交的投标保证金不符合招标文件要求的,应当否决其投标。参考依据:《公路工程标准施工招标文件》(2018 年版)。

(3)评定 C 为有效标妥当。评标委员会发现其报价明显低于其他投标报价,使其投标报价可能低于其个别成本的,应要求该投标人作出相应书面说明并提供相应的证明材料。投标人不能合理说明或不能提供相应证明材料的,由评标委员会认定该投标人以低于成本报价竞标,并否决其投标。参考依据:《公路工程标准施工招标文件》(2018 年版)。

(4)评定 D 为废标不妥。简化对资格预审申请文件和投标文件的密封和签署要求,不再强制规定投标人法定代表人或其委托代理人必须逐页签署,不在投标人须知前附表中保留对投标文件签署提出进一步要求的留白;如果由法定代表人委托代理人签署资格预审申请文件或投标文件,不再强制要求对授权委托书进行公证。

(5)评定 E 为废标妥当。投标人在递交投标文件的同时,应按投标人须知附表规定的金额和格式递交投标保证金。无论采取何种形式的投标保证金,投标保证金有效期应与投标有效期一致。投标人提交的投标保证金不符合招标文件要求的,应当否决其投标。参考依据:《公路工程标准施工招标文件》(2018 年版)。

(6)评定 F 为有效标妥当。简化对资格预审申请文件和投标文件的密封和签署要求,不再强制规定投标人法定代表人或其委托代理人必须逐页签署。

(7)评定 G 为废标妥当。《公路工程标准施工招标文件》(2018 年版)第二章"投标人须知"中规定:"1.12.3 投标文件中的下列偏差为细微偏差:(1)略;(2)施工组织设计(含关键工程技术方案)和项目管理机构不够完善;(3)略。""1.12.4 评标委员会对投标文件中的细微偏差按如下规定处理:(1)对于本章第 1.12.3 项(1)目所述的细微偏差,按照第三章"评标办法"的规定予以修正并要求投标人进行澄清;(2)对于本章第 1.12.3 项(2)目所述的细微偏差,如果采用合理低价法或经评审的最低投标价法评标,应要求投标人对细微偏差进行澄清,只有投标人的澄清文件被评标委员会接受,投标人才能参加评标价的最终评比。如果采用技术评分最低标价法或综合评分法评标,可在相关评分因素的评分中酌情扣分;(3)对于本章第 1.12.3 项(3)目所述的细微偏差,可要求投标人对细微偏差进行澄清。"本案采用经评审的最低投标价法,故需投标人对此细微偏差进行澄清,得到评标委员会的认可,方能参加评标价的最终评比,否则视为废标。

(8)评定 H 为有效标妥当。本案采用经评审的最低投标价法,投标人对此细微偏差进行了澄清,并得到评标委员会的认可,可以参加评标价的最终评比。

(9)评定 I 为有效标妥当。工程量清单中投标报价有其他错误的,评标委员会按以下原则对投标报价进行修正,修正的价格经投标人书面确认后具有约束力。投标人不接受修正价格的,评标委员会否决其投标。当单价与数量的乘积与合价一致,但投标人修改了该清单子目的工程数量,则合价按招标人给定的工程数量乘以投标人所报单价予以修正。投标人 I 表示接受修正,故其投标有效。参考依据:《公路工程标准施工招标文件》(2018 年版)。

(10)评定 J 为无效标妥当。开标之前(投标有效期开始计算之前)撤回其投标文件,视为放弃投标。

【案例二】 某高速公路建设项目,其资金来源为国有企业自筹资金和银行贷款,业主为某省高速公路投资集团,业主委托某具有相应招标代理和造价咨询资质的单位编制该项目的招标控制价,并采用公开招标方式进行项目施工招标。

招标过程中发生以下事件:

事件1:招标代理拟定按以下发售招标文件:

(1)招标文件获取:请于 2019 年 06 月 10 日起至 2019 年 06 月 13 日 24 时止(北京时间、下同),通过互联网使用 CA 数字证书登录"电子交易平台",在所投标段免费下载招标文件。联合体投标的,由联合体牵头人下载招标文件。

(2)投标文件的递交:投标文件递交截止时间为 2019 年 06 月 23 日 09 时 30 分。投标人应当在投标截止时间前,通过互联网使用 CA 数字证书登录"电子交易平台",选择所投标段将加密的电子投标文件上传。投标人完成投标文件上传后,"电子交易平台"即时向投标人发出电子签收凭证,递交时间以电子签收凭证载明的传输完成时间为准。逾期未完成上传或未加密的电子投标文件,招标人("电子交易平台")将拒收。

(3)发布的媒介:本次招标公告同时在中国采购与招标网、省公共资源交易信息网、省建设厅网站上发布。

事件2:招标代理人确定:投标有效期自开始发售招标文件之日起计算;招标文件确定的投标有效期为 30 天。

事件3:招标代理人确定:本次招标采用双信封合理低价法。招标文件约定:通过第一个信封(商务及技术文件)评审的投标人数为 5 人。

事件4:招标代理人按招标人要求编制了工程量固化清单,工程量清单中暂列金额设置为 5%,并设置了计日工。该项目施工范围内有一河道堤岸维护工程,方案测算造价约 500 万元,为统一协调管理并避免二次招标,招标代理人按招标人要求设置了"河道堤岸维护工程"暂估价,总额价为 500 万元,同时合同条款中约定"承包人根据水务部门认可的实际施工方案据实结算"。

事件5:业主要求招标代理人在编制招标文件中的合同条款时不得有针对市场价格波动的调价条款,以控制工程造价。

事件6:为加强施工管理,招标人在投标人须知补充条款及合同条款中约定,承包人工程量清单总价中提取 1% 的目标保障奖励基金,发包人配套相应的金额,用于本项目的节点目标考核,具体考核和评比办法由发包人另行制定。

事件7:招标代理按招标人要求编制了最高投标限价,招标人进行了审核,审核过程中招标人同时要求招标代理人编制完善了最低投标限价,确定后,开标前12天招标代理以补遗书的形式进行了发布。

事件8:招标人组织最具竞争力的某个潜在投标人勘察项目现场,并口头解答了该潜在投标人提出的疑问。

事件9:评标中,评标委员会发现某投标人的报价明显低于其他投标人的报价。

问题

1. 指出招标过程中上述事件的不妥之处,并说明理由。
2. 针对事件4,评标委员会应如何处理?

解题思路

(1)招标文件的发售期不得少于5日(注意不是5个工作日),自招标文件开始发出之日起至投标人提交投标文件截止之日最短不少于20日。

(2)依法必须招标项目的招标公告和公示信息应当在"中国招标投标公共服务平台"或者项目所在地省级电子招标投标公共服务平台发布。

参考依据:《公路工程建设项目招标投标管理办法》(中华人民共和国交通运输部令2015年第24号)。

招标人应当自资格预审文件或者招标文件开始发售之日起,将其关键内容上传至具有招标监督职责的交通运输主管部门政府网站或者其指定的其他网站上进行公开。

招标人发出的资格预审文件或者招标文件的澄清或者修改涉及前款规定的公开内容的,招标人应当在向交通运输主管部门备案的同时,将澄清或者修改的内容上传至前款规定的网站。

(3)投标有效期从提交投标文件的截止之日起算,主要用作组织评标委员会评标、招标人定标、发出中标通知书,以及签订合同等工作。投标保证金的有效期应与投标有效期保持一致。《公路工程标准施工招标文件》(2018年版)中指出"除投标人须知前附表另有规定外,投标有效期为90日"。一般项目投标有效期为60~90日,大型项目为120日左右。出现特殊情况需要延长投标有效期的,招标人以书面形式通知所有投标人延长投标有效期。

(4)合理低价法是综合评估法的评分因素中评标价得分为100分、其他评分因素分值为0分的特例。合理低价法中,第一个信封(商务及技术文件)的评审应采用合格制。

(5)招标人可以自行决定是否编制标底或者设置最高投标限价。招标人不得规定最低投标限价。招标人设有最高投标限价的,应当在招标文件中明确最高投标限价或者最高投标限价的计算方法。

(6)若招标人需要改变招标范围或变更招标文件,应在投标截止日期至少15日以前以书面方式通知招标文件收受人。若迟于这一时限发出变更通知,应将原定投标截止日期适当延长。

(7)《中华人民共和国招标投标法实施条例》《公路工程建设项目招标投标管理办法》(中华人民共和国交通运输部令2015年第24号)、《公路工程标准施工招标文件》(2018年版):以暂估价形式包括在招标项目范围内的工程、货物、服务,属于依法必须进行招标的项目范围且达到国家规定规模标准的,应当依法进行招标。招标项目的合同条款中应当约定负责实施暂估价项目招标的主体以及相应的招标程序。

(8)暂列金额和质量保证金要求见下表。

项　　目	施　　工	勘　察　设　计	监　　理
暂列金额	不宜超过3%	暂列金额的百分比宜控制在5%以内	暂列金额的百分比宜控制在5%以内
质量保证金	最高不超过3%	最高不超过3%	不要求监理人提交质量保证金,有缺陷责任期保函(合同金额的3%)

(9)招标人应该组织所有投标人踏勘项目现场,踏勘项目现场的时间和地点应该在招标公告中予以公布。招标人收到提出的疑问后,应以书面形式进行回答,并将解答同时送至所有获得投标文件的投标人处。

(10)《交通运输部办公厅关于切实做好清理规范公路水运工程建设领域保证金有关工作的通知》(交办公路〔2016〕108号):一、全面清理各类保证金。各省级交通运输主管部门要按照国务院统一部署,配合住房和城乡建设、财政等有关部门,切实开展公路、水运工程建设领域保证金清理工作。对建筑业企业在公路、水运工程建设中需缴纳的保证金,应严格限定在依法依规设立的投标保证金、履约保证金、工程质量保证金和农民工工资保证金(以下统称四项保证金)的范围内。其他保证金一律取消,停止收取。二、转变保证金缴纳方式。对依法保留的投标保证金、履约保证金,从事公路、水运建设的工程企业可以银行保函的方式缴纳,相关行业管理机构、招标人、建设管理单位等不得强制规定或约定以现金形式缴纳。

(11)评标委员会发现投标人的报价明显低于其他投标报价,使得其投标报价可能低于其个别成本的,应要求该投标人作出书面说明并提供相应的证明材料。投标人不能合理说明或不能提供相应证明材料的,评标委员会应认定该投标人以低于成本报价竞标,并否决其投标。

参考答案

问题1:

事件1的不妥之处有3点:

(1)招标文件获取自2019年06月10日起至2019年06月13日24时止,不妥。

理由:招标文件的发售期不得少于5日。

(2)投标文件递交截止时间为:2019年06月23日09时30分,不妥。

理由:招标文件开始发出之日起至投标人提交投标文件截止之日最短不少于20日。

(3)发布的媒介:在中国采购与招标网、省公共资源交易信息网、省建设厅网站上发布,不妥。

理由:应该在中国招标投标公共服务平台(http://www.cebpubservice.com)、项目所在地省级电子招标投标公共服务平台、省交通运输厅网站上发布。

事件2的不妥之处有2点:

(1)投标有效期自开始发售招标文件之日起计算,不妥。

理由:投标有效期应从投标截止时间起开始计算。

(2)招标文件确定的投标有效期为30日,不妥。

理由:《公路工程标准施工招标文件》(2018年版)中提出"除投标人须知前附表另有规定外,投标有效期为90日"。

事件3的不妥之处有1点:

招标文件约定,通过第一个信封(商务及技术文件)评审的投标人数为5人,不妥。

理由:第一个信封(商务及技术文件)的评审应该采用合格制。

事件4的不妥之处有2点:

(1)工程量清单中暂列金额设置为5%,不妥。

理由:施工招标中,暂列金额不宜超过3%。

(2)"河道堤岸维护工程"暂估价,总额价为500万元不招标,不妥。

理由:以暂估价形式包括在招标项目范围内的工程、货物、服务,属于依法必须进行招标的项目范围且达到国家规定规模标准的,应当依法进行招标。

事件5的不妥之处有1点:

招标人要求招标代理人在编制招标文件中的合同条款时不得有针对市场价格波动的调价条款,以控制工程造价。

理由:对于主要由市场价格波动导致的价格风险,如施工过程中的主要材料、燃料等的价格大幅波动风险,应当在招标文件中或在合同中对此类风险的范围和幅度予以说明、约定,进行合理分摊。

事件6的不妥之处有1点:

承包人工程量清单总价中提取1%的目标保障奖励基金,不妥。

理由:对建筑业企业在公路、水运工程建设中需缴纳的保证金,应严格限定在依法依规设立的投标保证金、履约保证金、工程质量保证金和农民工工资保证金(统称"四项保证金")的范围内。其他保证金一律取消,停止收取。

事件7的不妥之处有2点:

(1)招标人同时要求招标代理人编制了最高投标限价和最低投标限价,不妥。

理由:招标人设有最高投标限价的,应当在招标文件中明确最高投标限价或者最高投标限价的计算方法。招标人不得规定最低投标限价。

(2)开标前12日招标代理以补遗书的形式进行了发布,不妥。

理由:应该同时延长原投标截止日期。招标人需要改变招标范围或变更招标文件,应在投标截止日期至少15日以前以书面方式通知招标文件收受人。若迟于这一时限发出变更通知,应将原定投标截止日期适当延长。

事件8的不妥之处有2点:

(1)组织最具竞争力的某个潜在投标人勘察项目现场。

理由:招标人不得单独组织或者分别组织任何一个投标人进行现场踏勘,应该组织所有投标人踏勘项目现场。

(2)口头解答了该潜在投标人提出的疑问。

理由:招标人收到提出的疑问后,应以书面形式进行回答,并将解答同时送至所有获得投标文件的投标人处。

事件9的事件本身并无不妥,但需在评标期间采取必要的正确措施。

问题2:

评标委员会的正确处理措施:

(1)应该要求该投标人作出书面说明并提供相关证明材料。

(2)投标人不能合理说明或者不能提供相关材料的,由评审委员会认定投标人以低于成本报价竞标,其投标应作为废标处理。

【案例三】 某省高成市环城公路(南段)项目为国家交通网络配套项目,设计图纸已完成,资金已落实,项目占用土地居民迁移工作已进行了动员,某省发改委认为该项目已具备公开招标条件。项目法人单位某省交通投资有限公司制订了招标工作计划,按照自定的工作程序开展了招标准备工作,发布了招标公告和资格预审公告,招标公告内容如下:

招标公告(编号略)

1. 招标条件:本招标项目某省高成市环城公路(南段)工程,已由某省发改委投〔2018〕第153号文批准建设,项目业主为某省交通投资有限公司(招标人同项目业主),项目已具备招标条件,现对该项目施工进行公开招标。

2. 项目概况与招标范围:南段工程范围由高速公路收费站开始至104国道入口,全长30km,其中建设隧道一座(长500m),计划投资人民币24亿元,项目工期为420日。为提高整体管理水平,全部工程确定为一个标段。项目质量标准需达到国家质量检验与评定标准合格质量等级。

3. 投标人资格要求:投标人需具有公路工程施工承包一级和隧道工程施工专业承包一级资质;组成联合体投标的,联合体牵头人近5年内必须具有5项类似工程施工业绩;在提交投标保证金后才能购买招标文件。

4. 招标文件的获取:凡有意参加投标者,应按有关规定提出资格审查申请,经评审认定合格的潜在投标人请于2018年9月5日上午8:00起在某省高成市东风路某省交通投资有限公司持单位介绍信购买项目招标文件,不办理邮购。购买招标文件时潜在投标人须提交部分投标保证金人民币5万元。招标文件每套人民币5000元,图纸押金3000元(图纸退还时归还押金)。

5. 投标文件递交截止时间为2018年9月24日10时00分,投标文件送达地点为某省高成市东风路某省交通投资有限公司。逾期送达或者未送达指定地点的投标文件,招标人不受理。

6. 本次招标公告同时在中国采购与招标网和某省公共资源交易信息网上发布。招标公告补充内容在某省交通投资有限公司网站上发布。

7. 投标人须知:

投标有效期:自招标文件开始发出之日起至投标截止之日止,投标保证金应在投标有效期截止日后30日内保持有效。

开标时间:与投标截止时间一致。投标文件(3份正本,6份副本,共9本)应于开标当日投标截止时间2小时前送达开标地点,逾期送达的,招标人将拒收(开标地点:××市××路×××楼会议中心)。

招标公告发布了4日,仅1家施工企业购买了招标文件。招标人经分析后认为"5项类似工程施工业绩"的资格条件可能过高而影响潜在投标人参与竞争,于是决定将其修改为"2项类似工程施工业绩"。由于项目建设工期紧迫,招标人决定在招标文件中直接对上述资格条件进行调整,并按调整后的资格条件发售招标文件,同时在开标日15日前书面通知购买招标文件的潜在投标人。最终共有9家投标人参加投标。为确保招标顺利进行,招标人要求各投标人放弃"因招标文件调整资格条件而影响其中标"的投诉权利,各投标人均按要求递交了书面承诺。

联合体投标人A由B公司、C公司、D公司组成,其签订的联合体协议约定公路工程施工由B公司承担,隧道工程施工由C公司、D公司承担(双方各承担50%的工作量)。B公司具有公路工程施工总承包一级和隧道工程施工专业承包二级资质,C公司具有公路工程施工总承包二级和隧道工程施工专业承包一级资质,D公司具有隧道工程施工专业承包一级资质。联合体投标人E由G、H、I三家公司组成,其中H公司为联合体投标人E的牵头人,G公司以自己的名义又单独提交了一份投标文件。其他投标人均为独立投标人。

经评审,投标人E为第一中标候选人,招标人确定E为中标人并与牵头公司H订立了合同。因E仅具有2项类似工程施工业绩,具有5项类似业绩的第二中标候选人J以E不具备招标公告规定的资格条件为由向某省交通运输厅投诉,要求确定E的中标无效。

问题

1. 施工招标的条件是什么?
2. 施工项目标段划分的原则是什么?环城公路工程招标只确定一个标段是否合理?
3. 招标公告中存在哪些不当之处?招标公告由哪些内容组成?
4. 该项目招标过程中存在哪些不妥之处?

解题思路

(1)《工程建设项目施工招标投标办法》(国家发展改革委令2013年第23号)。
依法必须招标的工程建设项目,应当具备下列条件才能进行施工招标:
①招标人已经依法成立;
②初步设计及概算应当履行审批手续的,已经批准;
③有相应资金或资金来源已经落实;
④有招标所需的设计图纸及技术资料。

(2)《公路工程建设项目招标投标管理办法》(中华人民共和国交通运输部令2015年第24号)。

对于按照国家有关规定需要履行项目审批、核准手续的依法必须进行招标的公路工程建设项目,招标人应当按照项目审批、核准部门确定的招标范围、招标方式、招标组织形式开展招标。公路工程建设项目履行项目审批或者核准手续后,方可开展勘察设计招标;初步设计文件批准后,方可开展施工监理、设计施工总承包招标;施工图设计文件批准后,方可开展施工招标。施工招标采用资格预审方式的,在初步设计文件批准后,可以进行资格预审。

(3)每套招标文件售价只计工本费,最高不超过1000元(不含图纸部分);图纸每套售价最高不超过3000元;参考资料也应只计工本费,最高不超过1000元。

(4)依法必须招标的公路工程,自招标文件开始发售之日起至投标人递交投标文件截止之日止,不得少于20日。

(5)两个以上法人或者其他组织可以组成一个联合体,以一个投标人的身份共同投标,由同一专业的单位组成的联合体,按照各组成单位资质等级较低的等级确定联合体资质等级。

(6)投标人应当在招标文件要求提交投标文件的截止时间前将投标文件送达投标地点,逾期送达的,招标人将予以拒收。

(7)《公路工程标准施工招标文件》(2018年版):在施工、勘察设计和监理标准文件中均设置了质量和安全目标。在投标人须知前附表中体现。

参考答案

问题1:

依法必须招标的工程建设项目,应当具备下列条件才能进行施工招标:

(1)招标人已经依法成立。

(2)初步设计及概算应当履行审批手续的,已经批准。

(3)有相应资金或资金来源已经落实。

(4)有招标所需的设计图纸及技术资料。

公路工程建设项目施工图设计文件批准后,方可开展施工招标。

问题2:

工程施工招标应该依据工程建设项目管理承包模式、工程设计进度、工程施工组织规划和各种外部条件、工程进度计划和工期要求,各单项工程之间的技术管理关联性以及投标竞争状况等因素,综合分析划分标段。在考虑技术关联性的前提下,特别要满足现场管理和工程进度需求的条件下,能独立发挥作用的永久工程为标段划分单元;专业相同、考核业绩相同的项目可以划分为一个标段。

本题中工期为420天,公路长度30km,另建隧道一座。采用一个标段招标。施工增加了合同工期和技术保证的难度是不恰当的。

问题3:

本例中所示的招标公告中的招标条件的项目资金来源没有说明。

项目工期为420天,没有说明项目开工日期、竣工日期要求。

项目概况和招标范围中"项目质量标准需达到国家质量检验与评定标准合格质量等级"提法不准确,应该在投标人须知中设置具体的交工验收及竣工验收质量要求和安全目标。

招标人从9月5日起开始发出招标文件的提法不正确。按规定出售招标文件时间至少5日,但不能没有结束时间的规定。出售文件地点仅有单位名称无具体位置(投标文件送达位置同样未作说明),购买招标文件同时提交投标保证金不符合《中华人民共和国招标投标法》的规定。招标文件每套5000元人民币属于牟利行为,不正确。

招标公告在中国采购与招标网和项目所在地省公共资源交易信息网上发布是错误的。根据《招标公告和公示信息发布管理办法》(国家发改委令2017年第10号)的规定,应该在中国招标投标公共服务平台或者项目所在地省级电子招标投标公共服务平台发布。根据《公路工程建设项目招标投标管理办法》(中华人民共和国交通运输部令2015年第24号),还应在项目所在地省交通运输主管部门政府网站上进行公开。招标公告补充内容也应在上述媒介上发布。

公告中投标人须知不属于招标公告应列入的内容,其具体内容中不妥之处为:

(1)规定"投标保证金应在投标有效期截止日后30日内保持有效"提法不妥。投标保证金有效期应当与投标有效期一致。

(2)规定投标有效期为"自招标文件开始发出之日起至投标截止之日止"提法不妥。投标有效期应从招标文件规定的提交投标文件截止之日起计算。此处应规定一个具体期限,如90日等。

(3)规定"3份正本"提法不妥。投标文件只能有一份正本,以保证投标的唯一性。

(4)规定"投标文件应于开标当日投标截止时间2小时前送达开标地点,逾期送达的,招标人将拒收"提法不妥。

理由:《中华人民共和国招标投标法》第二十八条规定,投标人应当在招标文件要求提交投标文件的截止时间前将投标文件送达投标地点。第二十九条规定,投标人在招标文件要求提交投标文件的截止时间前可以补充、修改或者撤回已提交的投标文件,并书面通知招标人,其补充、修改的内容为投标文件的组成部分。

问题4:

根据"按照等级较低的单位确定资质等级"的规定,A投标人的资质等级为公路工程施工总承包二级资质和隧道工程施工专业承包二级资质(招标公告中要求投标人需具有公路工程施工承包一级和隧道工程施工资质),不满足公告的施工资质要求。联合体投标人E与G公司不能同时参加投标,联合体各方签订共同投标协议后,不得再以自己的名义单独投标,也不得组成新的联合体或参加其他联合体在同一项目中投标。投标人J有投诉权。招标人的要求和投标人的承诺均违反了法律规定。递交的承诺书不具有法律效力,不影响投标人J投诉。

招标投标过程中的不妥之处及其理由如下。

(1)按调整后的资格条件发售招标文件不妥。理由:招标文件做了实质性的变更,应该重新组织招标。

(2)在开标日15日前书面通知购买招标文件的潜在投标人不妥。理由:依法必须进行招标的项目,自招标文件开始发出之日起至投标人提交投标文件截止之日止,最短不得少于20日。

(3)招标人与牵头人H公司订立了合同不妥。理由:联合体中标的,联合体各方应当共同与招标人签订合同,就中标项目向招标人承担连带责任。

【案例四】 某条高速公路工程建设项目,拟采用公开招标、资格后审方式组织施工招标,招标人对招标过程的时间及内容安排如下。

(1)2018年12月11日(星期二)发布招标公告,并规定12月12至17日发售招标文件;

(2)2018年12月18日16:00为投标人提出澄清问题的截止时间;

(3)2018年12月19日9:00组织现场考察;

(4)2018年12月19日16:00发出招标文件的澄清与修改的书面通知,修改了几个关键技术参数;

(5)2018年12月30日15:00为投标人递交投标保证金截止时间;

(6)2018年12月31日16:00为提交投标文件截止时间;

(7)2019年1月1日9:00~11:00投标预备会议,说明投标注意事项;

(8)2019年1月1日11:00,招标人与资格审查委员会共同审查投标人的营业执照、生产许可证、合同业绩等原件;

(9)2019年1月1日8:00~12:00,从专家库中抽取4名专家,与招标人代表组建5人构成的评标委员会;

(10)2019年1月1日13:30开标;

(11)2019年1月1日13:30~1月2日17:30,评标委员会评标;

(12)2019年1月8~10日,定标;

(13)2019年1月11日19:00,发出中标通知书;

(14)2019年1月12~13日,签订施工合同并签订一份调减中标价格的补充协议;

(15)2019年1月19日开始退还投标保证金。

问题

指出该招标过程中安排的时间、程序及内容中的不妥之处并说明理由。

解题思路

招标投标工作的识别、简答题型是案例分析考试的典型题型。其内容包括:程序识别、相关规定识别、事件正误识别、投标策略识别、相关文件识别,尤其是工作程序中的相关时间规定的识别,既是重点又是难点。该例中以系列形式表述,要求读者分析相关时间、程序的正误,读者应熟悉《中华人民共和国招标投标法实施条例》《工程建设项目施工招标投标办法》(国家发改委令2013年第23号)、《公路工程建设项目招标投标管理办法》等法规中的相关规定,细心阅读表述中的关键语句,才能得到正确的答案。

参考答案

(1)招标人组织本次招标的时间、程序及内容存在的不妥之处及理由具体如下。

①不妥之处:规定12月18日16:00为投标人提出澄清问题的截止时间。

理由:投标人提出澄清问题的目的在于对编写投标文件有重要影响的问题(如组织项目实施过程中可能存在的问题、设计图纸、施工环境等以及招标文件中的不明确之处),要求招标人进行澄清。该步骤应安排在现场踏勘之后、发出招标文件的澄清与修改的书面通知之前进行,以便招标人统一对招标文件进行澄清与修改。本案例中,现场踏勘的时间是2018年12月19日,而投标人提出的澄清问题的截止时间为12月18日16:00,不符合招标组织基本程序。

②不妥之处:规定12月30日15:00为投标人递交投标保证金截止时间。

理由:《中华人民共和国招标投标法实施条例》第二十六条规定,招标人在招标文件中要求投标人提交投标保证金的,投标保证金不得超过招标项目估算价的2%。投标保证金有效期应当与投标有效期一致。《中华人民共和国招标投标法实施条例》第二十五条规定,招标人应当在招标文件中载明投标有效期。投标有效期从提交投标文件的截止之日起算。本案例中,投标有效期应从提交投标文件的截止时间2018年12月31日16:00起算,递交投标保证金的截止时间是12月30日15:00,明显与投标有效期不一致。

③不妥之处:发出招标文件的澄清与修改的书面通知时间与提交投标文件截止时间的间隔不足15天。

理由:投标文件截止时间与发出招标文件澄清与修改通知的时间间隔应该超过15天。

(2)该高速公路工程建设项目拟采用公开招标、资格后审方式组织工程施工招标,因此其施工招标程序具体如下:

①编制、发布招标公告。

②编制招标文件,应当包括招标项目的技术要求、对投标人的资格审查的标准、投标报价要求和评标标准等实质性要求和条件以及拟签订合同的主要条款。

③发售招标文件,注意招标文件的发售时间应排除法定节假日后不少于5日。

④组织现场踏勘。

⑤组织投标预备会,对招标文件的问题进行澄清与修改。

⑥发出招标文件的澄清与修改的书面通知。

⑦设置投标文件截止时间,同时设定为递交投标保证金的截止时间和开标时间。注意投标文件截止时间与发售招标文件时间间隔应该超过20天;与发出招标文件澄清与修改通知的时间间隔应该超过15天。

⑧组建评标委员会。评标委员会由招标人的代表和有关技术、经济等方面的专家组成,成员人数为5人以上单数,其中技术、经济等方面的专家不得少于成员总数的2/3。评审专家的抽取时间原则上应当在开标前半天或前一天进行。

⑨开标。由招标人主持公开进行,邀请所有投标人参加。

⑩评标。评标委员会根据招标文件规定的评标标准和方法,对投标文件进行系统的评审和比较。注意评标工作包括资格后审,资格后审是在开标后对投标人进行的资格审查,是评标工作的一个重要内容,对资格后审不合格的投标人,评标委员会应否决其投标。

⑪中标候选人公示。招标人在收到评标报告之日起3日内公示,公示期不得少于3日。

⑫评标结果异议。异议应在中标候选人公示期间提出,招标人将在收到异议之日起3日内作出答复;作出答复前,将暂停招标投标活动。

⑬中标候选人履约能力审查。

⑭定标。

⑮中标通知。

⑯中标结果公告。招标人在确定中标人之日起3日内公告,公告期不得少于3日。

⑰提交履约保证金。签订合同前,按投标人须知前附表及合同条款约定提交履约保证金。除投标人须知前附表另有规定外,履约保证金为签约合同价的10%。

⑱合同签订,注意应在发出中标通知书后30日内订立书面合同。

⑲返还投标保证金,注意应在合同签订后5日内返还投标保证金。

⑳编写招标情况报告。依法必须进行招标的公路工程建设项目,招标人应当自确定中标人之日起15日内,将招标投标情况的书面报告报对该项目具有招标监督职责的交通运输主管部门备案。前款所称书面报告至少应当包括下列内容:招标项目基本情况;招标过程简述;评标情况说明;中标候选人公示情况;中标结果;附件,包括评标报告、评标委员会成员履职情况说明等。有资格预审情况说明、异议及投诉处理情况和资格审查报告的,也应当包括在书面报告中。

(二)投标策略的应用

投标报价是投标人希望达成工程承包交易的期望价格。不能低于工程成本。报价由投标人自主确定,要以招标文件中设定的承发包双方的责任划分,作为考虑报价的基础,以施工方案、技术措施作为报价计算的基本条件,以反映技术水平和管理水平的企业定额作为基本依据,利用现场考察和相关信息、资料与规定,编制基础报价。

投标策略有以下六种,可根据项目特点选择策略:

1. 不平衡报价法。
2. 多方案报价法。
3. 增加建议法。
4. 许诺优惠条件。
5. 无利润报价竞争法。
6. 突然降价法。

代 表 题 型

【案例一】 某省某一级公路项目分为 TJ1、TJ2 两个标段进行公开招标。业主方委托招标代理公司编制了标底,TJ1 标底为 6000 万元,工期为 20 个月。招标文件作出下列规定:

1. 项目公开招标采用资质后审方式。
2. 投标人应具有特级施工企业资质。
3. 投标文件采用单信封封装,评标采用经评审的最低投标价法。
4. 承包工程款按实际工程量计算,月末支付,允许投标人对工程款的支付提出具体要求。
5. 若施工工期比招标文件中规定工期提前 1 个月,可使招标方产生 120 万元的超前通车效益,在其投标报价扣减超前效益后作为评标价。
6. 对施工技术方案提出了具体要求,允许投标人结合企业技术水平、管理水平提出新的技术方案并报价。

参与 TJ1 标段投标的有 A、B、C、D、E、F、G、H 共 8 家企业,评标情况如下表所示。

评 标 情 况 表

投标人	投标报价(万元)	施工工期(月)	其他情况
A	5600	20	特级资质。支付条件为按季度末支付,最后一次第 20 月支付工程款余额,共分 7 次支付
B	5440	17	特级资质。文字报价为 5400 万元。按招标文件支付
C	6008	16	特级资质。报价单中某混凝土工程报价错误 540(元/m^3)×850(m^3)=55.9 万元。按招标文件支付
D	5000	20	特级资质。投标人为开拓该省的公路建设市场,将成本预算(按本企业的施工技术水平编制的)作为投标报价。按招标文件支付

续上表

投标人	投标报价(万元)	施工工期(月)	其 他 情 况
E	5650	18	联合体。其中一个一级资质,一个特级资质。按招标文件支付
F	5700	20	投标人在投标截止之日前一天提交了投标文件,另于开标前1小时新递交一份调价函(在原报价基础上降价10%)。按招标文件支付
G	5800	20	特级资质。拟将一个关键主体工程分包给T公司,此部分报价为T公司报价。按招标文件支付
H	5400	21	特级资质。按招标文件支付

问题

1. 本案例中投标人分别使用了哪几种投标策略?是否合适?
2. 确定TJ1标8个投标人的投标文件的有效性,并简述理由。
3. 计算投标人提出的支付条件的报价调整值(假定每月工程款相等,年折现率为12%,为简化计算,月折现率按1%,季折现率按3%)。
4. 列出有效投标的评标价格计算表,并确定中标人和中标价格。

参考答案

问题1:

(1) A投标人使用了许诺优惠条件的策略:支付条件的优惠。合适。

(2) D投标人使用了无利润报价竞争法的策略。合适。

(3) F投标人使用了突然降低法策略:投标人在投标截止日前一天才递交投标文件,可以起到麻痹竞争对手的效果,在开标前1小时突然降价,让对手没有调整报价的充足时间,一般可以起到意想不到的效果。合适。

问题2:

评标结论及理由说明如下表所示。

投 标 人	评标结论	理 由
A	有效标	计算报价的优惠调整值
B	有效标	投标报价调整为按文字报价5400万元
C	有效标	计算中存算术性错误,应调整其投标报价,投标报价减少为6008 - (55.9 - 45.9) = 5998(万元)
D	有效标	由于其报价明显低于其他投标人(可能低于成本价),应要求投标人进行澄清说明,并出具证明材料;评标委员会接受该投标人递交材料时,评为有效标
E	废标	联合体中的最低资质为一级,故评定为一级资质,不符合招标文件资质要求
F	有效标	突然降价后的报价为5700×0.9 = 5130(万元)
G	废标	不允许关键主体工程部分分包,且报价非本企业的报价
H	废标	实际工期21个月,超过招标文件规定的20个月,视其未作出实质性响应

问题3:

(1) 按照A投标文件提出的支付方案计算其支付款现值。

根据假定条件,投标人每月工程款为等额。故每月支付工程款为280万元,每季度支付款

为 $280 \times 3 = 840$（万元）[第 20 个月末支付款为 $280 \times 2 = 560$（万元）]。根据其提出的支付优惠条件的现金流量图为：

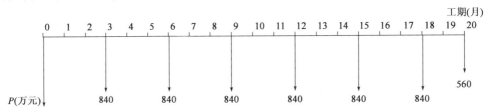

支付款现值 $P = 840 \times (P/A, 3\%, 6) + 560 \times (P/F, 1\%, 20) = 840 \times 5.417 + 560 \times 1.01 - 20$
$= 5009.48$（万元）

（2）A 投标文件按照招标文件的规定的支付条件计算的支付款现值为：

支付款现值 $P = 280 \times (P/A, 1\%, 20) = 280 \times 18.046 = 5052.88$（万元）

（3）评标时扣减支付优惠值 $= 5052.88 - 5009.48 = 43.4$（万元）

问题 4：

评标价计算表如下。

评 标 价 计 算 表　　　　　　　　　　单位：万元

投 标 人	投标报价	支付优惠	工期超前收益	评 标 价
A	5600	43.4	—	5556.6
B	5400	—	−360	5040
C	5998	—	−480	5518
D	5000	—	—	5000
F	5130	—	—	5130

按照评标价最低原则，确定中标人为 D，中标价为 5000 万元。

【案例二】 某市路桥集团参与一独立大桥工程的投标。为既不影响中标、又能在中标后取得较好的收益，决定采用不平衡报价法对原估价做适当调整，具体数字见下表。

名 称	基础工程	下部结构	上部结构	附属工程	合 计
工期（月）	6	7	9	2	24
调整前（投标估价）（万元）	7980	10850	14130	3040	36000
调整后（正式报价）（万元）	8640	11830	12780	2750	36000

现假设贷款月利率为 1%，并假设各分部工程每月完成的工作量相同且能按月度及时收到工程款（不考虑工程款结算所需要的时间）。现值系数见下表。

n	2	6	7	9
$(P/A, 1\%, n)$	1.9704	5.7955	6.7282	8.566
n	6	13	22	24
$(P/F, 1\%, n)$	0.942	0.879	0.803	0.788

问题

1. 该投标人所运用的不平衡报价法是否恰当？为什么？
2. 采用不平衡报价法后，该投标人所得工程款的现值比原估计增加多少（以开工日期为折现点）？

解题思路

不平衡报价法的基本原理及其运用。首先，要明确不平衡报价法的基本原理是在估计（总价）不变的前提下，调整分项工程的单价，所谓"不平衡报价"是相对于单价调整前的"平衡报价"而言。通常对前期工程、工程量可能增加的工程（由于图纸深度不够）、计日工等，可将原估单价调高，反之则调低。其次，要注意单价调整时不能忽高忽低，一般来说，单价调整幅度不宜超过±10%，只有对投标人具有特别优势的某些分项工程，才可适当增大调整幅度。

本案例要求运用工程经济学的知识，定量计算不平衡报价法所取得的收益。因此，要能熟练运用资金时间价值的计算公式和现金流量图。

计算中涉及两个现值公式，即：一次支付现值公式、等额年金现值公式。

上述两公式的具体计算式应掌握，在不给出有关表格的情况下，也应能正确计算出。本案例背景资料中给出了有关的现值系数表供计算时选用，目的在于使答案简明且统一。

参考答案

问题1：

恰当。因为该投标人是将属于前期工程的基础工程和下部结构工程的报价调高，而将属于后期工程的上部结构工程和附属工程的报价调低，可以在施工的早期阶段收到较多的工程款，从而可以提高投标人所得工程款的现值；而且，这三类工程单价的调整幅度均在±10%以内，属于合理范围。

问题2：

计算单价调整前后的工程款现值。

(1)单价调整前的工程款现值。

基础工程每月工程款 $A_1 = 7980/6 = 1330$（万元）

下部结构工程每月工程款 $A_2 = 10850/7 = 1550$（万元）

上部结构工程每月工程款 $A_3 = 14130/9 = 1570$（万元）

附属工程每月工程款 $A_4 = 3040/2 = 1520$（万元）

则，单价调整前的工程款现值：

$PV_0 = 1330 \times 5.7955 + 1550 \times 6.7282 \times 0.942 + 1570 \times 8.566 \times 0.879 + 1520 \times 1.9704 \times 0.803 = 31758.19$（万元）

(2)单价调整后的工程款现值。

基础工程每月工程款 $A_1 = 8640/6 = 1440$（万元）

下部结构工程每月工程款 $A_2 = 11830/7 = 1690$（万元）

上部结构工程每月工程款 $A_3 = 12780/9 = 1420$（万元）

附属工程每月工程款 $A_4 = 2750/2 = 1375$（万元）

则，单价调整后的工程款现值：

$PV_1 = 1440 \times 5.7955 + 1690 \times 6.7282 \times 0.942 + 1420 \times 8.566 \times 0.879 + 1375 \times 1.9704 \times 0.803 = 31924.16(万元)$

两者的差额：

$PV_1 - PV_0 = 31924.16 - 31758.19 = 165.97(万元)$

因此，采用不平衡报价法后，该投标人所得工程款的现值比原估价增加 165.97 万元。

（三）评标定标的方法及相关规定

知识点集成

知识点 12：开标

主 要 内 容
1.《中华人民共和国招标投标法》规定，开标应当在招标文件确定的提交投标文件截止时间的同一时间公开进行。开标地点应当为招标文件中投标人须知前附表中预先确定的地点。 2. 开标由招标人或招标代理机构主持，并邀请所有投标人的法定代表人或其委托代理人准时参加，招标投标管理机构代表进行现场开标监督。招标人应明确投标人的法定代表人或其委托代理人不参加开标的法律后果，通常不应以投标人不参加开标为由将其投标作废标处理。投标文件逾期送达的或者未送达指定地点的、未按招标文件要求密封的，招标人不予受理。 3. 采用电子招标投标的，招标人应按照国家有关规定，结合项目具体情况和交易平台操作特点，按相应的开标程序开标

知识点 13：评标原则

评标活动遵循公平、公正、科学和择优的原则。

知识点 14：评标方法

评标方法主要由综合评估法和经评审的最低投标价法组成。其中综合评估法包括合理低价法、技术评分最低标价法、综合评分法。

对于采用双信封形式的投标文件，评标方法及程序如下表。

评标方法		评审		中标候选人推荐顺序	评审因素与评审标准
		第一个信封 （商务及技术文件）	第二个信封 （报价文件）		
综合评估法	合理低价法	合格制	评分	由高分到低分	综合评分相等时的优先顺序： （1）评标价低的投标人优先；（2）被招标项目所在地省级交通运输主管部门评为较高信用等级的投标人优先
		初步评审	—	初步评审	详细评审		
	技术评分最低标价法	评分（合格标准或数量限制投标人3~10）		评标价	由低价到高价	评标价相等时的优先顺序： （1）投标报价低的投标人优先； （2）被招标项目所在地省级交通运输主管部门评为较高信用等级的投标人优先；（3）商务和技术得分较高的投标人优先
		初步评审	详细评审	初步评审	详细评审		

续上表

评标方法		评审		中标候选人推荐顺序	评审因素与评审标准
		第一个信封（商务及技术文件）	第二个信封（报价文件）		
综合评估法	综合评分法	评分	评分（权重不应低于50分）	由高分到低分（总得分）	综合评分相等时的优先顺序：（1）评标价低的投标人优先；（2）被招标项目所在地省级交通运输主管部门评为较高信用等级的投标人优先；（3）商务和技术得分较高的投标人优先
		初步评审	详细评审	初步评审	详细评审	
经评审的最低投标价法		合格制	经评审的投标价	由低价到高价	经评审的投标价相等时的优先顺序：（1）投标报价低的投标人优先；（2）被招标项目所在地省级交通运输主管部门评为较高信用等级的投标人优先
		初步评审	—	初步评审	详细评审	

注：采用合格制的，只对合格的投标人进行第二个信封的评审

知识点15：评标委员会

评标委员会在开标前由招标人负责组建，由招标人或其委托的招标代理机构熟悉相关业务的代表，以及有关技术、经济等方面的专家组成，成员人数为5人以上的单数，其中技术、经济等方面的专家不得少于成员总数的2/3。

招标人应当按照国家有关规定组建评标委员会负责评标工作。国家审批或者核准的高速公路、一级公路、独立桥梁和独立隧道项目，评标委员会专家应当由招标人从国家重点公路工程建设项目评标专家库相关专业中随机抽取；其他公路工程建设项目的评标委员会专家可以从省级公路工程建设项目评标专家库相关专业中随机抽取，也可以从国家重点公路工程建设项目评标专家库相关专业中随机抽取。对于技术复杂、专业性强或者国家有特殊要求，采取随机抽取方式确定的评标专家难以保证胜任评标工作的特殊招标项目，可以由招标人直接确定。

交通运输部负责国家重点公路工程建设项目评标专家库的管理工作。省级人民政府交通运输主管部门负责本行政区域公路工程建设项目评标专家库的管理工作。

评标委员会应当民主推荐一名主任委员，负责组织评标委员会成员开展评标工作。评标委员会主任委员与评标委员会的其他成员享有同等权利与义务。

知识点16：响应和偏差

主要内容			
范围			评标委员会的处理规定
重大偏差	投标文件应对招标文件的实质性要求和条件未对下列情况作出满足性或更有利于招标人的响应	工期	否决投标
		质量标准	
		安全标准	
		其他	

续上表

细微偏差	1. 在按照"评标办法"的规定对投标价进行算术性错误修正其他错误修正后,最终投标报价未超过最高投标限价(如有)的情况下,出现"评标办法"的算术性错误和投标报价的其他错误	按照"评标办法"的规定予以修正并要求投标人进行澄清
	2. 施工组织设计(含关键工程技术方案)项目管理机构不够完善	如果采用合理低价法或经评审的最低投标价法评标,应要求投标人对细微偏差进行澄清,只有评标委员会接受投标人的澄清文件,投标人才能参加评标价的最终评比;如果采用技术评分最低标价法或综合评分法评标,可在相关评分因素的评分中酌情扣分
	3. 投标文件页码不连续、采用活页夹装订、个别文字有遗漏错误等不影响投标文件实质性内容的偏差	可要求投标人对细微偏差进行澄清

知识点 17:定标与合同签订过程的相关规定

		主 要 内 容
中标公示与公告	中标候选人公示	招标人在收到评标报告之日起 3 日内,按照投标人须知前附表规定的公示媒介和期限公示中标候选人,公示期不得少于 3 日,公示内容包括: 1. 中标候选人排序、名称、投标报价,对工程质量要求、安全目标和工期的响应情况; 2. 中标候选人在投标文件中承诺的项目经理和项目总工姓名、个人业绩、相关证书名称和编号; 3. 中标候选人在投标文件中填报的项目业绩; 4. 被否决投标的投标人名称、否决依据和原因; 5. 提出异议的渠道和方式; 6. 投标人须知前附表规定公示的其他内容
	中标结果公告	招标人在确定中标人之日起 3 日内,按照投标人须知前附表规定的公告媒介和期限公告中标结果,公告期不得少于 3 日。公告内容包括中标人名称、中标价
中标与合同签订有关规定		1. 中标人的投标应当符合下列条件:(1)能够最大限度满足招标文件中规定的各项综合评价标准;(2)能够满足招标文件的实质性要求。 2. 确定中标人之前,招标人不得与投标人就投标价格、投标方案等实质性内容进行谈判,中标候选人中排名第一的放弃中标,因不可抗力不能履行合同的或招标文件规定应当提交履约保证金而在规定期限内未能提交的,招标人可与排名第二的候选人进行谈判。招标人可以授权评标委员会在候选人中直接确定中标人。招标人不得向中标人提出压价增加工程量或其他违背中标人意愿的要求以作为签订合同的条件。 3. 招标人应当在投标有效期截止时限 30 个工作日前确定中标人。 4. 招标人和中标人应当自中标通知书发出之日起 30 日内,按照招标文件和中标人的投标文件订立书面合同。招标人和中标人不得再订立背离合同实质性内容的其他协议。招标人无正当理由不与中标人签订合同,给中标人造成损失的,招标人应当给予赔偿。 5. 招标文件中要求中标人提交履约保证金的,中标人应当提交。招标人应当同时向中标人提供工程支付担保,中标人不与招标人订立合同的,投标保证金不予退还并取消其中标资格,给招标人造成的损失超过投标保证金额的,应当对超过部分予以补偿

第四章　公路工程招投标

代　表　题　型

【案例一】 某一级公路土建工程项目,由于工期较紧,技术难度不高,市公路局采用邀请招标方式。招标前业主请咨询单位编制了清单控制价(标底5700万元)。招标人向市内几家有实力的知名施工企业发出投标邀请书。五家施工企业接受邀请,并根据相关规定提交了投标文件。招标人在市评标专家库中随机抽取8人,与1名业主代表共同组成评标委员会,其中:技术专家4人、经济专家3人,其他2人。开标时一名技术专家发现其任职单位也参与了本次投标,立即主动回避。为了赶时间,招标人继续本项目的评标事宜。招标文件中明确采用技术评分最低标价法。

问题

1. 本案中采取的招标方式是否妥当?简述邀请招标和必须公开招标的适用情况。
2. 对于评标过程中发生的事件,招标人处理是否妥当?应如何处理并说明理由。
3. 评标方法有哪几种?
4. 根据评分表列出第一个信封(商务及技术文件)评标委员会推荐的投标人先后顺序。

如下表所示,评标专家给投标人的施工组织设计(总分40分)第一个信封(商务及技术文件)的评分,计算出各投标人的得分并填写下表(保留两位小数)。

投标人	专家一	专家二	专家三	专家四	专家五	专家六	专家七	专家八	专家九	得分
A	36	37	33	37	36	39	32	35	36	
B	35	38	34	35	35	37	31	36	35	
C	37	35	31	35	32	36	34	37	35	
D	38	34	38	35	36	35	38	34	36	
E	37	35	35	33	38	33	34	32	37	

所有投标人的第一个信封(商务及技术文件)的评分如下表所示。

投标人	评分						推荐顺序
	施工组织设计 (40分)	主要人员 (20分)	技术能力 (15分)	履约信誉 (15分)	业绩 (10分)	总分 (100分)	
A		18	13	13	10		
B		18	13	14	10		
C		17	14	13	10		
D		16	13	13	10		
E		17	11	12	9		

5. 写出中标候选人名单及推荐顺序。

所有投标人的第二个信封(报价文件)的投标报价如下表(暂估价和暂列金额相同):

投 标 人	投标价(万元)	修正后的投标报价(万元)	推 荐 顺 序
A	5370	5370	
B	5200	5130	
C	5650	5710	
D	5150	5150	
E	5213	5250	

参考答案

问题1：

招标方式不妥。

《工程建设项目施工招标投标办法》(国家发展改革委令2013年第23号)规定,依法必须进行公开招标的项目,有下列情形之一的,可以邀请招标：

1. 项目技术复杂或有特殊要求,或者受自然地域环境限制,只有少量潜在投标人可供选择。

2. 涉及国家安全、国家秘密或者抢险救灾,适宜招标但不宜公开招标。

3. 采用公开招标方式的费用占项目合同金额的比例过大。

2018年6月1日起施行的《必须招标的工程项目规定》(中华人民共和国国家发展和改革委员会令2018年第16号)、《必须招标的基础设施和公用事业项目范围规定》(发改法规规〔2018〕843号)规定：

1. 全部或者部分使用国有资金投资或者国家融资的项目包括：

(1) 使用预算资金200万元人民币以上,并且该资金占投资额10%以上的项目；

(2) 使用国有企业事业单位资金,并且该资金占控股或者主导地位的项目。

2. 使用国际组织或者外国政府贷款、援助资金的项目包括：

(1) 使用世界银行、亚洲开发银行等国际组织贷款、援助资金的项目；

(2) 使用外国政府及其机构贷款、援助资金的项目。

3. 大型基础设施、公用事业等关系社会公共利益、公共安全的项目。必须招标的具体范围包括：

(1) 煤炭、石油、天然气、电力、新能源等能源基础设施项目；

(2) 铁路、公路、管道、水运,以及公共航空和A1级通用机场等交通运输基础设施项目；

(3) 电信枢纽、通信信息网络等通信基础设施项目；

(4) 防洪、灌溉、排涝、引(供)水等水利基础设施项目；

(5) 城市轨道交通等城建项目。

上述规定范围内的项目,其勘察、设计、施工、监理以及与工程建设有关的重要设备、材料等的采购达到下列标准之一的,必须招标：

(1) 施工单项合同估算价在400万元人民币以上；

(2) 重要设备、材料等货物的采购,单项合同估算价在200万元人民币以上；

(3) 勘察、设计、监理等服务的采购,单项合同估算价在100万元人民币以上。

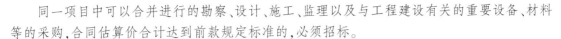

同一项目中可以合并进行的勘察、设计、施工、监理以及与工程建设有关的重要设备、材料等的采购,合同估算价合计达到前款规定标准的,必须招标。

本案例施工单项合同估算价5700万元属于必须招标的第一种情形,且不符合邀请招标的三种情形,故应公开招标。

问题2:

评标过程中发生的事件有不妥之处。评标委员会在开标前由招标人负责组建,由招标人或其委托的招标代理机构熟悉相关业务的代表,以及有关技术、经济等方面的专家组成,成员人数为5人以上的单数,其中技术、经济等方面的专家不得少于成员总数的2/3。国家审批或者核准的高速公路、一级公路、独立桥梁和独立隧道项目,评标委员会专家应当由招标人从国家重点公路工程建设项目评标专家库相关专业中随机抽取;其他公路工程建设项目的评标委员会专家可以从省级公路工程建设项目评标专家库相关专业中随机抽取,也可以从国家重点公路工程建设项目评标专家库相关专业中随机抽取。本案例中由于一名技术专家回避了该项目的评标,导致评标专家减少为8名,不符合单数的原则,故应暂停评标,待从专家库中随机新抽取一名专家补充到位后方可继续评标(至少保证技术、经济专家3+3=6,6/9=2/3)。

问题3:

主要的评标方法有综合评估法和经评审的最低投标价法,其中综合评估法有合理低价法、技术评分最低标价法和综合评分法3种。

问题4:

(1)首先计算专家对各投标人的施工组织设计评分:根据招投标法规定,超过7个专家时,应去掉1个最高分和1个最低分,再取平均值,计算结果如下表所示。

投标人	专家一	专家二	专家三	专家四	专家五	专家六	专家七	专家八	专家九	得分
A	36	37	33	37	36	39	32	35	36	35.71
B	35	38	34	35	35	37	31	36	35	35.29
C	37	35	31	35	32	36	34	37	35	34.86
D	38	34	38	35	36	35	38	34	36	36.00
E	37	35	35	33	38	33	34	32	37	34.86

(2)其次计算各有效投标人第一个信封的评分如下表所示。

投标人	评分						推荐顺序
	施工组织设计(40分)	主要人员(20分)	技术能力(15分)	履约信誉(15分)	业绩(10分)	总分(100分)	
A	35.71	18	13	13	10	89.71	
B	35.29	18	13	14	10	90.29	
C	34.86	17	14	13	10	88.86	
D	36.00	16	13	13	10	88.00	
E	34.86	17	11	12	9	87.86	

(3)最后,根据评分由高到低的顺序推荐投标人,推荐顺序为:B-A-C-D-E。

问题5:

由于C投标人修正后报价超出最高限价,故评标委员会认定其为废标。

投 标 人	投标价(万元)	修正后的投标报价(万元)	推 荐 顺 序
A	5270	5270	第三候选人
B	5200	5130	第一候选人
C	5650	5710	
D	5150	5150	第二候选人
E	5213	5280	第四候选人

因为暂估价和暂列金额相同,所以所有投标人修正后的投标报价高低即决定评标价的高低(评标价＝修正后的投标报价－暂估价－暂列金额)。根据技术评分最低标价法的评标原则,按由低到高顺序推荐中标候选人为:B-D-A-E。

【案例二】 某省交投集团投资建设了一条山区高速公路,有一特长隧道工程,由于技术难度大,对施工单位的施工技术和同类工程施工经验要求高,而且对工期的要求也比较紧迫。省交通投资集团在对有关单位和在建工程考察的基础上,报有关主管部门批准,仅邀请了3家国有特级施工企业参加投标,并预先与咨询单位和该3家施工单位共同研究确定了施工方案。省交通投资集团决定采用综合评分法,包括第一个信封(商务及技术文件),第二个信封(报价文件)。按《公路工程标准施工招标文件》(2018年版)范本,招标文件确定的评标规定如下:

第一个信封(商务及技术文件)评分分值构成:40分。

施工组织设计:10分;

主要人员:10分;

技术能力:3分;

财务能力:0分;

业绩:10分;

履约信誉:2分;

工期:5分。

第二个信封(报价文件)评分分值构成:60分。

评标价:60分。

评分标准如下:

1.商务及技术文件共40分。

施工组织设计10分(因已确定施工方案,各投标单位均得10分)。

主要人员10分:项目经理为工程师得1分,高工得2分,有类似业绩一个得2分,每增加一个得0.5分,总分5分;总工程师为高工得2分,有类似业绩一个得2分,每增加一个得0.5分,总分5分。

技术能力3分:具有项目施工有关的国家级工法、专利(发明专利或实用新型专利)、国家或省级科学技术进步奖,主编或参编过的国家、行业或地方标准1项得1分,每增加1项加1分,总分3分。

第四章 公路工程招投标

业绩 10 分:近 5 年有类似业绩 1 项得 6 分,每增加 1 项得 1 分,总分 10 分。

履约信誉 2 分:交通运输主管部门公布的信用等级 AA 级得 2 分,A 级得 1 分,其他等级不得分。

施工总工期 5 分:满足业主总工期要求(36 个月)者得 3 分,每提前 1 个月加 0.4 分,总分 5 分,不满足者不得分。

2. 报价文件共 60 分,报价不超过标底(35500 万元)的 ±5% 者为有效标,超过者为废标。报价为标底的 98% 者得满分(60 分),在此基础上,报价比标底每下降 1%,扣 1 分;每上升 1%,扣 2 分(计分按四舍五入取 1 位小数)。

各投标单位的有关情况见下表。

项 目	投 标 单 位		
	A	B	C
报价(万元)	35642	34364	33867
总工期(月)	33	31	32
主要人员	项目经理高工,业绩 2 项;总工高工,业绩 3 项	项目经理工程师,业绩 3 项;总工高工,业绩 3 项	项目经理高工,业绩 3 项;总工高工,业绩 3 项
技术能力	3 项	3 项	2 项
业绩	4 项	3 项	4 项
履约信誉	A	AA	AA

问题

1. 该工程采用邀请招标方式且仅邀请 3 家施工单位投标,是否违反有关规定?为什么?
2. 请按综合得分最高者中标的原则确定中标单位。
3. 若改变该工程评标的有关规定,将商务及技术文件增加到 50 分,其中施工方案 20 分(各投标单位均得 20 分),报价文件减少为 50 分,是否会影响评标结果?为什么?若影响,应由哪家施工单位中标?

解题思路

本案例考核招标方式和评标方法的运用。要求熟悉邀请招标的运用条件及有关规定,并能根据给定的评标办法正确选择中标单位。本案例所规定的评标办法排除了主观因素,因而各投标单位的商务及技术文件和报价文件的得分均为客观得分。但是,这种"客观得分"是在主观规定的评标方法的前提下得出的,实际上不是绝对客观的。因此,当各投标单位的得分较为接近时,需要慎重决策。

问题 3 是考核对评标方法的理解和灵活运用。根据本案例给定的评标方法,这样改变评标的规定并不影响各投标单位的得分,因而不会影响评标结果。

参考答案

问题 1:

不违反(或符合)有关规定,且已得到有主管部门的批准。根据《工程建设项目施工招标投标办法》(国家发展改革委令 2013 年第 23 号)规定,依法必须进行公开招标的项目,有下列情形之一的,可以邀请招标:项目技术复杂或有特殊要求,或者受自然地域环境限制,只有少量潜在投标人可供选择;因本项目为技术复杂工程,允许采用邀请招标方式,邀请参加投标的单位不得少于3家。

问题2:

(1)计算各投标单位的商务及技术文件得分,见下表。

项 目	投 标 单 位		
	A	B	C
施工方案	10	10	10
总工期(月)	3 + (36 − 33) × 0.4 = 4.2	3 + (36 − 31) × 0.4 = 5	3 + (36 − 32) × 0.4 = 4.6
主要人员	(2 + 2 + 0.5) + (2 + 2 + 2 × 0.5) = 9.5	(1 + 2 + 2 × 0.5) + (2 + 2 + 2 × 0.5) = 9	(2 + 2 + 2 × 0.5) + (2 + 2 + 2 × 0.5) = 10
技术能力	3	3	2
业绩	6 + 3 = 9	6 + 2 = 8	6 + 3 = 9
履约信誉	1	2	2
合计	36.7	37	37.6

(2)计算各投标单位的报价文件得分,见下表。

投 标 单 位	报价(万元)	报价与标底的比例	扣 分	得 分
A	35642	35642/35500 = 100.4%	(100.4 − 98) × 2 = 4.8	60 − 4.8 = 55.2
B	34364	34364/35500 = 96.8%	(98 − 96.8) × 1 = 1.2	60 − 1.2 = 58.8
C	33867	33867/35500 = 95.4%	(98 − 95.4) × 1 = 2.6	60 − 2.6 = 57.4

(3)计算各投标单位的综合得分,见下表。

投 标 单 位	商务及技术文件得分	报价文件得分	综 合 得 分
A	36.7	55.2	91.9
B	37	58.8	95.8
C	37.6	57.4	95

因为B公司综合得分最高,故应选择B公司为中标单位。

问题3:

这样改变评标办法不会影响评标结果,因为各投标单位的商务及技术文件得分均增加10分(20 − 10),而报价文件得分均减少10分(60 − 50),综合得分不变。

(四)决策树和技术经济分析方法在投标决策中的应用

决策树是以方框与圆圈为节点,并由直线连接而成的一种像树枝形状的结构,其中方框代表决策点,圆圈代表机会点。从决策点画出的每条直线代表一个方案,叫作方案枝;以机会点画出的每条直线代表一种自然状态,叫作概率枝。

重点掌握决策点的作用,以及机会点的期望值计算。

资金时间价值分析、定性与定量分析相结合,是决策树分析应用在投标方案中的一种常见题型。

代 表 题 型

【案例一】 某施工企业拟参加某一大型桥梁工程项目方案投标,拟订了两个施工组织设计且分析了按两方案组织施工时各月的工程款(总和为投标报价)。两个方案的中标概率分别为0.6、0.7,若投标不中则会损失制作标书等的费用20万元(中标则不考虑该费用)。若在工期内完工可获全部工程款,否则罚款100万元。结合本单位实际施工能力,两个方案正常完工的概率分别为0.9、0.7。考虑资金的时间价值(假设贷款月利率为1%,),制订了施工进度与进度款需用表如下。

项 目	准备工作及基础工程		下 部 构 造		上部构造及附属工程		上构与下构工程搭接时间（月）
	工程款（万元）	工期（月）	工程款（万元）	工期（月）	工程款（万元）	工期（月）	
方案一	4800	6	10000	8	10400	8	2
方案二	4500	6	9450	9	11200	7	3

问题

1. 简述决策树的概念。

2. 利用决策树分析法确定投标单位在考虑资金时间价值的条件下(以开工时间为折现点)选择哪个方案合适？(计算系数表如下表)

n(月)	2	3	4	5	6	7	8	9	10	11	12
$(P/A,1\%,n)$	1.97	2.941	3.902	4.853	5.795	6.728	7.652	8.566	9.471	10.368	11.225
$(P/F,1\%,n)$	0.98	0.971	0.961	0.951	0.942	0.933	0.923	0.914	0.905	0.896	0.887
n(月)	13	14	15	16	17	18	19	20	21	22	—
$(P/A,1\%,n)$	12.134	13.004	13.865	14.718	15.562	16.398	17.226	18.046	18.857	19.66	—
$(P/F,1\%,n)$	0.879	0.87	0.861	0.853	0.844	0.836	0.828	0.82	0.811	0.803	—

参考答案

问题1：

决策树是以方框与圆圈为节点,并由直线连接而成的一种像树枝形状的结构,其中方框代表决策点,圆圈代表机会点。从决策点画出的每条直线代表一个方案,叫作方案枝;以机会点画出的每条直线代表一种自然状态,叫作概率枝。

问题2：

绘制投标决策树,如下图。

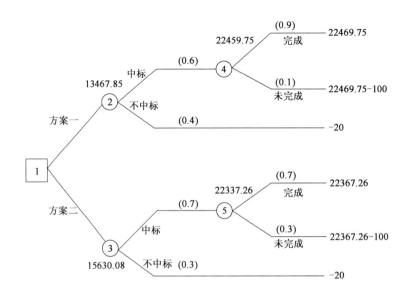

根据题意,设定工程款按开工日期折算的现值为 PV,则

$PV_{方案一} = 4800/6 \times (P/A,1\%,6) + 10000/8 \times (P/A,1\%,8) \times (P/F,1\%,6) + 10400/8 \times (P/A,1\%,8) \times (P/F,1\%,12) = 800 \times 5.795 + 1250 \times 7.652 \times 0.942 + 1300 \times 7.652 \times 0.887 = 22469.75(万元)$

$PV_{方案二} = 4500/6 \times (P/A,1\%,6) + 9450/9 \times (P/A,1\%,9) \times (P/F,1\%,6) + 11200/7 \times (P/A,1\%,7) \times (P/F,1\%,12) = 750 \times 5.795 + 1050 \times 8.566 \times 0.942 + 1600 \times 6.728 \times 0.887 = 22367.26(万元)$

第 4 机会点的期望损益值:

$E(4) = 22469.75 \times 0.9 + 22369.75 \times 0.1 = 22459.75(万元)$

第 5 机会点的期望损益值:

$E(5) = 22367.26 \times 0.7 + 22267.26 \times 0.3 = 22337.26(万元)$

第 2 机会点的期望损益值:

$E(2) = 22459.75 \times 0.6 + (-20) \times 0.4 = 13467.85(万元)$

第 3 机会点的期望损益值:

$E(3) = 22337.26 \times 0.7 + (-20) \times 0.3 = 15630.08(万元)$

决策点 1:取最大值。

$\max\{E(2),E(3)\} = \max\{13467.85,15630.08\} = 15630.08(万元)$

所以,应选择方案二为投标方案。

【案例二】 某省路桥建设集团面临 A、B 两项工程投标,因受本单位资源条件限制,只能选择其中一项工程投标。根据过去类似工程投标的经验数据,A 工程投高标的中标概率为 0.4,投低标的中标概率为 0.7,编制投标文件的费用为 3 万元;B 工程投高标的中标概率为 0.3,投低标的中标概率为 0.6,编制投标文件的费用为 2 万元。

各方案承包效果、概率及损益情况见下表。

方　案	效　果	概　率	损益值(万元)
A 高	好	0.3	150
	中	0.5	100
	差	0.2	50
A 低	好	0.2	110
	中	0.7	60
	差	0.1	0
B 高	好	0.4	110
	中	0.5	70
	差	0.1	30
B 低	好	0.2	70
	中	0.5	30
	差	0.3	−10

问题

1. 简述决策树的概念。
2. 试运用决策树法进行投标决策。

解题思路

本案例考核决策树法的运用，主要考核决策树的概念、绘制、计算，要求熟悉决策树法的适用条件，能根据给定条件正确画出决策树，并能正确计算各机会点的数值，进而作出决策。

解题时需注意以下 3 点：

(1) 题目本身仅给出各投标方案的中标概率，相应的不中标概率需自行计算(中标概率与不中标概率之和为 1)。

(2) 不中标情况下的损失费用为编制投标文件的费用。不同项目的编标费用一般不同。通常规模大、技术复杂项目的编标费用较高，反之则较低；而同一项目的不同报价对编标费用的影响可不予考虑。

(3) 决策树的绘制是自左向右(决策点和机会点的编号左小右大)，而计算则是自右向左。各机会点的期望值计算结果应标在该机会点上方，最后将决策方案以外的方案枝用两短线排除。

参考答案

问题 1：

决策树是以方框与圆圈为节点，并由直线连接而成的一种像树枝形状的结构，其中方框代表决策点，圆圈代表机会点；从决策点画出的每条直线代表一个方案，叫作方案枝，以机会点画出的每条直线代表一种自然状态，叫作概率枝。

问题 2：

(1) 画出决策树，标明各方案的概率和损益值，见下图。

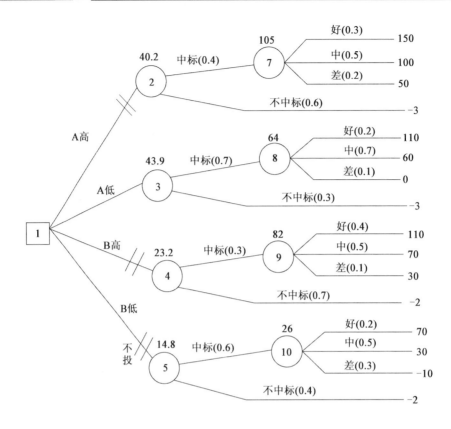

(2)计算图中各机会点的期望值(将计算结果标在各机会点上方)。

点⑦:$150 \times 0.3 + 100 \times 0.5 + 50 \times 0.2 = 105$(万元)

点②:$105 \times 0.4 - 3 \times 0.6 = 40.2$(万元)

点⑧:$110 \times 0.2 + 60 \times 0.7 + 0 \times 0.1 = 64$(万元)

点③:$64 \times 0.7 - 3 \times 0.3 = 43.9$(万元)

点⑨:$110 \times 0.4 + 70 \times 0.5 + 30 \times 0.1 = 82$(万元)

点④:$82 \times 0.3 - 2 \times 0.7 = 23.2$(万元)

点⑩:$70 \times 0.2 + 30 \times 0.5 - 10 \times 0.3 = 26$(万元)

点⑤:$26 \times 0.6 - 2 \times 0.4 = 14.8$(万元)

(3)选择最优方案。

因为点③的期望值最大,故应投 A 工程低标。

第五章　交通运输工程合同价款管理

一、考纲要求

1. 工程合同价的类型及其适用条件。
2. 工程变更的处理。
3. 工程索赔的计算与审核。
4. 工程合同争议的处理。

二、本章知识架构

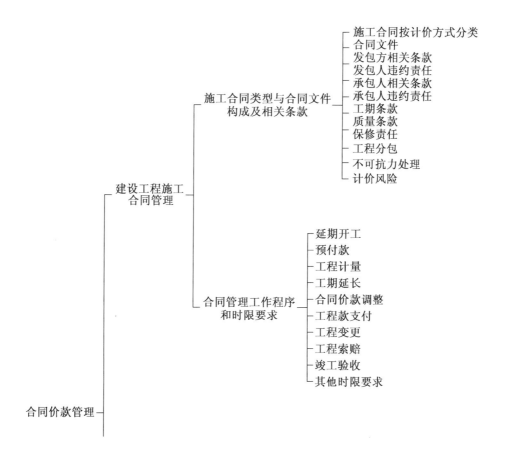

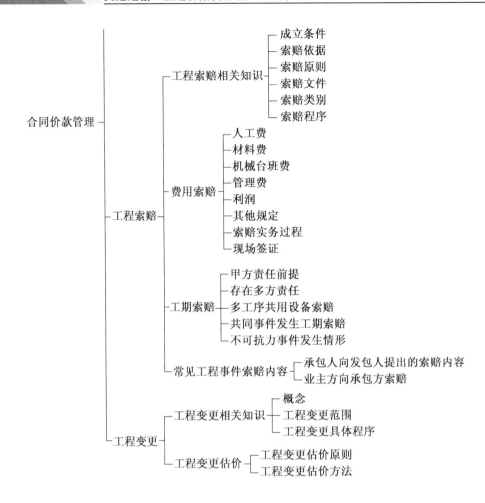

三、本章知识点

(一) 施工合同管理

考核要求	备考建议
1. 区分不同的合同类型。 2. 判断修正不合理条款与规定。 3. 利用合同条款判断索赔各方责权	合同管理内容一般以识别、简答判断及分析的形式出现。应注意试题中背景材料给出的合同形式、工程背景等内容;要求能识别采用正确的合同类型,对不合理的条款与规定进行判断、分析修正;工程索赔时,能利用合同条款和相关规定,根据施工承包过程中发生的具体事件,确定项目各参与方在工程实践过程中的责任与作用,确定涉及范围和应保留的权利

知识点集成

知识点1:施工合同类型与合同文件构成及相关条款

施工合同按计价方式分类			
总价合同	概念		总价合同是指根据合同规定的工程施工内容和有关条件,业主应付给承包人的款额,是一个规定的金额,即明确的总价
	分类	固定总价合同	价格计算是以图纸及规定、规范为基础,承发包双方就施工项目协商一个固定的总价,由承包方一笔包死,不能变化。采用这种合同,合同总价只有在设计和工程范围有所变更的情况下才能随之作相应的变更。在合同执行过程中,承发包双方均不能因为工程量、设备、材料价格、工资等变动和地质条件恶劣、气候恶劣等理由,提出对合同总价调值的要求。一般在施工图设计阶段,施工图完成的情况下;适用于工期较短(一般不超过1年),对最终产品的要求又非常明确的工程项目
		可调总价合同	合同总价不变,增加调值条款;合同条款中双方商定由于通货膨胀引起工料成本增加达到某一限度时,合同总价相应调整,工期较长。通货膨胀等不可预见因素的风险由业主承担,对业主而言,突破投资额的风险增大,对承包人而言,其风险相对较小
	适用范围		适用于工程量不太大且能精确计算,工期较短,技术不太复杂,风险不大,设计图纸准确、详细的项目
单价合同	概念		承、发包双方约定以工程量清单及综合单价进行合同价款计算、调整和确认的建设工程施工合同。特点是单价优先。单价合同也可以分为固定单价合同和可调单价合同
	分类	固定单价合同	单价不变,工程量调整时按单价追加合同价款,工程全部完工时按竣工图工程量结算工程款
		可调单价合同	签约时,因某些不确定性因素存在暂定某些分部分项工程单价,实施中根据合同约定调整单价
	适用范围		适用于招标文件已列出分部分项工程量,但合同整体工程量界定由于建设条件限制尚未最后确定的情况,签订合同采用估算工程量,结算时采用实际工程量结算的方法
成本加酬金合同	概念		成本加酬金合同是由业主向承包人支付工程项目的实际成本,并按事先约定的某一种方式支付酬金的合同类型
	分类		分为成本加固定百分比、成本加固定费用、成本加奖罚金、最高限额成本加固定最大酬金4种形式
	缺点		业主对工程造价不易控制,承包人往往不注意控制项目成本
	适用范围		紧急工程、新型工程、保密工程等
合同文件			
概念			指合同协议书、中标通知书、投标函及投标函附录、专用合同条款、通用合同条款、技术标准和要求、图纸、已标价工程量清单,以及其他合同文件

续上表

	合同文件
解释顺序	根据《公路工程标准施工招标文件》(2018年版)的规定,组成合同的各项文件应互相解释,互为说明。除项目专用合同条款另有约定外,解释合同文件的优先顺序如下: 1. 合同协议书及各种合同附件(含评标期间和合同谈判过程中的澄清文件和补充资料)。 2. 中标通知书。 3. 投标函及投标函附录。 4. 项目专用合同条款。 5. 公路工程专用合同条款。 6. 通用合同条款。 7. 工程量清单计量规则。 8. 技术规范。 9. 图纸。 10. 已标价工程量清单。 11. 承包方有关人员、设备投入的承诺及投标文件中的施工组织设计。 12. 其他合同文件。 上述各项合同文件包括合同当事方就该项合同文件所作出的补充和修改,属于同一类内容的文件,应以最新签署的为准。 在合同订立及履行过程中形成的与合同有关的文件均构成合同文件组成部分,并根据其性质确定优先解释顺序
	相关条款
发包方相关条款	发包方应按照专用合同条款约定的期限、数量和内容向承包方免费提供图纸,并组织承包方、监理方和设计方进行图纸会审和设计交底。发包方最迟不得晚于开工通知标明的开工日期前14天向承包方提供图纸。应在计划开工日期7天前向承包方发出开工通知。 除专用合同条款另有约定外,发包方应负责提供施工所需要的条件,包括: 1. 将施工用水、电力、通信线路等施工所必需的条件接至施工现场内。 2. 保证向承包方提供正常施工所需要的进场施工现场的交通条件。 3. 协调处理施工现场周围地下管线和邻近建筑物、构筑物、古树名木的保护工作,并承担相关费用。 4. 按照专用合同条款约定应提供的其他设施和条件;发包人负责办理永久占地的征用及与之有关的拆迁赔偿手续并承担相关费用。 5. 办理施工许可证和其他法律、法规规定的申请批准手续和施工需要的有关证件,组织承包方和设计单位进行图纸会审和设计交底,协调处理现场设施保护、环境保护、文物保护工作,并承担有关费用。 6. 承包方按合同约定完成施工任务后发包方负责组织竣工验收,支付工程进度款和竣工结算款
发包人违约责任	在合同履行过程中发生的下列情形,属于发包人违约: 1. 因发包人原因未能在计划开工日期前7天内下达开工通知的。 2. 因发包人原因未能按合同约定支付合同价款的。 3. 发包人违反变更的范围约定,自行实施被取消的工作或转由他人实施的。 4. 发包人提供的材料、工程设备的规格、数量或质量不符合合同约定,或因发包人原因导致交货日期延误或交货地点变更等情况的。 5. 因发包人违反合同约定造成暂停施工的。 6. 发包人无正当理由,没有在约定期限内发出复工指示,导致承包人无法复工的。 7. 发包人明确表示或者以其行为表明不履行合同主要义务的。 8. 发包人未能按照合同约定履行其他义务的。 发包人发生违约情况时,承包人可向发包人发出通知,要求发包人采取有效措施纠正违约行为。发包人收到承包人通知后28天内仍不纠正违约行为的,承包人有权暂停相应部位工程施工,并通知监理人。 发包人应承担因其违约给承包人增加的费用和(或)延误的工期,并支付承包人合理的利润。此外,合同当事人可在专用合同条款中另行约定发包人违约责任的承担方式和计算方法

续上表

	相关条款
承包人相关条款	根据发包人委托,在其资质允许的条件下,按合同约定完成施工图设计、工程配套设计,负责临时设施的设计、建造、维护、管理、拆除,发生费用由发包人承担。 按工程需要提供和维修施工使用的照明、围栏设施,并负责安全保卫工作。遵守有关部门对施工场地交通、施工噪声以及环境保护和安全生产管理的规定,避免对公众与他人利益的损害。按专用条款的约定做好施工现场、地下管线和邻近建筑物、古树名木、文物建筑的保护工作。按专用条款约定,向发包人提供在施工现场办公和生活的房屋及设施,发生费用由发包人承担。向工程师提供年、季、月工程进度计划及相关统计报表。 交工验收证书颁发前,承包人应负责照管和维护工程及将用于或安装在本工程中的材料、设备。已竣工工程未交付之前,应负责已完工程成品保护工作,保护期发生损坏,由承包人自费修复。在承包人负责照管与维护期间,如果本工程或材料、设备等发生损失或损害,除不可抗力原因之外,承包人均应自费弥补,并达到合同要求。承包人应对施工作业和施工方法的完备性负责和安全可靠性负责,编制施工组织设计和施工措施计划。承包人组成联合体时应共同与发包人签订合同协议,联合体各方应为履行合同承担连带责任,要确定牵头人,负责与发包人监理人联系,并接受指示
承包人违约责任	在合同履行过程中发生的下列情形,属于承包人违约。 1.承包人违反合同约定进行转包或违法分包的。 2.承包人违反合同约定采购和使用不合格的材料和工程设备。 3.因承包人原因导致工程质量不符合合同要求的。 4.承包人违反材料与设备专用要求的约定,未经批准,私自将已按照合同约定进入施工现场的材料或设备撤离施工现场的。 5.承包人未能按施工进度计划及时完成合同约定的工作,造成工期延误的。 6.承包人在缺陷责任期及保修期内,未能在合理期限对工程缺陷进行修复,或拒绝按发包人要求进行修复的。 7.承包人明确表示或者以其行为表明不履行合同主要义务的。 8.承包人未能按照合同约定履行其他义务的。 承包人发生违约情况时,监理人可向承包人发出整改通知,要求其在指定的期限内改正。承包人应承担因其违约行为而增加的费用和(或)延误的工期。此外,合同当事人可在专用合同条款中另行约定承包人违约责任的承担方式和计算方法
工期条款	施工合同工期应包括开工日期、竣工日期、实际日历天数(计算时包括法定节假日在内)。 承包人按协议书约定的开工日期不能按时开工的,应在不迟于协议书约定的开工日期前7天,以书面形式向工程师提出延期开工的理由和要求。工程师在接到延期开工申请后的48h内以书面形式答复承包人。因发包人原因未按计划开工日期开工的,发包人应按实际开工日期顺延竣工日期。 承包人应当按照合同约定完成工程施工,在合同履行过程中,因下列情况导致工期延误和(或)费用增加的,由发包人承担此延误的工期和(或)增加的费用,且发包人应支付承包人合理的利润。 1.发包人未能按合同约定提供图纸或所提供图纸不符合合同约定的。 2.发包人未能按合同约定提供施工现场、施工条件、基础资料、许可、批准等开工条件的。 3.发包人提供的测量基准点、基准线和水准点及其书面资料存在错误或疏漏的。 4.发包人未能在计划开工日期之日起7天内同意下达开工通知的。 5.发包人未能按合同约定日期支付工程预付款、进度款或竣工结算款的。 6.监理人未按合同约定发出指示、批准等文件的。 7.专用合同条款中约定的其他情形。 承包人向监理人报送施工进度计划和施工方案说明的期限:签订合同协议书后28天之内。监理人应在14天内对承包人施工进度计划和施工方案说明予以批复或提出修改意见。 工程经竣工验收合格的,以承包人提交竣工验收申请报告之日为实际竣工日期,并在工程接收书中载明;因发包人原因,未在监理人收到承包人提交的竣工验收申请报告42天内完成竣工验收,或完成竣工验收不予签发工程接收证书的,以提交竣工验收申请报告的日期为实际竣工日期;工程未经竣工验收,发包人擅自使用的,以转移占有工程之日为实际竣工日期。

续上表

	相关条款
工期条款	发包人要求承包人提前竣工,或承包人提出提前竣工的建议能够给发包人带来效益的,合同当事人可以在专用合同条款中约定提前竣工的奖励。 施工进度计划不符合合同要求或与工程的实际进度不一致的,承包人应向监理人提交修订的施工进度计划,并附上有关措施和相关资料,发包人和监理人对承包人提交的修订施工进度计划的确认(7天内完成),不能减轻或免除承包人根据法律规定和合同约定应承担的任何责任或义务。 承包人提交合同进度计划修订申请报告,并附有关措施和相关资料的期限:实际进度发生滞后的当月25日前。监理人批复修订合同进度计划的期限:收到修订合同进度计划后14天内。 承包人认为提前竣工指示无法执行的,应向监理人和发包人提出书面异议,发包人和监理人应在收到异议后7天内予以答复。任何情况下,发包人不得压缩合理工期。因紧急情况需暂停施工,承包人可先暂停施工,监理人应在接到通知24h内发出指示确认。 因发包人原因引起的暂停施工,发包人应承担由此增加的费用和(或)延误的工期,并支付承包人合理的利润。 因承包人原因造成工期延误的,可以在专用合同条款中约定逾期竣工违约金的计算方法和逾期竣工违约金的上限。承包人支付逾期竣工违约金后,不免除承包人继续完成工程及修补缺陷的义务
质量条款	工程质量标准必须符合现行国家有关工程施工质量验收规范和标准的要求(强制性)。有关工程质量的特殊标准或要求由合同当事人在专用合同条款中约定。工程质量验收按技术规范及《公路工程质量检验评定标准 第一册 土建工程》(JTG F80/1—2017)执行。 因发包人原因造成工程质量未达到合同约定标准的,由发包人承担由此增加的费用和(或)延误的工期,并支付承包人合理的利润。因承包人原因造成工程质量未达到合同约定标准的,发包人有权要求承包人返工直至工程质量达到合同约定的标准为止,并由承包人承担由此增加的费用和(或)延误的工期。 工程隐蔽部位经承包人自检确认具备覆盖条件的,承包人应在共同检查前48h书面通知监理人检查。承包人覆盖工程隐蔽部位后,发包人或监理人对质量有疑问的,可要求承包人对已覆盖的部位进行钻孔探测或揭开重新检查,承包人应遵照执行,并在检查后重新覆盖恢复原状。经检查证明工程质量符合合同要求的,由发包人承担由此增加的费用和(或)延误的工期,并支付承包人合理的利润;经检查证明工程质量不符合合同要求的,由此增加的费用和(或)延误的工期由承包人承担。 承包人未通知监理人到场检查,私自将工程隐蔽部分覆盖的,监理人有权指示承包人钻孔探测或揭开检查,无论工程隐蔽部位质量是否合格,由此增加的费用和(或)延误的工期均由承包人承担。 发包人自行供应材料、工程设备的,应在签订合同时在专用合同条款的附件"发包人供应材料设备一览表"中明确材料和工程设备的品种、规格、型号、数量、单价、质量等。 承包人应提前30天通过监理人以书面形式通知发包人供应材料与工程设备进场。承包人按照施工进度计划的修订约定修订施工进度计划时,需同时提交经修订后的发包人供应材料与工程设备的进场计划。 承包人负责采购材料、工程设备的,应按照设计和有关标准要求采购,并提供产品合格证明及出厂证明,对材料、工程设备质量负责。合同约定由承包人采购的材料、工程设备,发包人不得指定生产厂家或供应商,发包人违反约定指定生产厂家或供应商的,承包人有权拒绝,并由发包人承担相应责任。 承包人使用不合格材料、工程设备,或采用不适当的施工工艺,或施工不当,造成工程不合格的,监理人可以随时发出指示,要求承包人立即采取措施进行替换、补救或拆除重建,直至达到合同要求的质量标准,由此增加的费用和(或)工期延误由承包人承担。如果承包人未在规定时间内执行监理人的指示,发包人有权雇用他人执行,由此增加的费用和(或)工期延误由承包人承担。 质量事故处理实行"四不放过"原则:事故原因调查不清不放过;事故责任者没有受到教育不放过;没有防范措施不放过;相关责任人没受到处理不放过
保修责任	根据《公路工程标准施工招标文件》(2018年版)的规定,公路工程的保修责任如下。 1. 保修期自实际交工日期起计算,具体期限在项目专用合同条款数据表中约定。保修期与缺陷责任期重叠的期间内,承包人的保修责任同缺陷责任。在缺陷责任期满后的保修期内,承包人可不在工地留有办事人员和机械设备,但必须随时与发包人保持联系,在保修期内承包人应对由于施工质量原因造成的损坏自费进行修复。 2. 在全部工程交工验收前,已经发包人提前验收的单位工程,其保修期的起算日期相应提前。

续上表

	相关条款
保修责任	3. 工程保修期终止后28天内,监理人签发保修期终止证书。 4. 若承包人不履行保修义务和责任,则承包人应承担由于违约造成的法律后果,并由发包人将其违约行为上报省级交通运输主管部门,作为不良记录纳入公路建设市场信用信息管理系统
工程分包	承包人不得将其承包的全部工程转包给第三人,或将其承包的全部工程分解后以分包的名义转包给第三人。承包人不得将工程主体结构、关键性工作及专用合同条款中禁止分包的专业工程分包给第三人,主体结构、关键性工作的范围由合同当事人按照法律规定在专用合同条款中予以明确。 承包人应按专用合同条款的约定进行分包,确定分包人。承包人应确保分包人具有相应的资质和能力。工程分包不减轻或免除承包人的责任和义务,承包人和分包人就分包工程向发包人承担连带责任。除合同另有约定外,承包人应在分包合同签订后7天内向发包人和监理人提交分包合同副本
不可抗力处理	不可抗力引起的后果及造成的损失由合同当事人按照法律规定及合同约定各自承担。发生不可抗力前已完成的工程应当按照合同约定进行计量支付。 不可抗力导致的人员伤亡、财产损失、费用增加和(或)工期延误等后果,由合同当事人按以下原则承担。 1. 永久工程、已运至施工现场的材料和工程设备的损坏,以及因工程损坏造成的第三方人员伤亡和财产损失由发包人承担。 2. 承包人施工设备的损坏由承包人承担。 3. 发包人和承包人承担各自人员伤亡和财产的损失。 4. 因不可抗力影响承包人履行合同约定的义务,已经引起或将引起工期延误的,应当顺延工期,由此导致承包人停工的费用损失由发包人和承包人合理分担,停工期间应发包人要求承包人现场保卫保管的工人工资由发包人承担。 5. 因不可抗力引起或将引起工期延误,发包人要求赶工的,由此增加的赶工费用由发包人承担。 6. 承包人在停工期间按照发包人要求照管、清理和修复工程的费用由发包人承担。 不可抗力发生后,合同当事人均应采取措施尽量避免和减少损失的扩大,任何一位当事人没有采取有效措施导致损失扩大的,应对扩大的损失承担责任。 因合同一人延迟履行合同义务,在延迟履行期间遭遇不可抗力的,不免除其违约责任
计价风险	建设工程承包必须在招标文件、合同中明确计价中的风险内容及其范围,不得采取无限风险、所有风险或类似语句规定计价中的风险内容及范围。在工程建设施工发承包中实行风险共担和合理分摊的原则。 承包人应完全承担的风险是技术风险和管理风险(管理费和利润),应有限度地承担市场风险(材料价格、施工机械使用费等);应完全不承担的是法律、法规、规章和政策变化的风险。省级主管部门发布的人工费调整和政府定价(或政府指导价)管理的原材料价格调整影响合同价款调整的,应由发包人承担。由于市场物价波动影响合同价款的,应由发承包双方合理分摊(材料价格的风险宜控制在5%以内,施工机械使用费的风险可控制在10%以内,超过者予以调整)。由于承包人使用机械设备、施工技术以及组织管理水平等自身原因造成施工费用增加的,应由承包人全部承担。 发生不可抗力,影响合同价款的,应采取合理分摊原则处理

知识点2:合同管理工作程序和时限要求

	合同管理工作程序和时限要求
延期开工	1. 承包人应在分部工程开工前14天向监理人提交分部工程开工报审表,若承包人的开工准备、工作计划和质量控制方法是可接受的且已获得批准,则经监理人书面同意,分部工程才能开工。 2. 承包人不能按时开工,应在合同约定的开工日前7天,以书面形式向工程师提出延期开工的理由和要求。工程师应当在接到延期开工申请后的48h内以书面形式答复承包人。若不答复,则视为同意承包人要求,工期相应顺延。工程师不同意延期要求或承包人未在规定时间内提出延期开工要求,工期不予顺延。 3. 因发包人原因不能按照协议书约定的开工日期开工,工程师应以书面形式通知承包人,推迟开工日期。发包人赔偿承包人因延期开工造成的损失,并相应顺延工期

续上表

合同管理工作程序和时限要求	
预付款	1. 预付款用于承包人为合同工程施工购置材料、工程设备、施工设备、修建临时设施以及组织施工队伍进场等。预付款的额度、预付办法,以及扣回与还清办法在专用合同条款中约定。预付款必须专用于合同工程。预付款包括开工预付款和材料、设备预付款。 2. 承包人应在签订合同或向发包人提供与预付款等额的预付款保函后向发包人提交预付款支付申请,发包人应在收到支付申请的 7 天内进行核实后向承包人发出预付款支付证书,并在签发支付证书后的 7 天内向承包人支付预付款。 3. 开工预付款的金额在项目专用合同条款数据表中约定。在承包人签订了合同协议书且承包人承诺的主要设备进场后,监理人应在当期进度付款证书中向承包人支付开工预付款。承包人不得将该预付款用于与本工程无关的支出,监理人有权监督承包人对该项费用的使用,如经查实承包人滥用开工预付款,发包人有权立即向银行索赔履约保证金,并解除合同。 4. 材料、设备预付款按项目专用合同条款数据表中所列主要材料、设备单据费用(进口的材料、设备为到岸价,国内采购的为出厂价或销售价,地方材料为堆场价)的百分比支付。其预付条件为: (1)材料、设备符合规范要求并经监理人认可。 (2)承包人已出具材料、设备费用凭证或支付单据。 (3)材料、设备已在现场交货,且存储良好,监理人认为材料、设备的存储方法符合要求。 则监理人应将此项金额作为材料、设备预付款计入下一次的进度付款证书中。在预计交工前 3 个月,将不再支付材料、设备预付款
工程计量	除专用合同条款另有约定外,承包人应根据有合同约束力的进度计划,按月分解签约合同价,形成支付分解报告,送监理人批准后成为有合同约束力的支付分解表,按有合同约束力的支付分解表分期计量和支付;支付分解表应随进度计划的修订而调整;除按照合同约定的变更外,签约合同价所基于的工程量即是用于竣工结算的最终工程量。 1. 承包人应当按照合同约定的计量周期和时间向发包人提交当期已完工程量报告。发包人应在收到报告后 7 天内核实。发包人认为需要进行现场计量核实时,应在计量前 24h 通知承包人。若不通知承包人,则核实计量无效。承包人未按发包人要求参加核实计量的,将以发包人所计量的工程量视为承包人实际完成的工程量。发包人未在收到承包人提交的工程量报表后的 7 天内完成审核的,承包人报送的工程量报告中的工程量视为承包人实际完成的工程量,据此计算工程价款。 2. 工程的计量应以净值为准,除非项目专用合同条款另有约定。工程量清单中各个子目的具体计量方法按本合同文件工程量清单计量规则中的规定执行。 3. 承包人未在已标价工程量清单中填入单价或总额价的工程子目,将被认为其已包含在本合同的其他子目的单价和总额价中,发包人将不另行支付。 本项目工程量清单中要求承包人以"总额"方式报价的子目,各子目的支付原则和支付进度按项目专用合同条款的规定执行
工期延长	1. 因发包人原因导致工期延长,承包人应在 14 天内向发包人提交延期报告。发包人应在收到延期报告后 14 天内完成审核和批准或提出修改意见,28 天内不答复延期报告将视为认可延期。 导致发包人造成工期延长的主要原因:增加合同工作内容;改变工程质量要求;延迟提供图纸及材料;未按合同约定支付款项。即使由于上述原因造成工期延误,如果受影响的工程并非处在工程施工进度网络计划的关键线路上,则承包人无权要求延长总工期。 2. 由于承包人原因造成工期延误,承包人应支付逾期交工违约金。逾期交工违约金的计算方法在项目专用合同条款数据表中约定,时间自预定的交工日期起至交工验收证书中写明的实际交工日期止(扣除已批准的延长工期),按天计算。逾期交工违约金累计金额最高不超过项目专用合同条款数据表中写明的限额。发包人可以从应付或到期应付给承包人的任何款项中或采用其他方法扣除此违约金。 承包人支付逾期交工违约金,不免除承包人完成工程及修补缺陷的义务。 如果在合同工程完工之前,已对合同工程内按时完工的单位工程签发了交工验收证书,则合同工程的逾期交工违约金,应按已签发交工验收证书的单位工程的价值占合同工程价值的比例予以减少,但本规定不应影响逾期交工违约金的规定限额

续上表

合同管理工作程序和时限要求	
合同价款调整	除项目专用合同条款另有约定外,因物价波动引起的价格调整按项目专用合同条款数据表的规定,按照约定的原则(采用价格指数调整价格差额等)处理;或者在合同执行期间(包括工期拖延期间)由于人工、材料和设备价格的上涨而引起工程施工成本增加的风险由承包人自行承担,合同价格不会因此而调整。 1. 出现合同价款调整事项后的14天内,承包人应向发包人提交调价报告并附上相关资料;承包人在14天内未提交调价报告的,应视为承包人对该事项不存在调整价款请求。 2. 发包人应在收到承包人调价报告及相关资料之日起14天内对其核实,并以书面形式答复承包人。若逾期不答复,则视为同意调价。 3. 价格调整的主要原因:法律法规及政策的影响;工程造价管理部门公布的价格指数调整;一周内非承包人原因停水、电、气累计超过8h等情况
工程款支付	1. 发包人应在收到承包人进度付款申请单以及相关资料后7天内确认计量结果并签发进度款支付证书。在确认计量结果后14天内,发包人向承包人支付工程款。 2. 发包人应在监理人收到进度付款申请单且承包人提交了合格的增值税专用发票后的28天内,将进度应付款支付给承包人。 3. 发包人超过14天不支付工程款,承包人可向发包人发出要求付款的通知,发包人收到承包人通知后仍不能按要求付款,可与承包人协商签订延期付款协议,经承包人同意后可延期支付。协议应明确延期支付的时间和从计量结果确认后第15天起计算应付款的贷款利息。 4. 发包人不按合同约定支付工程款,双人又未达成延期付款协议,导致施工无法进行,承包人可停止施工,由发包人承担违约责任。承包人停止施工56天后发包人仍不支付工程款,承包人有权解除合同。 5. 为确保施工过程中农民工工资实时、足额发放到位,承包人应按照项目专用合同条款约定的时间和金额缴存农民工工资保证金。农民工工资保证金可采用银行保函或现金、支票形式。采用银行保函时,出具保函的银行须具有相应担保能力,且按照发包人批准的格式出具,所需费用由承包人承担。农民工工资保证金的扣留条件、返还时间按照项目专用合同条款的约定执行
工程变更	工程变更是指在工程实践中,对某些工作内容作出修改或者追加、取消某一工作内容。在履行合同过程中,经发包人同意,监理人可按约定的变更程序向承包人作出变更指示,承包人应遵照执行。设计变更程序应执行现行《公路工程设计变更管理办法》的相关规定。 1. 施工中发包人确定原工程设计进行变更,应提前14天以书面形式向承包人发出变更通知。 2. 承包人应在收到变更指示14天内,向监理人提交变更报告书;承包人在双方确定变更后14天内不向工程师提出变更工程价款报告时,视为该项变更不涉及合同价款的变更。 3. 监理人应审查变更报价书,并在收到承包人变更报告书后14天内,与发包人和承包人共同商定此估价。在未达成协议的情况下,监理人应确定该估价;发包人无正当理由不确认时,自变更工程价款报告送达之日起14天后视为变更工程价款报告已被确认
工程索赔	索赔是在施工合同履行过程中,当事人一方因并非自己的过程,而是由于对方没有按照合同约定正确地履行合同或合同约定由对方承担的风险出现时,造成当事人一方损害,当事人一方通过一定的合法程序向对方提出经济或时间补偿的一种要求。因此,索赔是双向的,既可以是承包人向发包人的索赔,也可以是发包人向承包人的索赔。 1. 承包人应在知道或应当知道索赔事件发生后28天内,向监理人递交索赔意向通知书,并说明发生索赔事件的事由;承包人未在前述28天内发出索赔意向通知书的,丧失要求追加付款和(或)延长工期的权利。 2. 承包人应在发出索赔意向通知书后28天内,向监理人正式递交索赔报告;索赔报告应详细说明索赔理由以及要求追加的付款金额和(或)延长的工期,并附必要的记录和证明材料。 3. 索赔事件具有持续影响的,承包人应按合理时间间隔继续递交延续索赔通知,说明持续影响的实际情况和记录,列出累计的追加付款金额和(或)工期延长天数。 4. 在索赔事件影响结束后28天内,承包人应向监理人递交最终索赔报告,说明最终要求索赔的追加付款金额和(或)延长的工期,并附必要的记录和证明材料。 5. 监理人应在收到最终索赔报告后,于28天内给予答复或提出意见,逾期不答复,视为认可该项索赔。需注意,不同的合同文件对于监理人答复承包人提出索赔的时间不同。 6. 监理人收到承包人提交的索赔通知后,应及时审查通知书内容,查验记录和证明材料,并在收到通知书和证明材料的42天内将索赔结果答复给承包人。 7. 承包人接受了竣工付款书后,应认为已无权再提出在此以前发生的任何索赔。承包人提交最终结清申请单时,只对此前发生的事件索赔

续上表

	合同管理工作程序和时限要求
竣工验收	1. 当工程具备竣工验收条件时,承包人即可向监理人报送竣工申请报告。发包人应在收到经监理人审核的竣工验收申请报告后28天内审批完毕并组织监理人、承包人、设计人等相关单位完成竣工验收。发包人逾期不验收工程,将承担保管责任。承包人应按照现行《公路工程竣(交)工验收办法》和相关规定编制竣工资料。竣工资料的份数在项目专用合同条款数据表中约定。 2. 发包人应在验收后14天内对竣工申请报告完成批准或提出修改意见。发包人逾期不对竣工申请报告完成批准或提出修改意见,则视为已认可竣工验收报告。 3. 交工验收由发包人主持,由发包人、监理人、质监、设计、施工、运营、管理养护等有关部门代表组成交工验收小组,对本项目的工程质量进行评定,并写出交工验收报告报交通运输主管部门备案。承包人应按发包人的要求提交竣工资料,完成交工验收准备工作。经验收合格工程的实际交工日期,以最终提交交工验收申请报告的日期为准,并在交工验收证书中写明。组织办理交工验收和签发交工验收证书的费用由发包人承担。但按照合同规定达不到合格标准的交工验收费用由承包人承担
其他时限要求	1. 隐蔽工程验收及分部分项工程验收,承包人应在验收前48h通知工程师。工程师如不能验收,应提前24h书面通知承包人,提出延期要求(延期不大于48h)。验收后24h,工程师不签字视为已认可。 2. 单机无负荷试车,承包人在试车48h前通知工程师。工程师不能参加,应于24h前书面提出延期要求(延期不大于48h)。工程师不参加,又不提出延期或试车后24h内不签字,视为已认可。 3. 工程师发出有关施工的口头指令后应在48h内作出书面确认。如不能及时书面确认,承包人可在口头指令后7天内提出书面确认要求,工程师收到书面确认要求后48h内不答复,视为口头指令确认。若承包人认为指令不合理,收到指令后24h内提出要求修改的报告,工程师收到报告后24h内作出决定,书面通知承包人。 4. 不可抗力结束后48h内,承包人向工程师提交清理与修复费用报告及资料,如不可抗力持续发生,承包人每7天报告一次受灾情况。不可抗力结束后14天内,承包人向工程师提交报告。 5. 发现文物,承包方应4h内通知工程师,工程师收到通知后24h内报告文物部门,发包人承担由此发生的费用损失与工期延误。 6. 发现地下障碍物,承包方应8h内通知工程师并提出处理方案,工程师收到后24h内予以认可(或提出意见),发包人承担费用及工期损失。 7. 施工中出现纠纷或争议时可采取争议评审方式解决。双方可在开工日后或在争议发生后28天内成立争议评审组,被申请人收到申请人向评审组提交的申请报告(附相关文件、图纸、证明资料)副本后28天内提交一份答辩报告,评审组在收到合同双方报告的14天内进行调查,在调查会结束后的14天内,作出书面评审意见。若合同双方不接受评审意见,应在收到意见后14天内将仲裁或诉讼的意向通知对方

代 表 题 型

【案例】 某二级公路,由某公路桥梁施工单位(乙方)承建,与建设单位(甲方)双方签订了施工合同,采用清单报价方式,合同主要条款有:

1. 合同协议书与以下文件一起构成合同文件。

①中标通知书;②投标函及招标函附录;③项目专用合同条款;④公路工程专用合同条款;⑤通用合同条款;⑥工程量清单计量规则;⑦技术规范;⑧图纸;⑨已标价工程量清单;⑩承包人有关人员、设备投入的承诺及投标文件中的施工组织设计;⑪其他合同条件等。

上述文件互相补充和解释,如有不明确或不一致之处,以上述顺序作为优先解释顺序(合同履行过程中另行约定的除外)。

合同价:人民币(大写)贰亿捌仟陆佰肆拾捌万柒仟元(286487000.00元)。

承包人项目经理:由承包人在开工前采用内部竞聘方式确定。

工程质量:建设单位规定的质量标准。

2. 专用条款中有关合同价款的条款。

(1)合同价款及其调整。

本合同价款约定采用总价合同;除如下约定外,合同价款不得调整:

①当工程量清单项目工程量的变化幅度在15%以外时,合同价款可作调整。

②当材料价格上涨超过5%时,调整相应分项工程价款。

(2)合同价款的支付。

①工程预付款:于开工之日支付合同总价的10%作为开工预付款。工程实施后,预付款从工程后期进度款中扣回。

②为确保工程如期竣工,乙方不得因甲方资金的暂时不到位而停工和拖延工期。

③竣工结算:工程竣工验收后,进行竣工结算。结算时按全部工程造价的3%扣留工程质量保证金。在保修期满后(本项目缺陷责任期为2年,缺陷责任期完成后进入保修期,规定为5年),质量保证金及其利息扣除已支出费用后的剩余部分退还给乙方。

3. 补充协议条款。

在上述施工合同协议签订后,甲乙双方又接着签订了补充施工合同协议条款:

补1:为满足地基承载力和抗冻性的要求,增加30cm砂砾垫层。

补2:为了达到去钢材产能、缩短工期的目的,将预应力混凝土小箱梁全部改为小型钢箱梁。

补3:对桩基溶洞填充C15片石混凝土并埋设钢护筒。

问题

1. 该合同签订的条款有哪些不妥之处?应如何修改?
2. 公路工程合同一般分为哪几种?各适合什么情况?
3. 对合同中未约定的承包人义务,合同实施过程中又必须进行的工程内容,承包人应如何处理?

解题思路

本案例主要涉及公路工程施工合同的基本构成和工程合同价款的约定、支付、调整等内容。涉及合同条款签订中易发生争议的若干问题;施工过程中出现合同未约定的承包义务,但又必须进行的工程内容,承包人如何处理;工程质量保证金的保留与返还等问题。主要依据文件:《公路工程标准施工招标文件》(2018年版)、《公路工程质量检验评定标准 第一册 土建工程》(JTG F80/1—2017)。

参考答案

问题1:

该合同条款存在的不妥之处及其修改:

(1)承包人在开工前采用内部竞聘方式确定项目经理不妥。应明确为投标文件中拟定的项目经理;除合同条款约定的特殊情形外,投标人在投标文件中填报的项目经理不允许更换。

(2)工程质量为建设单位规定的质量标准不妥。本工程是公路项目,工程质量验收按技术规范及《公路工程质量检验评定标准 第一册 土建工程》(JTG F80/1—2017)执行。

(3)按工程量变化幅度和材料上涨幅度调整工程价款的约定不妥。本工程总投资在2亿元以上,应在专用条款中全面约定工程量价款可以调整的内容和调整方法。

(4)工程预付款的扣回时间不妥。一般情况下,开工预付款在进度付款证书的累计金额未达到签约合同价的30%之前不予扣回,在达到签约合同价的30%之后,开始按工程进度以固定比例(即每完成签约合同价的1%,扣回开工预付款的2%)分期从各月的进度付款证书中扣回,全部金额在进度付款证书的累计金额达到签约合同价的80%时扣完。

(5)工程质量保证金返还时间不妥。一般情况下,在约定的缺陷责任期满且质量监督机构已按规定对工程质量检测鉴定合格的情况下,承包人向发包人申请到期应返还承包人剩余的质量保证金。

(6)补充施工合同协议条款不妥。在补充协议中,不仅要补充工程内容,而且要说明工期和合同价款是否需要调整,若需调整则说明如何调整。

问题2:

公路工程的合同类型按计价方式分为总价合同、单价合同和成本加酬金合同。总价合同对施工图纸的质量要求很高,只适用于施工图纸明确、工程规模较小且技术不太复杂的工程,目前对于PPP项目也经常采用施工总承包的总价合同。单价合同对于施工图纸和设计深度适应性广,适用于后期的变更和索赔,对承包商的风险责任小,但管理工作相对较大。成本加酬金合同,主要适用于开工前对工程内容尚不十分清楚的项目。

问题3:

首先应及时与业主(甲方)协商,确认该部分工程内容是否由乙方完成。如果需要由乙方完成,对于一般零星项目或工作经监理人同意后可按计日工的形式处理。但对于较大的合同工作内容变化,应与甲方商签补充合同条款,就该部分工程内容明确双方各自的权利、义务,并对工程计划作出相应的调整。如果由其他承包商完成,乙方也要与甲方就该部分工程内容的协作配合条件及相应的费用等问题达成一致意见,以保证工程的顺利进行。

(二)工程索赔

考核要求	备考建议
1. 工程索赔的相关知识。 2. 索赔事件发生的责任。 3. 工期索赔、费用索赔。 4. 索赔与网络分析及费用构成	历年案例分析考试中,工程索赔是必考内容。工程索赔考核内容涉及工程索赔的相关知识(程序、证据、文件等),需结合背景材料中事件,利用施工合同相关条款分析具体事件发生的责任(甲方责任、乙方责任、不可抗力原因),确定索赔的内容(工期索赔、费用索赔),结合网络分析和费用构成等具体要求进行综合分析

知识点集成

知识点3:工程索赔相关知识

工程索赔相关知识	
成立条件	根据法律法规及合同规定,索赔成立的基本条件是: 1. 有明确的合同依据(或法律依据)。即合同中明确约定其责任由发包人承担,应增加额外费用和(或)延长工期。如果合同中没有明确约定,承包人也可依据法律规定对发包人因过错不履行合同造成的损失进行索赔。 2. 有具体的损害事实。即承包人能提供确凿的证据,证明自身确实因此而受到了损害,如财产损失、成本增加、预期利益丧失等。 3. 索赔期限符合合同约定。即承包人已严格按照合同约定的期限(或监理人允许的期限)提出了索赔意向通知书和索赔通知书。 4. 索取的费用和(或)工期与损害事实相符。即索赔通知书中所报事实真实,资料齐全,计算方法公平合理,计算结果可信

续上表

	工程索赔相关知识
索赔依据	招标文件,施工合同,往来信件,会谈纪要,现场资料,检验报告,停水、电、气记录和证明,相关法规文件,会计核算资料、凭证等,具有真实性、全面性、关联性、及时性,具有法律证明效力
索赔原则	以合同为依据,及时合理,主动控制减少损失,协作补偿,考虑最终实际损失为分析依据
索赔文件	索赔文件包括:索赔信(意向通知书)、索赔报告和附件,其中索赔报告包括:总论、根据部分、计算部分、证据部分
索赔类别	按合同依据分为合同明示索赔、合同默示索赔,按索赔目的分为工期索赔、费用索赔,按索赔事件性质分为工程延期索赔、工程加速索赔、工程变更索赔、工程终止索赔、不可预见的外部障碍或条件索赔、不可抗力事件引起的索赔,按索赔对象分为索赔、反索赔(案例考试用书中前者为承包方向发包方索赔,后者为发包方向承包方索赔)
索赔程序	1. 承包人应在知道或应当知道索赔事件发生后28天内,向发包人递交索赔意向通知书,并说明发生索赔事件非己方责任。 2. 承包人应在发出索赔意向通知书后28天内,向监理人正式递交索赔报告。 3. 在索赔事件影响结束后28天内,承包人应向监理人递交最终索赔报告。 4. 在发包人收到最终索赔报告后28天内,发包人应向承包人最终确认索赔处理结果。 5. 承包人接受索赔处理结果的,索赔款项在当期进度款中进行支付;承包人不接受索赔处理结果的,按照约定处理

知识点4:费用索赔

人工费	费用构成	人工费包括基本工资、工资性质津贴、加班费、奖金、法定安全福利费等。索赔人工费是指完成合同之外增加额外工作所增加的人工费,由于非承包人责任工效降低所增加的人工费,以及超过法定工作时间加班、法定人工费增长的人工费
	计算方法	人工费 = 增加工程量 × 人工费预算定额 人工费 = 人工数(分别按合同工、普通工、技术工计) × 应赔偿(或延长)的天数 × 工资单价(按合同约定或计日工,分别按合同工、普通工、技术工计) 经累加后,即为要求赔偿的人工费。 窝工费 = 窝工时间 × 降效系数 × 人工费预算定额 注:窝工费的标准双方应在合同中约定 在停工及窝工费的计算中应注意: 1. 合同中约定了计算方法的,原则上按合同中约定的计算方法计算。 2. 合同中未约定计算方法的,可以参考计日工单价或人工费预算单价以及当前的人工工资水平,在此基础上确定停工及窝工费的工日单价(对聘用的临时工可直接根据聘用合同来确定单价),并根据实际的停工及窝工时间进行计算。其中停工、窝工时间中应根据工程的不同性质,扣除雨水天气所占用的时间
材料费	费用构成	材料费包括实际用量超过计划用量而增加的材料费;客观原因材料价格大幅度上涨,非承包人责任工程延误导致的材料价格上涨和超期储存的费用
	计算方法	材料费 = 增加工程量 × 材料费预算定额 材料费 = (实际使用的材料数量 - 原来材料数量) × 所使用材料的单价 其中,材料单价可根据发票来确定,或采用工程量清单中计日工的材料单价,由此求出增加材料的费用
	窝工的材料费	窝工的材料费按实际消耗增加值确定。 计算因停工导致的材料积压损失费时,应注意: 1. 合同中已支付材料预付款的,原则上不考虑材料积压损失费。 2. 合同中未支付材料预付款的,可根据材料费价格及积压材料的费用总额计算其利息。 3. 对于有龄期的材料,当材料积压时间太长时,应根据实际情况考虑材料超过龄期后报废的损失

续上表

机械台班费	费用构成	机械台班费包括由于完成额外工作增加的机械使用费;非承包人责任工效降低增加的机械使用费;由于业主或监理工程师原因导致机械停工的窝工费
	计算方法	机械台班费＝增加工程量×机械台班费预算定额 首先计算机械工作时间的增加量或机械停置的时间,即:原有各种机械比预定计算所增加的工作时间(或台班);新增加各种机械和数量的工作时间(或台班);由于发包人原因造成各种机械停置的数量和工作时间(或台班)。 其次,将求得的以上各种工作时间的增加量(或停置时间)乘以合同约定单价或台班单价(一般包括:机械人工费、燃料费、折旧费、大修理基金)。 最后,将不同种类机械费用累计,就可计算出机械的索赔金额。其中,机械台班的使用单价可使用工程量清单中计日工的单价或租赁机械的单价
	窝工的机械费	如系租赁机械,一般按实际租金和调进调出费的分摊计算;如系承包人自有设备,一般按台班折旧费计算。 在计算机械停置费损失时,其机械停置单价的计算方法是: 1.合同中约定了计算方法的,原则上按合同中约定的计算方法计算。 2.合同中未约定计算方法的,可参考下式计算: 机械停置费台班单价＝(折旧费＋大修理费)×50%＋经常修理费＋ 机上人员工资＋车船使用税 其中,折旧费、大修理费是指机械台班费用定额中每台班的折旧费和大修理费,由于机械设备的使用率一般为50%左右,所以在计费时可按50%考虑;经常修理费是指机械台班费用定额中每台班的经常修理费;机上人员工资按停工、窝工费的计算方法确定;车船使用税等费用可查有关定额或规定。 3.施工单位的租赁机械,可在出具租赁合同后,根据租赁价格扣除燃料费后确定其停置费
管理费	费用构成	管理费包括承包人为完成额外工作、工期延长、其他可以索赔的事项工作的现场管理费和索赔事件发生而涉及的总部、公司管理费
	计算方法	可采用基数法、总量法、完成比例法计算。 通常可以按如下方法计算。 1.可根据实际情况由发包人、承包人、监理人协商确定。 2.按投标文件工程量清单中的"单价分析表"的管理费比例,测算管理费占合同总价的比例之后,确定合同总价中的管理费总额,再根据项目合同工期测算承包人每天的管理费总额,最后根据增工、停工或窝工时间确定索赔事件期间所发生的管理费总额。 3.可以按照《公路工程建设项目概算预算编制办法》(JTG 3830—2018)计算管理费
	窝工的管理费	根据合同约定考虑。如果试题背景材料中要求考虑窝工时现场管理费的赔付,则按约定计算,否则不计算
利润	利润索赔情形	在履行合同过程中,由于发包人的原因造成工期延误的,承包人有权要求发包人延长工期和(或)增加费用,并支付合理利润。如由于工程变更、设计文件缺陷、业主未能提供现场等原因引起的工程索赔
	计算方法	可采用基数法、总量法、完成比例法计算
	注意事项	1.窝工时不考虑利润赔付。 2.由于出现专用合同条款规定的异常恶劣气候的条件导致工期延误的,承包人只有权要求发包人延长工期,而没有费用和利润的补偿

续上表

其他规定		在清单计价的前提下,各规定如下。 1. 措施项目费用:因分部分项工程量清单漏项或非承包人原因的工程变更引起措施项目发生变化,造成施工组织设计或施工方案变更,造成措施费中发生变化时,已有措施项目按原有组价方法调整;原措施费中没有的措施项目,由承包人根据措施项目变更情况,提出适当措施费变更,发包人确认调整。 2. 其他项目费:所涉及的人工费、材料费等按合同约定计算。 3. 规费与税金:工程内容的变更增加,承包人可以列入相应增加的规费税金。索赔规费与税金的款项计算通常与原报价单中的百分率一致
费用索赔计算方法	基数法	费用索赔值 = 费用计算基数(根据合同约定) × 费用比率
	总量法	费用索赔值 = (增加合同工程量/原合同约定工程量总量) × 原合同价款 × 费率 或,费用索赔值 = (应增加的施工时间/原合同约定工期) × 原合同价款 × 费率
	保函费索赔	保函费索赔值按实际增加天数计算保函费增加部分,并区分发包方、承包方责任分别计算
	利息索赔	利息索赔值计算方法按合同专用条款的约定计算
	FIDIC合同形式索赔综合单价	采用 FIDIC 合同形式索赔时,综合单价计算方法为: 综合单价 = 工料单价 × (1 + 综合费率) 综合费率 = (1 + 单项费率) − 1 注:1. FIDIC 合同条款规定:投标报价 = 工程量 × 综合单价 2. 综合单价 = 工料机单价 × (1 + 综合费率) 3. 综合费率 = (1 + 现场管理费) × (1 + 企业管理费) × (1 + 利润) − 1
索赔实务过程		1. 当索赔事件发生时,应调查分析发生索赔事件的事由,并收集索赔所需的证明材料,最后递交索赔意向通知书。 2. 判断导致该索赔事件发生的责任属于甲方、乙方、共同责任或不可抗力,根据判断结果确定索赔类型为费用索赔、工期索赔或共同索赔。 3. 分析索赔事件是否发生在关键线路上,并将其延误时间计入工作时间参数,递推变化出新的完工时间,以此确定是否需要工期索赔。 4. 索赔计算的基本方法为基数法、实际费用法及修正费用法
现场签证	计价方式	现场签证费用的计价方式包括两种:第一种是完成合同以外的零星工作时,按计日工作单价计算。第二种是完成其他非承包人责任引起的事件,应按合同中的约定计算
	范围	1. 适用于施工合同范围以外零星工程的确认。 2. 在工程施工过程中发生变更后需要现场确认的工程量。 3. 非承包人原因导致的工人、设备窝工及有关损失。 4. 符合施工合同约定的非承包人原因引起的工程量或费用增减。 5. 确认修改施工方案引起的工程量或费用增减。 6. 工程变更导致的工程施工措施费增减等
	程序	承包人应发包人要求完成合同以外的零星项目、非承包人责任事件等工作的,发包人应及时以书面形式向承包人发出指令,提供所需的相关资料;承包人在收到指令后,应及时向发包人提出现场签证要求。 承包人应在收到发包人指令后的7天内,向发包人提交现场签证报告,发包人应在收到现场签证报告后的48h内对报告内容进行核实,予以确认或提出修改意见。发包人在收到承包人现场签证报告后的48h内未确认也未提出修改意见的,视为承包人提交的现场签证报告已被发包人认可。 现场签证工作完成后的7天内,承包人应按照现场签证内容计算价款,报送发包人确认后,作为增加合同价款,与进度款同期支付

知识点 5：工期索赔

甲方责任前提	甲方责任前提下,确定工期索赔应注意由于非承包方原因的延误时间 T 与延误事件所在工序的总时差 TF 关系。 若 $T>TF=0$,即工序为关键工序,T 为总工期改变量,即为工期索赔值;若 $TF \geq T>0$,即工序为非关键工序,总工期不改变,无工期索赔;若 $T>TF>0$,即延误时间超过非关键工序总时差,应根据总工期改变量($T-TF$)讨论对工期索赔值
存在多方责任	多工序出现索赔事件(包含甲方责任和乙方责任)讨论总工期改变与工期索赔关系。应利用网络分析,首先按各工序计划工作时间确定计划工期 A;然后计算包含甲方责任延误时间的甲方延误责任工期 B;计算包含双方延误责任时间的双方责任工期 C。则 $B-A$ 为乙方可以对甲方索赔的工期时间,$C-B>0$ 为乙方原因延误计划工期的误工时间
多工序共用设备索赔	多工序共用设备的正常在场时间为 E,$E=$ 最后使用共用设备工序 $TEF-$ 最先使用共用设备工序 TES。出现非承包方责任延误条件下共用设备在场时间为 F,$F-E$ 为由于共用设备在场时间延长的索赔时间。多工序共用设备在场合理时间为共用设备在场最短时间。 多工序共用设备题型中首要根据试题背景材料对原网络计划进行调整,调整后才能进行上述计算。调整时,若原网络图中先用共用设备的工序与后用共用设备的工序没有关联的逻辑关系,在网络图中由先使用共用设备工序的结束节点向后使用设备工序的开始节点加入虚工序表示线;加入后注意保持网络图的序号规则;调整后不能破坏网络图中原有工序间的逻辑关系;出现矛盾时对网络中部分节点采取分离画法
共同事件发生工期索赔	同一时段内发生包含不同方责任造成的工期延误事件,分析事件发生责任时可采取"横道图"分析方法。应注意: 1. 首先判定造成工期拖期的"初始延误"责任者,在"初始延误"发生作用期间,其他并发延误者不承担责任(横道图分析时,每种延误责任发生过程单独用一横道线表示)。 2. "初始延误"为业主,则在业主造成的延误期内,承包人可得到工期补偿,费用补偿应注意区分延误后果为增加工程量和窝工的区别。 3. "初始延误"者为不可抗力因素时,工期和费用补偿参考本章合同条款中不可抗力部分
不可抗力事件发生情形	需注意不可抗力的影响分为全场影响和局部工序影响,其后果分别为影响总工期和局部工序工期,若后者发生时,要将对局部工序时间影响值利用多方责任前提下工期索赔方法进行处理。 注意双代号网络图确定前提下,若试题中给出工程量变动时,应同时考虑费用增加调整和对应工序工期改变与工序在网络图中的位置和工序总时差的关系。试题中出现工程量增加时,应讨论工期补偿、费用补偿的可能性

知识点 6：常见工程事件索赔内容

承包商向发包商提出的索赔内容	不利的自然条件与人为障碍引起的索赔	1. 地质条件变化引起的索赔。如果出现的情况是一个有经验的承包人无法合理预见到的,承包方可以提出索赔要求。 2. 工程中人为障碍引起的索赔(如地下构筑物、文物在图纸中未有说明)可以提出索赔,一般工程师采取工期延长和成本补偿或发出变更命令,并确定合适的费率和价格
	工程变更引起的索赔	任何此类变更,承包人均不以任何方式使合同作废或无效,承包人应注意工程师提出的变更单价或价格的合理性
	工程延期的费用索赔	应注意形成原因分为承包方和非承包方原因,而且工期补偿和费用补偿有时不会同时成立。下列情况承包人提出工期索赔:合同文件错误,工程师指令错误,有关放线等技术资料不准确,不利的自然条件,现场发现文物,额外的样本与试验,业主、工程师要求暂停施工,业主未及时提供现场,业主违约与业主风险,不可抗力

续上表

承包商向发包商提出的索赔内容	工程延期的费用索赔	以上提出的工期索赔中,凡属纯客观原因造成的延期,属于业主无法预见的情况只能延长工期,而不能得到费用补偿;凡属纯业主方面原因造成的拖期在工期延长补偿的同时可以得到费用补偿
	加速施工费用索赔	业主方原因要求承包方加快施工时,确定加速施工发生的附加费用(加班补贴、施工新单价、加班天数、成本增加值)较复杂。一般用赶工奖励形式处理
	业主不正当地终止工程引起索赔	承包人有权要求补偿损失,其数额是承包人终止工程中的人、材料、机械全部支出,以及各项管理费用、保险费、贷款利息、保函费用支出(减去已结算工程数)盈利损失
	物价上涨引起的索赔	应区分不同的合同约定进行费用计算。 1. 固定总价合同不予调整,适用于工期短、规模小的工程。 2. 用调价公式调整合同价,注意调值基数的时间约定。 3. 按价差调整合同价,其中: 材料价调整数 =(现行价 - 基础价)× 材料数量 人工费调整值 =(现时工资 - 基础工资)×(实际工作小时 + 加班工作小时 × 加班工资增加率) 一般情况下,对管理费和利润不进行调整
	拖延支付工程款的索赔	承包人可在提前通知业主后暂停工作或减缓工作速度,可获得误期补偿
	法律、货币及汇率变化引起的索赔	
	业主风险达到合同约定的损失程度,承包人可提出索赔	
	不可抗力事件引起的索赔	
业主方向承包方索赔	1. 工期延误索赔一般应考虑:业主盈利损失、贷款利息增加、监理费用增加、租赁费等其他费用。 2. 质量不满足合同要求引起索赔,业主有权追究责任补偿损失。若承包方不能在规定期限内完成缺陷修补工作,业主有权雇佣他人完成,发生成本和利润由承包方负担。若承包方自费修复,业主可索赔重新检验费。 3. 承包人不履行的保险费用索赔。 4. 对指定分包人的付款索赔,在承包人未能提供已向指定分包人付款的合理证明时,业主可直接将承包人未付给指定分包人的所有款项(扣除保留金)付给分包人,并从付给承包人的款项中扣回。 5. 业主合理终止合同或承包人不正当放弃工程索赔,业主有权从承包人收回由新承包人完成工程所需的工程款与原合同未付部分的差额	

《公路工程标准施工招标文件》(2018年版)中合同条款规定的可以合理补偿承包人的条款

序号	条款号	主 要 内 容	可补偿内容		
			工期	费用	利润
1	1.10.1	施工过程中发现文物、古迹以及其他遗迹、化石、钱币或物品	√	√	
2	2.3	发包人未能办妥永久占用征地手续,影响承包人及时使用永久占地	√	√	

续上表

序号	条款号	主 要 内 容	可补偿内容		
			工期	费用	利润
3	4.11.2	承包人遇到不可预见的不利物质条件,而且监理人没有发出指示	√	√	
4	5.2.4	发包人要求承包人提前交付材料和工程设备		√	
5	5.2.6	由于发包人原因发生交货日期延误及交货地点变更等情况	√	√	√
6	5.4.3	发包人提供的材料或工程设备不符合合同要求	√	√	√
7	8.3	发包人提供基准资料错误导致承包人的返工或造成工程损失	√	√	√
8	11.3	发包人原因造成的工期延误,并且受影响的工程处在工程施工进度网络计划的关键线路	√	√	√
9	11.4	异常恶劣的气候条件	√		
10	11.6	发包人要求承包人提前竣工		√	
11	12.2	发包人原因引起的暂停施工	√	√	√
12	12.4.2	发包人原因造成暂停施工后无法按时复工	√	√	√
13	13.1.3	发包人原因造成工程质量达不到合同约定验收标准	√	√	√
14	13.5.3	监理人对隐蔽工程重新检查,经检验证明工程质量符合合同要求的	√	√	√
15	13.6.2	由发包人提供的材料或工程设备不合格造成的工程不合格,需要承包人采取措施补救的	√	√	√
16	14.1.3	监理人要求承包人重新试验和检验的,经检验证明该项材料、工程设备或工程符合合同要求	√	√	√
17	14.4	监理人所要求做的试验和检验为合同未约定的或是在该材料或工程设备的制造、加工、制配场地以外的场所进行的,并且检验表明操作工艺或材料、工程设备符合合同约定		√	
18	16.2	法律变化引起的价格调整		√	
19	18.4.2	发包人在全部工程竣工前,使用已接收的单位工程导致承包人费用增加	√	√	√
20	18.6.2	发包人的原因导致试运行失败的		√	√
21	19.2.3	发包人原因导致的工程缺陷和损失		√	√
22	21.3	不可抗力造成停工或不能按期竣工的	√		

工程索赔综合分析过程图

代 表 题 型

【案例一】 某公路工程项目因征地拆迁未及时解决,造成承包人的一施工队被迫停工15天,其中5天是雨天不能施工;该施工队有技术管理人员5人,技术工人10名,临时工10人;技术管理人员采用工资单价,为120元/工日,技术工人采用计日工单价,为90元/工日,临时工按聘用合同价格,为60元/工日。

问题

计算人员的停工费赔偿额。

参考答案

经分析需扣除5天因降雨而不能施工的时间。

其赔偿额为:$(120 \times 5 + 90 \times 10 + 60 \times 10) \times (15 - 5) = 21000$(元)

【案例二】 某施工合同中,钻孔灌注桩基础施工中因不可预见的地质情况致使施工中增加钢护筒,由此增加的材料费按市场价格计算为30000元;另外因此停工10天;有价值200万元的材料积压,其中有100万元材料为应支付预付款的主要材料,已按投标书附录规定支付了75%的费用;利率0.02%。

问题

应给承包人的材料费赔偿额是多少?

参考答案

计算材料积压损失的材料费为:

$200 - 100 + (100 - 100 \times 75\%) = 125$(万元)

其利息按利率0.02%计算,使用单利法,可得利息为:

$125 \times 0.0002 \times 10 \times 10000 = 2500$(元)

因此,总的材料费赔偿额为32500元。

【案例三】 某公路工程项目的施工承包合同,签约合同价为8000万元(其中直接费为5200万元),建设工期为18个月。合同中约定费用索赔的计算方法:管理费以直接费为基数,按延误工期占总工期的比例进行计算,费率为12%;利润以直接费和现场管理费合计为基数,按延误工期占总工期的比例进行计算,费率为5%。在施工过程中,发生如下事件:

事件1:由于发包人原因提出对原设计修改,造成全场性停工45天。

事件2:在基础开挖过程中,个别部位实际土质与发包人在招标时提供的"参考资料"中给定地质资料不符,造成施工直接费增加2万元,相应工序的持续时间增加了4天。

事件3:在基础施工中,承包人除了按设计要求对基底进行了妥善处理外,承包人为了保证质量,扩大了基坑底面尺寸,还将基础混凝土强度由C15提高到C20,造成施工直接费增加11万元,相应工序的持续时间增加了5天。

事件4:在桥墩施工过程中,因发包人提供的施工图纸有误,造成施工直接费增加4万元,相应工序的持续时间增加了6天。

事件5:进入雨季施工,恰逢50年一遇的大暴雨,造成停工损失3万元,工期增加了8天。

在以上事件中,除事件 1 和事件 5 外,其余工序均未发生在关键线路上。

施工过程中,承包人在合同约定的期限内向监理人提出工期和费用索赔。承包人提出如下索赔要求:

(1)增加合同工期 68 天。

(2)增加费用 137.19 万元,计算如下。

①发包人变更设计,图纸延误,损失 45 天(1.5 个月)的管理费和利润:

管理费 = 合同价 ÷ 工期 × 管理费费率 × 延误时间
　　　 = 8000 万元 ÷ 18 个月 × 12% × 1.5 个月 = 80(万元)

利润 = (合同价 + 管理费) ÷ 工期 × 利润率 × 延误时间
　　 = (8000 + 80)万元 ÷ 18 个月 × 5% × 1.5 个月 = 33.67(万元)

合计:113.67 万元。

②地质资料不符、混凝土强度提高、桥墩图纸错误、暴雨等因素造成的费用增加,计算如下。

直接费:20 万元。

管理费:20 万元 × 12% = 2.4(万元)

利润:(20 + 2.4) × 5% = 1.12(万元)

合计:23.52 万元。

问题

1. 承包人针对施工过程中所发生的上述事件提出的费用索赔和工期索赔是否成立,为什么?

2. 承包人索赔计算方法是否正确?应如何计算?(计算以万元为单位,保留两位小数)

3. 如果在工程缺陷责任期间发生了由承包人原因引起的质量问题,在监理人多次书面指令承包人修复而承包人一再拖延的情况下,发包人另请其他承包人修复,则所发生的修复费用该如何处理?

参考答案

问题 1:

事件 1:由于发包人修改设计,监理人同意索赔。

事件 2:承包人针对事件 2 所提出的费用索赔和工期索赔均不成立。因为发包人提供的"参考资料"不构成合同文件,对于发包人提供的"参考资料"承包人应对他自己就该资料的解释、推论和使用负责,这是承包人应承担的风险。

事件 3:承包人针对事件 3 所提出的费用索赔和工期索赔均不成立。因为扩大基坑底面尺寸及提高混凝土强度等级并非监理人下达变更指令所致,该工作属于承包人采取的质量保证措施。

事件 4:承包人针对事件 4 所提出的费用索赔成立,因为这是由于发包人提供的施工图纸有误。工期索赔不成立,因该延误未发生在关键线路上,对总工期并无影响。

事件 5:承包人针对事件 5 所提出的费用索赔不成立,工期索赔成立。因为该事件是由于异常恶劣的气候条件造成的,承包人不应得到费用补偿。

问题2：

工期索赔为53天，即发包人修改设计和暴雨的影响可索赔工期；增加费用78.58万元，计算如下。

(1)发包人变更设计，图纸延误，损失45天(1.5个月)的管理费和利润，计算基数应为直接费，不应为合同价；

管理费 = 直接费 ÷ 工期 × 管理费费率 × 延误时间
$$= 5200 万元 ÷ 18 个月 × 12\% × 1.5 个月 = 52(万元)$$

利润 = (直接费 + 现场管理费) ÷ 工期 × 利润率 × 延误时间
$$= (5200 + 52) 万元 ÷ 18 个月 × 5\% × 1.5 个月 = 21.88(万元)$$

合计73.88万元。

(2)桥墩图纸错误造成的费用增加为4.70万元，计算如下。

直接费：4万元。

管理费：$4 万元 × 12\% = 0.48(万元)$

利润：$(4 + 0.48) 万元 × 5\% = 0.22(万元)$

合计：4.70万元。

问题3：

所发生的维修费用应由承包人承担，发包人可从质量保证金中扣除。

【案例四】 某高速公路项目施工合同采用《公路工程标准施工招标文件》(2018年版)合同条款。该工程在施工过程中，陆续发生如下索赔事件(索赔所提出的延期时间与补偿金额均符合实际)。

事件1：施工期间，承包人发现施工图纸有误，经监理人确认后，发包人要求设计单位进行修改。由于图纸修改造成停工20天。承包方提出工程延期20天与费用补偿2万元的索赔要求。

事件2：施工期间因下雨，为保证路基填筑质量，总监理工程师下达了暂停施工指令，共停工10天，其中连续4天出现低于工程所在地雨季平均降雨量的降雨，连续6天出现50年一遇特大暴雨。承包方提出工程延期10天与费用补偿2万元的索赔要求。

事件3：施工过程中，现场周围居民称承包人施工噪声对他们的生活造成干扰，于是阻止承包人的混凝土浇筑工作而造成停工5天。承包人提出工程延期5天与费用补偿1万元的要求。

事件4：由于发包人要求，使原设计中的一座互通式立交桥长度增加了5m，监理人向承包人下达了变更指令。承包人收到变更指令后及时向该桥的分包人发出了变更通知，分包人及时向承包人提出了费用索赔要求。其中包括：

(1)由于增加立交桥长度，需增加费用20万元和分包合同工程延期30天的索赔。

(2)此设计变更前因承包人未按分包合同约定向分包人提供施工场地，导致工程材料到场二次倒运增加的费用1万元和分包合同工程延期10天的索赔。

承包人以已向分包人支付索赔21万元的凭证为索赔证据，向监理人提出要求补偿该笔费用21万元和延长工期40天的要求。

事件5:由于某路段路基基底是淤泥,根据设计文件要求,需进行换填。在招标文件中已提供了相关的地质技术资料。承包方原计划使用隧道出碴作为填料换填,但施工中发现隧道出碴级配不符合设计要求,需要进一步破碎以达到级配要求,承包人认为施工费用高出合同单价,如仍按原价支付不合理,需另外给予延期20天与费用补偿20万元的要求。

问题

请分析是否同意承包人提出的上述索赔要求?为什么?

参考答案

事件1:这是发包人原因造成的,故应同意承包人所提出的索赔要求。

事件2:由于异常恶劣气候(特大暴雨)造成的6天停工是承包人不可预见的,应同意延长工期6天的索赔要求,而不同意任何费用索赔的要求。

事件3:这是承包人自身原因造成的,故不应同意承包人的索赔要求。

事件4:应批准由于设计变更导致的20万元的费用索赔和延长工期30天的工期索赔要求,因其属于发包人责任(或不属于承包人责任)。但不应同意材料倒运增加的费用补偿1万元和工期补偿10天的索赔要求,因其属于承包人责任。

事件5:这是承包人应合理预见的,故不应同意承包人的索赔要求。

【案例五】 某公路工程采用固定总价施工承包合同,合同工期为390天,合同总价5100万元,施工前,施工单位向监理工程师提交了施工组织设计和施工进度计划,其中施工网络图如下。

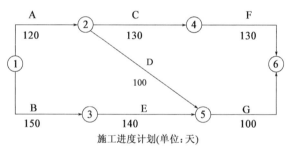

施工进度计划(单位:天)

该工程在施工过程中出现了以下事件。

事件1:因地质勘探报告不详,出现图纸中未标明的地下障碍物,处理该地下障碍物导致工作A持续时间延长10天,增加人工费2万元、材料费4万元、机械费3万元。

事件2:基坑开挖时因边坡支撑失稳坍塌,造成工作B持续时间延长15天,增加人工费1万元、材料费1万元、机械费2万元。

事件3:因不可抗力引起施工单位的供电设施发生火灾,使工作C持续时间延长10天,增加人工费1.5万元,其他损失费5万元。

事件4:工作E的施工阶段,因建设单位提出工程变更,导致施工单位增加人工费4万元、材料费6万元、机械费5万元、工作E持续时间延长30天。

事件5:因施工期间钢材涨价而增加材料费7万元。

针对上述事件,施工单位按程序提出了工期索赔和费用索赔。

问题

1. 按照上图的施工进度计划,确定该工程的关键线路计算工期,并说明按此计划,该工程是否能按合同工期要求完工?

2.对于施工过程中发生的事件,施工单位是否可以获得工期和费用补偿?分别说明理由。

3.施工单位可以获得的工期补偿是多少天?说明理由。

4.施工单位租赁土方施工机械用于A、B,日租金为1500元/天,则施工单位可以得到的土方租赁机械的租金补偿费用是多少?为什么?

解题思路

本案例主要考核工程索赔的概念、成立的条件、施工进度的拖延和费用增加的责任如何处理,工期和费用索赔的计算与审查方法。

参考答案

问题1:

计算工期及关键路线计算方法不唯一。本案例采用标号法计算,见下图。

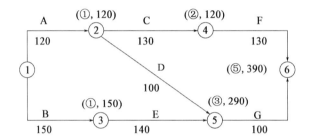

关键路线:①→③→⑤→⑥,计算工期为390天,按此施工进度计划,该工程可以按合同工期(390天)要求完工。

问题2:

(1)对于事件1,施工单位可以获得费用补偿,不能获得工期补偿。可以获得费用补偿,因为图纸未标明的地下障碍物,属于建设单位(业主)风险范畴;不能获得工期补偿,因为工作A是非关键工作,其延期10天没有超过其总时差($TF=10$)。

(2)对于事件2,施工单位不能获得工期和费用补偿,因为基坑边坡支撑失稳坍塌属于施工单位自身原因导致的(如施工方案有误,导致支撑失稳坍塌),属于应由承包人承担的风险。

(3)对于事件3,施工单位能获得工期补偿,不能获得费用补偿。因为建设单位应承担不可抗力导致的工期延误风险;但不能获得费用补偿,因为不可抗力发生的费用应由双方分别承担各自的费用损失。

(4)对于事件4,施工单位能获得工期和费用补偿。因为此工程变更由建设单位提出,属于建设单位的责任。

(5)对于事件5,施工单位不能获得费用补偿。因为该工程采用的是固定总价合同,物价上涨风险由施工单位承担。

问题3:

施工单位可获得的工期延期补偿为30天,因为考虑建设单位应承担责任或风险的事件。

(1)事件1,导致工作A延期10天。

(2)事件3,导致工作C延期10天。

(3)事件4,导致工作E延期30天。

采用标号法重新计算,得到施工进度计划的新计算工期为420天,工期延期补偿:420 - 390 = 30(天)。(注意工作B延期的15天应由施工单位承担。)

问题4：

施工单位应得到10天的租金补偿,补偿费用为：

10天 × 1500元/天 = 1.5(万元)

因为事件1导致工作A的延期,属于建设单位的风险责任,因此,导致该租赁机械在现场的滞留时间应相应增加10天,而事件2导致工作B延期属于施工单位责任,不予补偿。

【案例六】 某公路工程,建设单位(业主)与承包人签订了工程承包合同,约定工期600天,约定每提前一天奖励0.5万元,每推迟一天罚款0.7万元。当施工到120天时,监理工程师对某种工程材料检验,发现材料质量不合格,由此造成承包人整个工程停工10天。此后工程进行到200天时,业主提出变更设计,又造成承包人部分工程停工20天。若全部工程停工一天损失3万元,部分工程停工一天损失1.2万元。后经承包人加班加点赶工,最终工期为607天。

问题

根据上述背景情况,分析说明承包人在何种合同约定下,通过何种办法,能够争取到多少补偿？

解题思路

本案例主要考核索赔成立的条件和索赔责任的划分。

参考答案

根据建设工程一般施工合同条件的约定,由于材料不合格造成的停工所发生的费用,不予补偿。由于业主提出设计变更造成部分工程停工所发生的费用应予补偿,最终竣工工期比合同约定工期推迟7(607 - 600 = 7)天,应按合同约定给予罚款。

因此,承包人可得到的补偿为:20 × 1.2 - 7 × 0.7 = 19.1(万元)

【案例七】 某公路项目,建设单位(业主)与承包人签订了工程承包合同,合同约定：钢材、木材、水泥由业主供货到工地现场仓库,其他材料由承包人自行采购。承包人编制的施工方案和进度计划表已获监理人批准。

在边坡施工过程中,因由业主提供的水泥未到,致使边坡施工作业从7月3日至16日停工(该项作业的总时差为0天),该项作业人工30人,混凝土搅拌机1台。

7月17日至19日因下雨,涵洞基础开挖工程停工(该项作业的总时差为0),该项作业人工10人。

7月21日至24日,因1台砂浆搅拌机发生故障,致使涵洞砌筑延迟开工(该项作的总时差为4天),该项作业人工12人。

为此,承包人于7月5日后陆续送交了工期、费用索赔计算书和索赔依据的详细材料,并于7月24日向监理人提交了一份索赔书,其计算书的主要内容如下。

1. 工期索赔。

(1)边坡作业:7月3日至16日停工,计14天。

(2)涵洞基础:7月17日至19日停工,计3天。

(3)砌筑作业:7月21日至24日迟开工,计4天。

总计请求顺延工期:21 天。

2. 费用索赔。

(1)窝工机械设备费。

一台混凝土搅拌机:14×165=2310(元)

一台砂浆搅拌机:7×78=546(元)

小计:2856 元。

(2)窝工人工费。

边坡:30 人×80 元/人天×14 天=33600(元)

基础:10 人×80 元/人天×3 天=2400(元)

砌筑:12 人×80 元/人天×4 天=3840(元)

小计:39840 元。

(3)管理费增加:(2856+39840)×5%=2134.8(元)

(4)利润损失:(2856+39840+2134.8)×7.42%=3326.45(元)

经济索赔合计:2856+39840+2134.8+3326.45=48157.25(元)

问题

1. 承包人提出的工期索赔是否正确?应予批准的工期索赔为多少天?

2. 假定经双方协商一致,窝工机械设备费索赔按台班单价的 65% 计;考虑对窝工人工应合理安排工人从事其他作业后的降效损失,窝工人工费索赔按每工日 35 元计;所需管理费、税金为窝工费的 10%,不考虑利润的补偿。承包人上报的人工、机械单价为承包人投标单价,试确定索赔额。

解题思路

本案例主要考核索赔成立的条件和索赔责任的划分。

参考答案

问题 1:

承包人提出的工期索赔不正确。

(1)边坡停工 14 天,应予工期补偿 14 天。这是由于业主原因造成的,且该项作业位于关键路线上。

(2)基础开挖停工,不予工期补偿。因为常规降雨属于季节性的,为有经验的承包人能预计的因素,在施工组织中应作考虑。

(3)砌筑停工,不予工期补偿。因为该项停工属于承包人自身原因造成的。

因此,同意工期补偿:14+0+0=14(天)。

问题 2:

费用索赔审定。

(1)窝工机械费。

边坡机械窝工:14×165×65%=1501.5(元)。因为由于发包人原因提供的材料发生交货日期延误造成工期延误,并且受影响的工程处在工程施工进度网络计划的关键线路,可以获得费用补偿。

砌筑机械窝工:因砂浆搅拌机故障为非业主原因,所以砂浆搅拌机的窝工机械费不给补偿。

小计:1501.5 元。

(2)窝工人工费。

边坡窝工:30×35×14=14700(元)(业主原因造成,但窝工工人已做其他工作,所以只补偿工效差。)

基础开挖窝工:不给补偿,因系承包人责任。

砌筑窝工:不应给补偿,因系承包人责任。

小计:14700 元。

(3)管理费:(1501.5+14700)×10%=1620.15(元)

(4)利润:0 元,因为双方协商确定了不考虑利润补偿。但注意:因发包人原因提供的材料或工程设备不符合合同要求、发生交货日期延误造成的工期延误,并且受影响的工程处在工程施工进度网络计划的关键线路,是可以获得合理利润补偿的。

(5)索赔合计:1501.5+14700+1620.15=17821.65(元)

【案例八】 某跨线桥梁工程的基坑开挖后,发现有城市供气管道横跨基坑,须将供气管道改线并对地基处理;为此,业主以书面通知承包人停工8天,并同意合同期顺延8天,为确保继续施工,要求施工单位人员、施工机械等不得撤离施工现场,但在通知中未涉及由此造成承包人停工损失如何处理。承包人认为对其损失过大,欲索赔。

问题

1.索赔能否成立?索赔证据是什么?

2.由此引起的损失费用项目有哪些?

3.如果提出索赔要求应向业主提供哪些索赔文件?

解题思路

本案例主要考核工程索赔成立的条件,索赔的内容与证据,索赔文件的种类、内容及形式。

参考答案

问题1:

索赔能成立,索赔证据为业主提出的停工通知书。

问题2:

费用损失主要包括:人工窝工、施工机械闲置、管理费用。

问题3:

应向业主提供的索赔文件主要有:

(1)致业主的索赔信函,提出索赔要求。

(2)索赔报告:提出索赔事实和内容,引用文件说明索赔的合理与合法性,提出索赔费用的计算依据及要求的索赔金额。

(3)索赔费用计算书及索赔证据复印件。

【案例九】 某高速公路合同段建设单位(业主)与承包人签订了施工承包合同,开工前承包人提交了总体施工组织计划并通过监理人的批准。

由于某段填方路基红线外有数户民房与红线距离较近,4月15日施工单位采用振动压路机进行路基碾压时,由于振动导致一户民房开裂,因此赔偿10万元损失。此后,村民不再允许振动压路机压实路基,承包人只得改用静力压实,减小铺筑厚度并报监理人批准执行,由此增加工程费用15万元,并因工效降低,较原计划工期延长50天。

路基填筑到96天后,未施工任何坡面防护工程。进入雨季,降雨频繁,路基边坡冲刷严重。6月25日,A地点因泥沙冲积淹没了附近水田、鱼塘,B地点一段路基被水浸泡,边坡滑塌,同时淹没一片花圃。为此,承包人在A地赔偿损失11万元,清理泥沙发生费用5万元,在B地处理边坡滑塌发生费用1万元,赔偿花圃损失3万元。随后监理人下发指令,要求承包人修整边坡,修建临时防护排水设施。为此承包人修整边坡发生费用3万元,修建临时防护排水设施发生费用4万元。B地积水原因在于设计疏忽,一处堰塘泄洪水沟被路基截断,未做任何设计处理,业主巡视后决定增设一圆管涵,并委托设计单位进行了设计补充。设计单位提供的补充图纸按原地面设计,工程量为:基坑开挖土方250m³、回填土方150m³、圆管50m。雨季结束后承包人按设计单位提供的补充施工图进行了施工。实际发生工程量为:开挖土方1000m³、回填土方900m³、圆管50m。

承包人于4月17日向监理人提交报告,要求业主承担由于施工振动产生的民房赔偿费用10万元,理由是由于业主拆迁范围过小,民房与红线距离太近,不能避免施工影响,同时上报了更改施工工艺的建议。经监理人批准施工工艺变更后,4月25日承包人再次提交报告要求因施工工艺改变补偿费用15万元,工期延长50天。

承包人于6月30日向监理人提交报告,要求补偿费用27万元,理由是:①暴雨影响非承包人原因造成;②监理人指令增加临时工程。

问题

1. 承包人的索赔理由成立吗? 如果成立哪些费用可得到补偿?

2. 业主指令增加圆管涵后,承包人提交了变更申请,申请支付的细目为:开挖土方1000m³、结构物回填土方900m³、圆管涵50m。但是监理人认为圆管涵以延米计量,开挖回填等均作为附属工作不另行计量,只给予计量圆管涵50m,是否妥当?如有不妥请按合理的方式给予计量。

解题思路

本案例主要考核索赔成立的条件与索赔责任的划分,以及变更费用的确定。

参考答案

问题1:

承包人索赔的理由部分成立,可以批准的索赔金额为4万元。

(1)路线沿线情况在图纸中已有反映,按照招标程序,承包人已对工程现场进行了勘察,应认为有经验的承包人在投标时已充分考虑了可能影响工程施工组织及造价的全部因素。合同规定承包人应采取可靠措施确保沿线居民的生产生活不受影响;确保邻近的构筑物不受损坏,由此造成的一切损失由承包人承担。合同价格不因选择施工方法的不同而改变。因此4月17日及4月25日上报的索赔不成立。

(2)降雨是季节性的自然现象,作为有经验的承包人应在雨季到来之前妥善安排雨季施工措施,结合永久性工程做好必要的临时性防护及排水工程,切实保证工程安全。由于承包人未能切实做好相关措施导致的一切损失由承包人承担。监理人指令增加临时防护排水工程是为了更好地保护已完成的工程,避免更大损失,不能作为索赔依据。

(3)B地由于设计不完善造成积水,引起工程损失和周边财产损失,不是承包人的责任。因此应由业主承担相关责任,费用损失合计为4万元。

问题2:

不妥,虽然合同约定圆管涵按延米计量,其他工作作为附属工作不另行计量,但这是在正常施工条件下的计量规则。此处路基已填高,后增设圆管涵,必然导致已填筑路基的开挖和重新填筑。原地面以下的开挖和回填应认为包含在合同约定的综合单价内以延米计量,因此除圆管涵50m正常计量外,尚应增加开挖土方750m^3、结构物回填土方750m^3两项计量细目。

(三)工程变更

知识点集成

知识点7:工程变更相关知识

	工程变更相关知识
概念	指监理工程师审查批准并下达变更令后,对工程合同文件的任何部分或工程项目的任何部分所采用的形式上的改变,质量要求上的改变或工程数量上的改变
工程变更范围	1.取消合同中任何一项工作,但被取消的工作不能转由发包人或其他人实施,由于承包人违约造成的情况除外。 2.改变合同中任何一项工作的质量或其他特性。 3.改变合同工程的基线、高程、位置或尺寸。 4.改变合同中任何一项工作的施工时间或改变已批准的施工工艺或顺序。 5.为完成工程需要追加的额外工作
工程变更具体程序	所有工程变更均以书面形式提出,说明变更理由,并与原设计进行必要的技术经济比较,先由监理工程师审查核实,业主负责对设计变更进行审查核准,由设计单位分批分阶段统一修改设计。公路工程重大、较大设计变更实行审批制,重大设计变更由交通运输部负责审批。较大设计变更由省级交通运输主管部门负责审批。 1.工程变更方案所引起的工程数量变更,均由承包人提出"工程变更申报表",监理工程师审核后,以业主要求的格式报送业主批。 2.业主收到工程变更申报资料后,对工程变更进行审核,经业主批复后,交监理工程师和承包人执行。 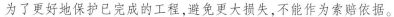

知识点 8：工程变更估价

工程变更估价	
工程变更估价原则	根据《公路工程标准施工招标文件》(2018 年版) 专用合同条款 15.4 款,一般在变更估价时： 1. 如果取消某项工作,则该项工作的总额价不予支付。 2. 已标价工程量清单中有适用于变更工作子目的,采用该子目的单价。 3. 已标价工程量清单中无适用于变更工作的子目,但有类似子目的,可在合理范围内参照类似子目的单价,由监理人按第 3.5 款商定或确定变更工作的单价。 4. 已标价工程量清单中无适用或类似子目的单价,可在综合考虑承包人在投标时所提供的单价分析表的基础上,由监理人按第 3.5 款商定或确定变更工作的单价。 5. 如果本工程的变更指示是因承包人过错、承包人违反合同或承包人责任造成的,则这种违约引起的任何额外费用应由承包人承担
工程变更估价方法	对于变更工程单价的确定,在实践中有以下方法。 1. 以合同单价为基础单价。 优点：简单且有合同依据。 不足：当工程量增加时,分摊在合同单价中的不定成本下降,而不是随着工程量增加而增加。 2. 以概预算方法为基础单价。 首先确定施工方案和施工方法,其次确定资源的价格,之后按照定额和编制方法确定其预算单价。预算单价乘以投标报价的降幅后确定单价。 优点：有法律依据,产生的价格相对合理,能真实反映完成变更工程的成本和利润。 不足：不能反映承包人的实际水平和市场竞争对价格的影响。 3. 合理差价定价法。 在保持原有报价不受实质影响的前提下,对新增工程量部分以合理定价的差价计算,变更工程的新单价是在承包人原有报价的基础上加上合理定价的差价。 特点：不因工程变更而额外受益,也不因工程变更而受损

【案例一】 某公路工程项目,路面标段合同文件依照《公路工程标准施工招标文件》(2018 年版)签订。路面基层合同清单如下表所示。

子目号	子目名称	单位	单价(元)	数量	合价(万元)
304-1	水泥稳定土底基层				
-a	(30cm)双层碾压	m²	50	90000	450
-b	(40cm)双层碾压	m²	60	135000	810
304-3	水泥稳定土基层				
-a	(18cm)单层碾压	m²	36	90000	324
-b	(20cm)单层碾压	m²	40	135000	540

路基 K35+120～K36+250 为试验路段。

问题

1. 如果底基层采用 36cm 厚水泥稳定碎石,单价是否可以变更？并说明理由。
2. 如果可以变更,请阐述变更的程序。
3. 如果底基层采用 36cm 厚水泥稳定碎石,试计算变更单价。

解题思路

合同文件依照《公路工程标准施工招标文件》(2018年版)签订,该路基试验路段,底基层采用36cm厚水泥稳定碎石,然而合同清单中没有提及,故可以变更。

已知水泥稳定土底基层30cm和40cm的单价,现底基层采用36cm厚水泥稳定碎石,虽然清单单价中,底基层单价包含的拌和、运输、摊铺、碾压,摊铺、碾压的费用与厚度不成正比关系,要用已有两个清单相减得到纯粹的材料费用差,但是两者相减已经消除了其造成的影响,因为30cm到40cm厚的都是两层摊铺,只要相差不太大,可以按厚度调整。另外由于承包人报价策略的影响,这种调整是合理的,要考虑到材料的成本以及利润进行一个不平衡报价。

参考答案

问题1:

可以变更。合同文件依照《公路工程标准施工招标文件》(2018年版)签订,该路基试验路段,底基层采用36cm厚水泥稳定碎石,然而合同清单中没有提及,故可以变更。

问题2:

承包人提出工程变更申请报告并填报变更原因;监理工程师审核工程变更必要性和可行性,审核工程变更造价合理性,审核工程变更对工期的影响,并签署审核意见,以业主要求的格式报送;业主收到工程变更申报资料后,对工程变更进行审核,经业主批复后,交监理工程师和承包人执行。

问题3:

根据定额说明,各类稳定土基层、其他种类的基层和底基层压实厚度在20cm以内,拖拉机、平地机、摊铺机和压路机的台班消耗按定额数量计算,如超过上述压实厚度进行分层拌和、摊铺、碾压时,拖拉机、平地机、摊铺机和压路机的台班消耗按定额加倍计算。已知水泥稳定土底基层30cm和40cm的单价,现底基层采用36cm厚水泥稳定碎石,由于30cm到40cm厚的都是两层摊铺,相差不太大,可以按厚度调整:$60-50=10$(元),$10/(40-30)=1$[元/(m²·cm)],变更单价为$50+1\times(36-30)=56$(元/m²)。

【案例二】 某路桥集团公司承建某山区公路项目,在勘察设计单位对桥梁所在地段进行地质勘测后,根据地质勘察报告,桥梁基础部分拟定的施工方案为钻孔灌注桩基础。在实际施工过程中,发现实际钻孔地质与设计资料中的地质情况不一致,导致旋挖机钻孔施工速度缓慢,成本剧增。承包人根据现场工程施工情况的变化,向监理工程师提出申请,报业主批准后,将原施工方案变更为采用人工挖孔的施工方案。该灌注桩工程中,桩基础共10根,桩径均为1.5m,桩基施工区域实际地质情况自上而下为:70%砂土、20%软石、10%次坚石。桩长数据表如下所示。

桩号	1	2	3	4	5	6	7	8	9	10
桩长(m)	16	18	24	22	23	23	23	24	24	18

问题

请列出该施工方案变更所涉及的定额的名称、单位、定额代号、数量、定额调整等内容,并填入表格中,需要时应列式计算或文字说明。

解题思路

本案例属于钻孔桩因地质变化引起的工程变更,主要考核变更后工程量的计算以及定额应用的方法。一是由于土层中次坚石较为坚硬,不易坍塌,次坚石层无须增加人工挖孔护壁,故不需考虑护壁厚度,而挖砂土工程量和挖软石工程量计算中需注意挖孔直径要包括护壁厚度。而在挖次坚石工程量计算中不需考虑护壁厚度。二是人工挖孔灌注桩工程需套用的定额主要包括:人工挖孔定额、人工挖孔护壁定额、挖孔桩混凝土定额、混凝土拌和运输定额,施工方法变更为人工挖孔,没有影响到混凝土拌和站,故本案例不考虑混凝土拌和站的安拆定额。

参考答案

假设护壁厚0.2m,灌注工程混凝土的钢筋含量为30kg/m³。挖孔桩水平截面示意图如下所示。

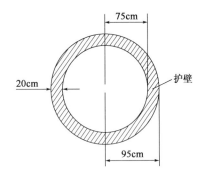

总桩长:$16 + 18 + 24 + 22 + 23 + 23 + 23 + 24 + 24 + 18 = 215(m)$

砂土及软石层开挖需考虑护壁厚度,次坚石层不需要护壁,故:

挖砂土工程量:$215 \times 70\% \times \pi \times (0.75 + 0.2)^2 = 426.71 m^3 = 426.71(m^3)$

挖软石工程量:$215 \times 20\% \times \pi \times (0.75 + 0.2)^2 = 121.92(m^3)$

挖次坚石工程量:$215 \times 10\% \times \pi \times 0.75^2 = 37.99(m^3)$

护壁混凝土工程量:$215 \times 90\% \times \pi \times (0.95^2 - 0.75^2) = 206.69(m^3)$

灌注桩混凝土工程量:$215 \times \pi \times 0.75^2 = 379.94(m^3)$

灌注桩钢筋工程量:$\dfrac{379.94 \times 30}{1000} = 11.40(t)$

混凝土拌和工程量:护壁混凝土工程量 + 灌注桩混凝土工程量 = $206.69 + 379.94 = 586.63(m^3)$

混凝土运输工程量:护壁混凝土工程量 + 灌注桩混凝土工程量 = $206.69 + 379.94 = 586.63(m^3)$

假设拌和站与桩基础施工地点平均运距为3km,施工方案变更所涉及的定额的名称、单位、定额代号、数量、定额调整等内容如下表。

定额代号	项或目或节或细目或定额的名称	单位	数量	定额调整或系数
4-4-1-6	人挖孔深10m以外砂(黏)土、砂砾	10m³	42.671	
4-4-1-8	人挖孔深10m以外软石	10m³	12.192	
4-4-1-9	人挖孔深10m以外次坚石	10m³	3.799	
4-4-1-11	现浇混凝土护壁	10m³	20.669	
4-4-8-24	现场加工主筋焊接连接	1t	11.400	
4-4-8-1	人工挖孔卷扬机配吊斗混凝土	10m³实体	37.994	
4-11-11-5	1000L以内混凝土搅拌机	10m³	20.669	1.02
4-11-11-28	10m³搅拌运输车运混凝土第一个1km	100m³	2.067	1.02
4-11-11-29	10m³搅拌运输车运混凝土增运2km	100m³	5.866	1.02×4
1-1-11-11	20t以内自卸汽车运土1km	1000m³天然密实方	0.427	
1-1-11-12	20t以内自卸汽车运土每增运0.5km(平均运距15km以内)	1000m³天然密实方	0.427	4
1-1-11-25	20t以内自卸汽车运石1km	1000m³天然密实方	0.160	
1-1-11-26	20t以内自卸汽车运石每增运0.5km(平均运距15km以内)	1000m³天然密实方	0.160	4

注:弃土及弃渣的运距均为3km。

第六章　交通运输工程结算与决算

一、考纲要求

1. 工程价款结算与支付。
2. 工程投资偏差、进度偏差分析。
3. 工程竣工决算的编制。

二、本章知识架构

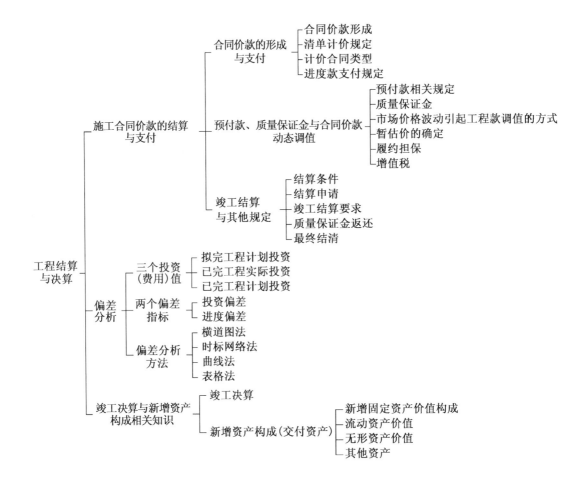

第六章 交通运输工程结算与决算

三、本章知识点

(一) 施工合同价款的结算与支付

考核要求	备考建议
1.掌握施工合同价款支付的基本方式。根据试题背景材料确定合同价款,特别需要注意采用清单计价形式确定合同价款时,应符合清单计量规则的规定。 2.确定预付款的起扣点以及扣还计算,保证金的扣还计算。清单形式题型要区分材料预付款(先借后还)和措施费预付款(只取不还)的数额及运用。 3.对全过程合同价款支付结算(含竣工结算)进行考核。 4.结合第五章确定索赔费用、变更费用、非合同费用;结合合同对支付过程的凭证限制、形象进度控制、中期支付等具体要求进行支付计算	本知识点可以单独命题,也可以结合第四章、第五章综合命题。 注意各部分计算内容的关联关系和前提条件,特别注意清单形式合同价款形成过程的相关要求,熟悉掌握《公路工程标准施工招标文件》(2018年版)和《公路工程建设项目概算预算编制办法》(JTG 3830—2018)(以下简称《概预算编制办法》)中相关内容

知识点集成

知识点1:合同价款的形成与支付

<table>
<tr><td rowspan="3">合同价款形成</td><td>估概预算编制办法</td><td colspan="8">按费用构成的建筑安装工程费计算,包括直接费、设备购置费、措施费、企业管理费、规费、利润、税金和专项费用,其中直接费包括人工费、材料费、施工机械使用费;按清单构成分100章总则项目、200~700章永久工程项目、暂估价、计日工、暂列金额</td></tr>
<tr><td rowspan="2">清单计量规定</td><td colspan="8">1.100章总则。
总额价(包括人工费、材料费、施工机械使用费、措施费、企业管理费、规费、利润、税金)。其中,安全生产费应为投标价(不含安全生产费及建筑工程一切险及第三者责任险的保险费)的1.5%(若发包人公布了最高投标限价,按最高投标限价的1.5%计)。
2.200~700章永久工程项目。
合同工程量×综合单价(包括人工费、材料费、施工机械使用费、措施费、企业管理费、规费、利润、税金)。</td></tr>
<tr><td colspan="8">3.其他项目。
分暂估价(发包人提出)、计日工(发包人提出工程量,承包人独立报价)、暂列金额(发包人提出)等</td></tr>
<tr><td rowspan="7">清单计价规定</td><td colspan="2">名称</td><td>直接费</td><td>措施费</td><td>企业管理费</td><td>规费</td><td>利润</td><td>税金</td><td>说明</td></tr>
<tr><td colspan="2">含税合同价款</td><td>√</td><td>√</td><td>√</td><td>√</td><td>√</td><td>√</td><td rowspan="6">除索赔窝工不含企业管理费和利润外,其他均为全费用,清单形式索赔注意增加工程量与窝工费用索赔区别</td></tr>
<tr><td colspan="2">预付款</td><td>√</td><td>√</td><td>√</td><td>√</td><td>√</td><td>√</td></tr>
<tr><td colspan="2">质量保证金</td><td>√</td><td>√</td><td>√</td><td>√</td><td>√</td><td>√</td></tr>
<tr><td rowspan="2">计价项目费</td><td>清单项目</td><td>√</td><td>√</td><td>√</td><td>√</td><td>√</td><td>√</td></tr>
<tr><td>其他项目</td><td>√</td><td>√</td><td>√</td><td>√</td><td>√</td><td>√</td></tr>
<tr><td rowspan="2">工程索赔</td><td>增量</td><td>√</td><td>√</td><td>√</td><td>√</td><td>√</td><td>√</td></tr>
<tr><td colspan="2">窝工</td><td>√</td><td>√</td><td>—</td><td>√</td><td>—</td><td>√</td><td></td></tr>
</table>

续上表

计价合同类型	单价合同	单价合同是指合同当事人约定以工程量清单及其全费用综合单价进行合同价格计算、调整和确认的建设工程施工合同,在约定的范围内合同全费用综合单价不作调整。合同当事人应在专用合同条款中约定全费用综合单价包含的风险范围和风险费用的计算方法,并约定风险范围以外的合同价格的调整方法,其中因市场价格波动引起的调整按约定执行(分为固定单价合同和可调单价合同)
	总价合同	总价合同是指合同当事人约定以施工图、已标价工程量清单或预算书及有关条件进行合同价格计算、调整和确认的建设工程施工合同,在约定的范围内合同总价不作调整。合同当事人应在专用合同条款中约定总价包含的风险范围和风险费用的计算方法,并约定风险范围以外的合同价格的调整方法,其中因市场价格波动引起的调整按约定执行(分为固定总价合同和可调总价合同)
	其他合同	合同当事人可在专用条款中约定其他合同形式
进度款支付规定		进度款是指承包人当期完成的全部工程款,包括:清单项目工程款、专业工程、计日工、变更、索赔调整的价款
		发、承包双方应在合同条款中对下列事项进行约定。 1. 预付款的数额、支付时间和抵扣方式。 2. 安全文明施工措施费的支付计划、使用要求等。 3. 工程计量与支付工程进度款的程序方式、比例及时间。 4. 工程价款的调整因素、方法、程序、支付比例及时间。 5. 施工索赔与现场签证的程序、金额确认与支付时间。 6. 承担计价风险的内容、范围以及超出的调概办法。 7. 工程竣工价款结算编制与核对、支付及时间。 8. 工程质量保证金的数额、扣还方式及时间。 9. 违约责任以及发生的工程价款争议的解决程序及时间。 10. 与履行合同、支付价款有关的其他事项	付款周期中,承包人向发包人递交进度款支付申请内容。 1. 本期已实施工程的价款。 2. 累计已完成的工程价款。 3. 累计已支付的工程价款。 4. 本期已完成计日工金额。 5. 应增加和扣减的变更金额。 6. 应增加和扣减的索赔金额。 7. 应抵扣的工程预付款。 8. 应扣减的质量保证金。 9. 根据合同应增加和扣减的其他金额。 10. 本付款周期实际应支付的工程价款。 对已签发的进度款支付证书中出现错误的修正,应在本次进度付款中支付或扣除的金额 截至 k 期末累计已完工程价款 = 1 - k 期完成的清单项目价款 截至 k 期末累计已支付工程价款 = 1 - k 期实际支付的清单项目价款 + 预付款
	进度付款证书和支付时间	根据《公路工程标准施工招标文件》(2018年版)中公路工程专用合同条款有关进度款证书和支付时间的有关规定如下: 1. 如果该付款周期应结算的价款经扣留和扣回后的款额少于项目专用合同条款数据表中列明的进度付款证书的最低金额,则该付款周期监理人可不核证支付,上述款额将按付款周期结转,直至累计应支付的款额达到项目专用合同条款数据表中列明的进度付款证书的最低金额为止。 2. 发包人应在监理人收到进度付款申请单且承包人提交了合格的增值税专用发票后的28天内,将进度应付款支付给承包人。发包人不按期支付的,按项目专用合同条款数据表中约定的利率向承包人支付逾期付款违约金。违约金计算基数为发包人的全部未付款额,时间从应付而未付该款额之日算起(不计复利)	
	支付方式	按照双方合同约定,支付方式可以按月结算与支付、一次性结算与支付(一般是工期在1年之内,合同价款100万元以内的项目)、分段结算与支付。在具体支付过程中可采用月中预支、凭证限制与支付比例限制等方法。应注意,施工过程非承包方原因给承包方造成损失的索赔费用,在认定月与当月结算的工程款同期支付。应注意区分签证进度款与签发进度款、应得工程款与应发工程款、某月工程价款与应支付工程价款、已完工程款与应支付工程款的含义	

续上表

进度款支付规定	安全生产费	安全生产费应为投标价(不含安全生产费及建筑工程一切险及第三者责任险的保险费)的1.5%(若发包人公布了最高投标限价,按最高投标限价的1.5%计),发包人不得以任何形式扣减该部分费用。如果基准日期后合同所适用的法律或政府有关规定发生变化,增加的安全生产费由发包人承担。 承包人经发包人同意采取合同约定以外的安全措施所产生的费用,由发包人承担。未经发包人同意的,如果该措施避免了发包人的损失,则发包人在避免损失的额度内承担该措施费。如果该措施避免了承包人的损失,由承包人承担该措施费。 除专用合同条款另有约定外,发包人应在开工后28天内预付当年应付安全文明施工费总额的60%,其余部分与进度款同期发付。发包人逾期支付安全文明施工费超过7天的,承包人有权向发包人发出要求预付的催告通知,发包人收到通知后7天内仍未支付的,承包人有权暂停施工,并按发包人违约的情形执行

知识点2:预付款、质量保证金与合同价款动态调值

预付款相关规定	预付款的扣回与还清	根据《公路工程标准施工招标文件》(2018年版)中公路工程专用合同条款关于预付款的扣回与还清有关规定如下。 1. 开工预付款在进度付款证书的累计金额未达到签约合同价的30%之前不予扣回,在达到签约合同价30%之后,开始按工程进度以固定比例(即每完成签约合同价的1%,扣回开工预付款的2%)分期从各月的进度付款证书中扣回,全部金额在进度付款证书的累计金额达到签约合同价的80%时扣完。 2. 当材料、设备已用于或安装在永久工程之中时,材料、设备预付款应从进度付款证书中扣回,扣回期不超过3个月。已经支付材料、设备预付款的材料、设备的所有权应属于发包人
预付款相关规定	支付扣还计算要点	预付款数额 = $\dfrac{\text{年度承包工程总值} \times \text{主材比重}}{\text{年度施工天数}} \times$ 材料储备天数(理论要求) 预付款数额 = (合同价款扣除暂列项数额) 计算基数 × 双方约定比例(试题约定) 预付款扣还分为按比例均匀扣还和起扣点方式扣还,若合同约定:工程实施后,工程预付款从未施工工程尚需的建筑材料及设备费相当于工程预付款数额时起扣;则 起扣点数额 = 合同价款 − $\dfrac{\text{材料预付款}}{\text{主材比重}}$ 首次扣还数额 = (累计工程款 − 起扣点数额) × 主材比重 再次扣还数额 = 当月工程款 × 主材比重 除专用合同条款另有约定外,在颁发工程接收证书前,提前解除合同的,尚未扣完的预付款应与合同价款一并结算
预付款相关规定	备注	除专用条款另有约定外,承包人应在收到预付款的同时向发包人提交预付款保函(担保金额与预付款数额相同)。发包人在工程款中逐期扣回预付款后,预付款担保额度应相应减少,但剩余的预付款担保金额不得低于未被扣回的预付款金额。发包人应在预付款扣完后的14天内将预付款保函退还给承包人
质量保证金		工程项目总造价中预留一定比例的款项用于工程质量保修费用,具体计算方法由双方合同约定。可以从第一个付款周期,从进度款中按专用合同条款约定比例扣留质量保证金,直至扣留的质量保证金总额达到约定金额或比例时为止。质量保证金的计算基数不包括材料款的扣回、支付以及价格调整的金额。在约定的缺陷责任期满时,承包人向发包人申请到期应返还承包人剩余的质量保证金金额(及利息)。约定缺陷责任期满时,承包人没有完成缺陷责任的,发包人有权扣留与未履行责任剩余工作所需金额相应的质量保证金金额,并有权要求延长缺陷责任期,直到剩余工作完成为止。 清单计价形成合同价款时,扣留的质量保修金中应包括规费和税金。

续上表

质量保证金	质量保证金的扣留有以下三种方式。 1. 在支付工程进度款同时逐次扣减，在此情形下，质量保证金的计算基数不包括预付款的支付、扣回以及价格调整的金额。 2. 工程竣工结算时一次性扣留质量保证金总额（试题中约定进度款支付比例时）。 3. 双方约定的其他扣留方式
市场价格波动引起工程款调值的方式	第1种方式：采用价格指数进行价格调整。 因人工、材料和设备等价格波动影响合同价格时，根据专用合同条款中约定的数据，按以下公式计算差额并调整合同价格： $$\Delta P = P_0 \left[A + \left(B_1 \times \frac{F_{t1}}{F_{01}} + B_2 \times \frac{F_{t2}}{F_{02}} + B_3 \times \frac{F_{t3}}{F_{03}} + \cdots + B_n \times \frac{F_{tn}}{F_{0n}} \right) - 1 \right]$$ 式中：　　ΔP——需调整的价格差额。 　　　　　P_0——约定的付款证书中承包人应得到的已完成工程量的金额。此项金额应不包括价格调整、不计质量保证金的扣留和支付、预付款的支付和扣回。约定的变更及其他金额已按现行价格计价的，也不计在内。 　　　　　A——定值权重（即不调部分的权重）。 　　　　　$B_1, B_2, B_3, \cdots, B_n$——各可调因子的变值权重（即可调部分的权重），为各可调因子在签约合同价中所占的比例。 　　　　　$F_{t1}, F_{t2}, F_{t3}, \cdots, F_{tn}$——各可调因子的现行价格指数，指约定的付款证书相关周期最后一天的前42天的各可调因子的价格指数（试题中有时表述为双方签订合同时的价格指数）。 　　　　　$F_{01}, F_{02}, F_{03}, \cdots, F_{0n}$——各可调因子的基本价格指数，指基准日期的各可调因子的价格指数
	第2种方式：采用造价信息进行价格调整。 单价和采购数量应由发包人审批，发包人确认需调整的材料单价及数量，作为调整合同价格的依据。 1. 人工单价发生变化且符合省级或行业建设主管部门发布的人工费调整规定，合同当事人应按省级或行业建设主管部门或其授权的工程造价管理机构发布的人工费等文件调整合同价格，但承包人对人工费或人工单价的报价高于发布价格的除外。 2. 材料、工程设备价格变化的价款调整按照发包人提供的基准价格，按以下风险范围规定执行。 （1）承包人在已标价工程量清单或预算书中载明材料单价低于基准价格的：除专用合同条款另有约定外，合同履行期间材料单价涨幅以基准价格为基础超过5%时，或材料单价跌幅以在已标价工程量清单或预算书中载明材料单价为基础超过5%时，其超过部分据实调整。 （2）承包人在已标价工程量清单或预算书中载明材料单价高于基准价格的：除专用合同条款另有约定外，合同履行期间材料单价跌幅以基准价格为基础超过5%时，材料单价涨幅以在已标价工程量清单或预算书中载明材料单价为基础超过5%时，其超过部分据实调整

续上表

暂估价的确定	暂估价专业分包工程、服务、材料和工程设备的明细由合同当事人在专用合同条款中约定。 对于依法必须招标的暂估价项目，由承包人招标，对该暂估价项目的确认和批准按照以下约定执行。 1. 承包人应当根据施工进度计划，在招标工作启动前14天将招标方案通过监理人报送发包人审查，发包人应当在收到承包人报送的招标方案后7天内批准或提出修改意见。承包人应当按照经过发包人批准的招标方案开展招标工作。 2. 承包人与供应商、分包人在签订暂估价合同前，应当提前7天将确定的中标候选供应商或中标候选分包人的资料报送发包人，发包人应在收到资料后3天内与承包人共同确定中标人；承包人应当在签订合同后7天内，将暂估价合同副本报送发包人留存。 对于依法必须招标的暂估价项目也可以由发包人和承包人共同招标确定暂估价供应商或分包人的，承包人应按照施工进度计划，在招标工作启动前14天通知发包人，并提交暂估价招标方案和工作分工。发包人应在收到后7天内确认。确认中标人后，由发包人、承包人与中标人共同签订暂估价合同
履约担保	发包人需要承包人提供履约担保的，由合同当事人在专用合同条款中约定履约担保的方式、金额及期限等。履约担保可以采用银行保函或担保公司担保等形式，具体由合同当事人在专用合同条款中约定（担保额一般为合同价的10%）。 因承包人原因导致工期延长的，继续提供履约担保所增加的费用由承包人承担；非因承包人原因导致工期延长的，继续提供履约担保所增加的费用由发包人承担
增值税	增值税是以商品（含应税劳务）在流转过程中产生的增值额作为计税依据而征收的一种流转税，实行价外税。城市维护建设税、教育费附加为增值税的附加税。增值税应纳税额 = 当期销项税额（销售额×税率） - 当期进项税额。 当期进项税额为纳税人当期购进货物或接受应税劳务支付或者负担的增值税额，当期销项税额小于当期进项税额不足抵扣时，其不足部分可以结转下期继续抵扣。 在财务评价中，利润总额 = 营业收入 - 总成本费用 - 增值税 - 增值税附加 + 补贴收入。 在资本金流量表中，现金流出 = 项目资本金 - 借款本金偿还 - 借款利息支付 - 经营成本 - 增值税及附加 - 所得税。 1. 纳税人身份分为小规模纳税人（建筑业年销售额在500万元及以下的企业）和一般纳税人（建筑业年销售额在500万元以上的企业）。 2. 计税方法分为简易计税方法和一般计税方法。下列情况应采取简易计税方法： 建筑业的小规模纳税人；一般纳税人实行清包工的劳务分包工程；一般纳税人为老项目（合同注明在2016年4月30日以前开工）提供建筑服务的工程；一般纳税人销售自产的部分地坪材料等。 除上述几种情况外，应采取一般计税方法计算增值税。 销售利用工业废渣、废料自产的某些材料（货物）免征增值税。 3. 对于施工承包服务来讲，简易计税方法增值税征收率为3%，一般计税方法增值税征收税率为9%（2019年4月1日起）。 简易计税增值税应纳税额 = 不含税的销售额×税率 一般计税增值税应纳税额 $\begin{cases} = \text{不含税销售额} \times \text{税率（无可抵扣进项税）} \\ = \text{销项税额} - \text{进项税额} \\ = \text{不含税销售额} \times \text{税率} - \text{可抵扣进项费用} \times \text{税率} \\ = \text{含税销售额}/(1+\text{税率}) - \text{可抵扣进项费用} \times \text{税率} - \\ \quad \text{可抵扣设备投资} \times \text{税率} \end{cases}$ 4. 增值税发票分为专用发票和普通发票。 不能抵扣销项税额的进项费用支出，可以索要普通发票；能够用于抵扣销项税额的进项费用支出，可以索要专用发票，在开具之日起180天内认证后可以抵扣销项税额

知识点3:竣工结算与其他规定

结算条件	工程具备以下条件的,承包人可以申请竣工验收。 1. 除发包人同意的甩项工作和缺陷修补工作外,合同范围内的全部工程以及有关工作,包括合同要求的试验、试运行以及检验均已完成,并符合合同要求。 2. 已按合同约定编制了甩项工作和缺陷修补工作清单以及相应的施工计划。 3. 已按合同约定的内容和份数备齐竣工资料
结算申请	除专用合同条款另有约定外,承包人应在工程竣工验收合格后28天内向发包人和监理人提交竣工结算申请单。 除专用合同条款另有约定外,竣工结算申请单应包括以下内容: 1. 竣工结算合同价格。 2. 发包人已支付承包人的款项。 3. 应扣留的质量保证金。 4. 发包人应支付承包人的合同价款。
竣工结算要求	根据现行《公路工程工程量清单计量规范》,有: 1. 200~700章永久工程项目工程费应依据双方确认的工程量、合同约定的综合单价计算,如发生调整的,以发、承包双方确认调整的综合单价计算。 2. 100章费用的计算应遵循以下原则: (1) 100章安全生产费应按照国家或省级、行业建设主管部门的规定计算。施工过程中,国家或省级、行业建设主管部门对安全生产费进行调整的,100章安全生产费应做相应调整; (2) 100章其他项目按招标文件或合同约定调整和结算。 3. 其他项目费应以下规定计算: (1) 计日工的费用应按发包人实际签证确认的数量和合同约定的相应项目综合单价计算; (2) 暂估价中的材料单价应按发、承包双方最终确认价在综合单价中调整,专业工程暂估价应按中标价或发包人、承包人与分包人最终确认价计算; (3) 总承包服务费应依据合同约定金额计算,如发生调整的,以发、承包双方确认调整的金额计算; (4) 索赔费用应依据发、承包双方确认的索赔事项和金额计算; (5) 现场签证费用应依据发、承包双方签证资料确认的金额计算; (6) 暂列金额应减去工程价款调整与索赔、现场签证金额后计算,如有余额归发包人。 4. 规费和税金应按照国家或省级、行业建设主管部门对规费和税金的计取标准计算。 5. 发、承包双方应在合同中约定提前竣工每日历天应补偿额度,此项费用应作为增加合同价款列入竣工结算文件中,应与结算款一并支付。 赶工费用主要包括:①人工费的增加,如新增加投入人工的报酬,不经济使用人工的补贴等;②材料费的增加,如可能造成不经济使用材料而损耗过大、材料提前交货可能增加的费用、材料运输费的增加等;③机械费的增加,如可能增加机械设备投入,不经济地使用机械等
	实际总造价 = 签约合同价 + 合同执行过程中的调整额 竣工结算款 = 实际总造价×(1 - 质保金比例) - 已支付工程款 - 已支付工程预付款
质量保证金返还	缺陷责任期内,承包人认真履行合同约定的责任。约定的缺陷责任期满,承包人向发包人申请返还质量保证金。发包人在接到承包人返还保证金申请后,应于14天内会同承包人按照合同约定的内容进行核实。如无异议,发包人应当在核实后14天内将剩余质量保证金连同利息返还给承包人
最终结清	发包人应在签发最终结清支付证书后的14天内,按照最终结清支付证书列明的金额向承包人支付最终结清款。最终结清付款后,承包人在合同内享有的索赔权利也自行终止。发包人未按期支付的,承包人可催告发包人在合理的期限内支付,并有权获得延迟支付的利息

(二)投资偏差、进度偏差分析

考核要求	备考建议
1. 结合横道图、双代号网络图、双代号时标网络图分析形式进行偏差分析。注意图中的各种投资表示线的区别,注意图中绘出的信息分析和利用试题背景材料在图中加入表示线,并分析相应变化的结果。 2. 利用背景材料(调值系数、调值公式、工程量变更数据)等计算拟完工程计划投资,已完工程计划投资,已完工程实际投资。计算中要注意单项工程投资与时间单位投资的关系和计算要求。 3. 利用三种累计投资计算进度偏差(两种形式)并分析其实际含义	本知识点可以单独命题,也可以进行局部计算,作为多点集成题型的组成部分。 解题中要注意投资基本数据形成和网络图中相关信息分析两个关键环节的理解。复习内容还应包括《建设工程计价》考试用书中的有关规定。 应特别注意双代号时标网络图分析与偏差分析相结合题型

知识点集成

知识点4:偏差分析

		主要内容		
基本概念	累计投资类型	拟完工程计划投资(BCWS)	是指在某一确定时间内,根据进度计划安排所应当完成的工作所需的计划投资。除非合同变更,一般保持不变(计划工程量可以用单位工程计划工程量÷单位工程计划进度时间的结果代替)。 BCWS = 计划工程量 × 计划单价
		已完工程计划投资(BCWP)	是指在某一时间内,根据已经完成的工作计划投入的资金(已完工程量可以用单位工程已完工程量÷单位工程实际进度时间的结果代替)。 BCWP = 已完工程量 × 计划单价
		已完工程实际投资(ACWP)	是指在某一时刻止,已经完成的工作实际投入的资金(实际单价可用计划单价×调价系数计算)。 ACWP = 已完工程量 × 实际单价
	偏差类型	投资偏差(CV)	投资偏差(CV)= 已完工程计划投资(BCWP) − 已完工程实际投资(ACWP) CV<0 表示投资增加,CV=0 表示投资正常,CV>0 表示投资节约
		进度偏差(SV)	进度偏差(SV)= 已完工程计划投资(BCWP) − 拟完工程计划投资(BCWS) CV<0 表示投资增加,CV=0 表示投资正常,CV>0 表示投资节约
		绝对偏差	绝对偏差 = 实际投资值 − 投资计划值
		相对偏差	相对偏差 = 绝对偏差 ÷ 投资计划值
	S形曲线	横坐标为时间间隔,纵坐标为累计投资值,累计工程量(或占总量百分比)要求能根据计算数据绘制 a、b、c 三条S形曲线,利用三条曲线检查日期的 a、b 曲线对应点横坐标差为进度偏差,c、b 曲线对应点的纵坐标差为投资偏差		

续上表

偏差分析常用方法	横道图形法	该方法应用前提是假定各分项工程每个单位时间计划进度与实际进度均为均衡进度,且各分项工程实际完成总工程量与计划完成总工程量相等。计算时分项工程的实际工程计划投资与工程实际投资发生的时间相同,分项工程的拟完工程计划投资值与实际工程计划投资值相同。试题中一般给出 a、c,根据上述关系确定 b 后,再产生两种偏差
	时标网络图法1	若时标网计划中给出每项工作的单位时间内的拟完工程计划投资,在不考虑实际进度前锋线的情况下可以求出累计的拟完工程计划投资;如果考虑实际进度前锋线的影响,利用已给出的计划投资值可以求出实际进度前锋线所对应的已完工程计划投资累计值。此种形式中已完工程实际投资值可以与网络计划无关,也可以用其他形式给出
	时标网络图法2	若背景材料中给出单项工程的计划投资,以其为分子,单项工程的计划进度时间为分母,即可求出每个单位时间单项工程计划投资。以单项工程计划投资为分子,单项工程实际进度时间为分母,即可求出每个单位时间的实际工程计划投资。计划进度时间依据网络计划直接产生,实际进度时间依据实际前锋线确定,实际工程量、计划单价、实际单价形成要求背景材料给出。产生3种投资后再计算两种偏差

(三)竣工决算与新增资产构成相关知识

考 核 要 求	备 考 建 议
总投资估算(属于第一章财务评价内容)与新增资产形成计算(属于第六章内容)是相互关联的知识点,前者发生在项目前期可行性研究阶段,后者发生在项目建成之后。要求了解相关知识	注意第一章和第六章知识的关联关系,进行对比记忆

知识点集成

知识点5:竣工决算与新增资产构成相关知识

		主 要 内 容
竣工决算		建设项目竣工决算是由建设单位编制的反映建设项目实际造价和投资效果的文件,应包括从筹建到竣工投产全过程的全部实际费用,即包括建筑安装工程费、设备工器具购置费以及预备费和投资方向调节税等费用。按照有关文件规定竣工决算由竣工财务决算说明书、竣工财务决算报表、工程竣工图和工程竣工造价对比分析四部分组成。前两部分又称建设项目竣工财务决算,是竣工决算的核心内容
新增资产构成(交付资产)	新增固定资产价值构成	是建设项目竣工投资后所增加的固定资产价值,是以价值形态表示的固定资产投资最终成果的综合性指标。是以独立发挥生产能力的单项工程为对象,其建成验收合格正式移交生产或使用即应计算新增固定资产价值。其主要特征是为生产商品提供劳务、出租或经营管理而持有的有形资产,其使用寿命超过1个会计年度。 新增固定资产包括以下内容: 建筑安装工程造价;达到固定资产标准的设备和工器具的购置费用;增加固定资产价值的其他费用,包括:土地使用及拆迁补偿费(计算方法按所在地相关规定)、建设单位管理费中达到固定资产标准的部分、研究试验费、可行性研究费、勘察设计费、环境影响评价费、联合试运转费、工程保险费等。 新增固定资产的其他费用属于整个建设项目或两个以上单项工程新增固定资产价值时,应按单项工程比例分摊。其中,土地使用及拆迁补偿费、地质勘察和建筑工程设计费,按建筑工程造价比例分摊;建设单位管理费中达到固定资产标准部分的办公设备、生活家具用具和交通工具购置费等,按建筑工程费、安装工程费、需安装设备价值总额等的比例分摊。 注:使用期在一年以上,单件价值在2000元以上费用为固定资产标准

续上表

新增资产构成(交付资产)	流动资产价值	是指可以在一年内或者超过一年的一个营业周期内变现或者运用的资产,包括现金、存款、货币资金、短期投资、存货、应收款、预付款以及其他流动资产。还包括使用期限在一年之内单件价值在2000元以下的设备、工具、器具等
	无形资产价值	我国作为评估对象的无形资产包括专利权、非专利技术、生产许可证、特许经营权、租赁权、土地使用权、矿产资源勘探权和采矿权、商标权、版权、计算机软件及商誉等
	其他资产	是指建设投资中除形成固定资产和无形资产以外的部分,如开办费(即建设单位管理费中未计入固定资产的其他费用,包括筹建期间工作人员工资、办公费、差旅费、印刷费、生产职工培训费、注册登记费等以及不计入固定资产及无形资产购建成本的汇兑损益、利息支出),以租赁方式租入的固定资产改良工程支出等

代表题型

【案例一】 某高速互通改造项目,采用公开招标方式确定了承包人,双方签订了工程承包合同,合同工期为18个月,合同总价20000万元。

合同中有关付款条款约定如下。

1. 工程开工预付款为签约合同价的20%,在累计进度工程款达到合同总额的30%时开始起扣(每完成合同总价的1%,扣回预付款2%),累计进度工程款达到合同总额的80%扣完。

2. 工程费用按实际进度每三个月结算一次(按下期首月20日支付),合同约定每期支付的最低限额为2000万元,最后一期待工程竣工后且竣工资料及结算报告审核通过后30日之内支付(假设合同工期结束后第2个月月底满足全部支付条件,即第20个月月底)。

3. 每期在工程进度款中扣除3%作为质量保证金。

4. 开工后各月实际完成并经监理人确认合格的工程款如下表,除最后一期合同变更、签证等增加1000万元外,实际工程量均与计划工程量一致。

时间	第1~3个月	第4~6个月	第7~9个月	第10~12个月	第13~15个月	第16~18个月	第16~18个月合同调整
完成额(万元)	1000	3500	4500	3000	4500	3500	1000

问题

1. 工程预付款为多少万元?(费用计算以万元为单位,结果均取两位小数)预付款起扣和扣完分别在第几期?

2. 按原施工进度计划,编制写一份完整的逐期拨款计划。

3. 列式计算最后一期工程结算款为多少?(费用计算以万元为单位,结果均取两位小数)

解题思路

本题主要考核有关预付款、质量保证金、全过程合同价款支付结算的计算,主要知识点如下。

(1)本题给出预付款支付比例,给出了起扣点、扣回方式,计算较为简便。

(2)进度款结算。

进度款结算方式:按照双方合同约定,支付方式可以按月(季)结算与支付,一次性结算与支付,分段结算与支付。在具体支付过程中可采用月中预支、凭证限制与支付比例限制等方法。本例按季结算,无比例限制。

(3)质量保证金的扣留有以下三种方式(本题采用第①种方式)。

①在支付工程进度款同时逐次扣留,在此情形下,质量保证金的计算基数不包括预付款的支付、扣回以及价格调整的金额;

②工程竣工结算时一次性扣留质量保证金总额(试题中约定进度款支付比例时);

③双方约定的其他扣留方式。

(4)竣工结算。

$$实际总造价 = 签约合同价 + 合同执行过程中的调整额$$

竣工结算款 = 实际总造价×(1 - 质保金比例) - 已支付工程款 - 已支付工程预付款

参考答案

问题1:

(1)工程预付款:20000×20% = 4000(万元)

(2)预付款起扣和扣完期数计算。

预付款起扣点:20000×30% = 6000(万元)

预付款扣完累计进度款:20000×80% = 16000(万元)

第二期累计完成额:1000 + 3500 = 4500(万元) < 6000(万元)

第三期累计完成额:4500 + 4500 = 9000(万元) > 6000(万元)

第四期累计完成额:9000 + 3000 = 12000(万元) < 16000(万元)

第五期累计完成额:12000 + 4500 = 16500(万元) > 16000(万元)

预付款起扣和扣完分别在第三期和第五期。

问题2:

按原施工进度逐期拨款计划。

(1)预付款拨付4000万元(开工前)。

(2)第一期工程款拨付(第4个月)。

本期工程款完成额为1000万元,小于最低支付限额2000万,本期不予拨付,顺延至下一期。

(3)第二期工程款拨付(第7个月)。

本期工程款完成额为3500万元,累计完成4500万元。

本期扣留质量保证金:4500×3% = 135(万元),累计扣留135万元。

本期拨付工程款:4500 - 135 = 4365(万元),累计拨付4365万元。

(4)第三期工程款拨付(第10个月)。

本期已达预付款起扣点,从本期开始应扣回预付款。

本期工程款完成额为4500万元,累计完成9000万元。

本期扣回的预付款:(9000 - 6000)÷20000÷1%×2%×4000 = 1200(万元),累计扣回1200万元。

本期扣留质量保证金:4500×3% = 135(万元),累计扣留270万元。

本期拨付工程款:4500-135-1200=3165(万元),累计拨付4365+3165=7530(万元)

(5)第四期工程款拨付(第13个月)。

本期工程款完成额为3000万元,累计完成12000万元。

本期扣回的预付款:3000÷20000÷1%×2%×4000=1200(万元),累计扣回2400万元。

本期扣留质量保证金3000×3%=90(万元),累计扣留360万元。

本期拨付工程款:3000-90-1200=1710(万元),累计拨付4365+3165+1710=9240(万元)

(6)第五期工程款拨付(第16个月)。

本期工程款完成额为4500万元,累计完成16500万元。

本期扣回的预付款:(16000-12000)÷20000÷1%×2%×4000=1600(万元),累计扣回4000万元。

本期扣留质量保证金4500×3%=135(万元),累计扣留495万元。

本期拨付工程款:4500-135-1600=2765(万元),累计拨付4365+3165+1710+2765=12005(万元)

(7)第六期工程款拨付(第20个月)。

本期工程款完成额为3500万元,累计完成20000万元。

本期扣留质量保证金3500×3%=105(万元),累计扣留600万元。

本期拨付工程款:3500-105=3395(万元),累计拨付4365+3165+1710+2765+3395=15400(万元)

合同总价=预付款+进度款支付额+扣留的质保金=4000+15400+600=20000(万元),与合同价相等。

问题3:

本期工程款完成额:3500+1000=4500(万元)

本期扣留质量保证金:4500×3%=135(万元)

本期结算工程款:4500-135=4365(万元)

【案例二】 某公路路面工程建设单位采用《公路工程标准施工招标文件》(2018年版)基础上编制了招标文件,采用公开招标确定了中标人,合同工期5个月。中标清单费用组成见下表。

清单章节及子目名称		计量单位	数 量	单价(元)
100章	安全生产费	总额	1	300000
	其他总额费用	总额	1	1200000
300章	A	m²	40000	50
	B	m²	51000	150
	C	m²	50000	150
	D	总额	1	350000
暂列金额		总额	1	2000000

合同中有关费用支付条款如下。

(1)开工前发包人向承包人支付合同价(不含暂列金额及安全生产费)的20%作为预付

款。预付款从工程开工后的第 2 个月开始分 3 个月均摊抵扣。

(2)100 章中的安全生产费按清单金额的 60% 在开工前和预付款同时预付,剩余部分在施工第 1 个月与计量款同时支付;100 章其他总额费用与计量款中同时按月平均支付。假定 100 章费用在合同实施期间不调整。

(3)工程进度款按月结算,发包人按每次承包人应得工程款(含安全生产费)的 90% 支付。

(4)清单子目累计实际完成工程量超过(或减少)计划完成工程量的 15% 时,该子目超出部分工程量的综合单价调整系数为 0.95(或 1.05)。

(5)竣工结算时,发包人按总造价的 3% 扣留质量保证金。

300 章各月计划和实际完成工程量如下表所示。

月份进度工程		第1个月	第2个月	第3个月	第4个月	第5个月
A(m²)	计划	20000	20000			
	实际	20000	20000			
B(m²)	计划		25500	25500		
	实际		28000	32000		
C(m²)	计划			25000	25000	
	实际			27000	27000	
D(总额)	计划					1
	实际					1

施工过程中,第 1 个月发生了如下事件。

(1)发包人确认某项临时工程计日工 500 工日,综合单价 140 元/工日;所需某种材料 600 m²,综合单价 200 元/m²。

(2)由于设计变更,经发包人确认工程款 100000 元。

问题

1. 工程合同价为多少元?
2. 预付款、开工前发包人应拨付的安全生产费各为多少元?
3. 第 1 个月至第 4 个月每月发包人应拨付的工程进度款各为多少元?
4. 第 5 个月办理竣工结算,工程实际总造价和竣工结算款各为多少元?

(计算过程除价款保留整数外,其他均取两位小数)

解题思路

本题主要考核知识与案例一基本相同,主要区别如下。

(1)合同价以清单形式给出,需要计算合同价。

$$合同价 = 100 \sim 700 章合计金额 + 计日工 + 暂列金额$$

(2)预付款计算基数和扣回方式有所区别,解题时注意。

①注意计算基数要扣除暂列金额,注意题目限制条件。

②安全生产费用不扣回施工前支付费用,但每期要按比例支付,同时按合同约定扣留质量保证金。

(3)进度款结算有比例限制。

(4)质量保证金的扣留在每期工程进度款中逐次扣留,在此情形下,质量保证金的计算基数不包括预付款的支付、扣回以及价格调整的金额。

(5)按题目背景资料对单价进行调整计算。

参考答案

问题1:

100章安全生产费:300000(元)

100章其他费用:1200000(元)

300章工程费用:$40000.00 \times 50 + 51000.00 \times 150 + 50000.00 \times 150 + 350000 = 17500000$(元)

暂列金额:2000000(元)

工程合同价:$300000 + 1200000 + 17500000 + 2000000 = 21000000$(元)

问题2:

预付款:$(1200000 + 17500000) \times 20\% = 3740000$(元)

开工前发包人应拨付的安全生产费:$300000 \times 60\% = 180000$(元)

问题3:

(1)第1个月承包人完成工程款:$300000 \times 40\% + 20000.00 \times 50 + 1200000 \div 5 = 1360000$(元)

第1个月发包人应拨付的工程款为:$1360000 \times 90\% = 1224000$(元)

(2)第2个月A子目工程累计完成工程量:$20000.00 + 20000.00 = 40000.00(m^2)$

承包人完成工程款:$20000.00 \times 50 + 28000.00 \times 150 + 1200000 \div 5 = 5440000$(元)

第2个月发包人应拨付的工程款为:$5440000 \times 90\% - 3740000 \div 3 = 3649333$(元)

(3)第3个月B工程累计完成工程量:$28000.00 + 32000.00 = 60000.00(m^2)$,

$(60000.00 - 51000.00) \div 51000.00 = 17.65\% > 15\%$

超过15%部分的工程量:$60000.00 - 51000.00 \times (1 + 15\%) = 1350.00(m^2)$

超过部分的工程量结算综合单价:$150 \times 0.95 = 142.5(元/m^2)$

B子目工程款:$1350.00 \times 142.5 + (32000.00 - 1350.00) \times 150 = 4789875$(元)

C子目工程款:$27000.00 \times 150 = 4050000$(元)

100章其他总额费用:$1200000 \div 5 = 240000$(元)

承包人完成工程款:$4789875 + 4050000 + 240000 = 9079875$(元)

第3个月发包人应拨付的工程款为:$9079875 \times 90\% - 3740000 \div 3 = 6925221$(元)

(4)第4个月C子目工程累计完成工程量:$27000.00 + 27000.00 = 54000.00(m^2)$,

$(54000.00 - 50000.00) \div 50000.00 = 8\% < 15\%$

承包人完成C子目工程款:$270000.00 \times 150 = 4050000$(元)

100章其他总额费用:$1200000 \div 5 = 240000$(元)

计日工费用:$500 \times 140 + 600.00 \times 200 = 190000$(元)

变更款:100000(元)

承包人完成工程款:$4050000 + 240000 + 190000 + 100000 = 4580000$(元)

第4个月发包人应拨付的工程款为:$4580000 \times 90\% - 3740000 \div 3 = 2875333$(元)

问题4：

(1) 第5个月承包人完成工程款：350000 + 1200000 ÷ 5 = 590000(元)

(2) 工程实际造价：180000 + 1360000 + 5440000 + 9079875 + 4580000 + 590000 = 21229875(元)

(3) 竣工结算款：21229875 × (1 - 3%) - (3740000 + 180000 + 1224000 + 3649333 + 6925221 + 2875333) = 1999092(元)